西北地区农村劳动力迁移的
发展机制与政策设计

范建刚/著

陕西师范大学优秀著作出版基金资助

科学出版社

北 京

内 容 简 介

本书以所获西北地区农村劳动力迁移状况与市民化的一手数据为依据，旨在通过分析西北地区农民工的迁移发展机制，构建能够促进这一地区农民工职业发展与市民化融入的政策体系。首先，归总西北地区农村劳动力转移的基本状况、主要特点与主要问题，获得对这一地区农村劳动力迁移状况的总体认识。其次，分析这一地区农民工的就业职位上行流动机制与携眷迁移机制，以便准确把握其内在逻辑与规律。再次，对这一地区农民工的迁移竞争力及相关政府行为进行评价分析，寻求改进政策体系的着力点。最后，提出促进西北地区农民工迁移发展的政策体系，包括国家促进农村劳动力迁移发展的支持政策方案与西北地区地方政府应采取的适用措施体系。

本书对西北地区农村劳动力迁移发展机制的分析及所构建的政策体系，可供相关领域研究人员与有关政府部门决策时参考，也可供大学教师、学生、有兴趣的读者参阅。

图书在版编目（CIP）数据

西北地区农村劳动力迁移的发展机制与政策设计/范建刚著. —北京：科学出版社，2017.11

ISBN 978-7-03-055039-2

Ⅰ.①西… Ⅱ.①范… Ⅲ.①农村劳动力–劳动力转移–研究–西北地区 Ⅳ.①F323.6

中国版本图书馆 CIP 数据核字（2017）第 264309 号

责任编辑：徐 倩/责任校对：贾娜娜
责任印制：吴兆东/封面设计：无极书装

科 学 出 版 社 出版
北京东黄城根北街 16 号
邮政编码：100717
http://www.sciencep.com

北京京华虎彩印刷有限公司 印刷
科学出版社发行 各地新华书店经销

＊

2017 年 11 月第 一 版 开本：720 × 1000 1/16
2017 年 11 月第一次印刷 印张：14 1/2
字数：277 000
定价：102.00 元
（如有印装质量问题，我社负责调换）

作 者 简 介

范建刚，男，生于 1964 年，陕西省澄城县人，工学博士，陕西师范大学马克思主义学院教授，博士生导师，陕西省马克思主义研究会常务理事，国家社会科学基金项目评审人，中国博士后科学研究基金项目评审人。主要从事政治经济学、发展经济学、区域经济学及公共政策相关领域的教学与研究工作。

先后主持完成国家社会科学基金项目 1 项，陕西省社会科学基金项目 2 项，陕西师范大学社会科学研究项目 4 项。在中国社会科学出版社出版学术专著 3 部，在《思想战线》《吉林大学社会科学学报》《农业技术经济》《日本学刊》等 CSSCI 期刊上发表学术论文 30 余篇，1 部专著获陕西省高等学校社会科学研究成果奖。

前　　言

　　农民工迁移发展的最终目标是实现他们家庭成员的城镇化或市民化。这是与工业化进程相适应的人口空间分布优化规律的要求，是城市持续获得劳动力供给并实现经济持久增长的要求，是农业经营实现适度规模化、现代化与建设社会主义新农村的要求，是数亿农民工及其家庭成员实现自身发展梦想与获得公民权利的要求。与农村劳动力向城镇非农产业的转移进程相比，我国农村人口的城镇化进程是滞后的；与全国其他地区的人口城镇化进程相比，我国西北地区的人口城镇化进程是滞后的。努力促进西北地区农村劳动力的转移发展与农村转移人口的城镇化，既是推进这一地区人口城镇化与现代化的需要，又是推进全国尽早实现人口城镇化与现代化的需要。

　　西北地区的人口城镇化进程滞后，实际上是由农村劳动力转移滞后、农民工职业发展滞后、农民工携眷迁移滞后构成的人口城镇化全程滞后。是这一地区农村劳动力迁移发展竞争力不足造成的滞后，也是有关部门农民工政策改革缓慢与力度不足造成的滞后。改变西北地区农民工迁移发展的滞后状态，迫切需要设计一种包含多个部门、从能力到条件、从制度手段到经济手段、能够对农民工迁移进程各个环节发挥促进作用的支持政策体系。

　　设计促进西北地区农民工迁移发展政策体系需要有科学依据，包括直接依据与参考依据两部分。直接依据主要由第三章、第四章、第五章构成，其中第三章分析西北地区农村劳动力转移发展的基本状况、主要特点与问题，第四章主要对西北地区农民工就业职位上行流动机制进行实证分析，第五章主要对西北地区农民工的携眷迁移机制进行实证分析。西北地区农村劳动力迁移的发展机制，由这一地区农民工就业职位的上行流动机制与携眷迁移机制共同构成，因此，第四章、第五章是全书的重点。这一部分的主要观点如下。在西北地区农民工就业职位的上行流动中，人力资本与社会资本共同发挥着重要作用，但人力资本的作用远远超过社会资本的作用。人力资本作用机制主要来自于打工培训和工作变换的职业经历积累路径，社会资本作用机制主要在于获得首份工作时使用过的业缘和友缘关系资本产生的影响、在打工地建立起的桥梁型社会资本作用的增强、随家庭化迁移形成的家庭强关系资本的影响三方面。西北地区农民工家庭化迁移主要通过就业职位上行流动、首次携眷迁移层级、人力资本中打工时间和进入城市后社会关系资本效应等发挥影响作用实现。进入城市后，以传统关系为主兼有业缘关系，比完全以传统关系为主或完全以业缘关系为主，更可能实现高水平的携眷迁移。西北地区农民工携眷迁移层级越高，职业层级越高，人力资本水平与社会资本水平越高，实现城市经济融入的水平就越高。

设计促进农民工迁移发展政策体系的参考依据主要由第六章、第七章、第八章第四节构成。其中第六章对西北地区农民工的迁移竞争力进行实证分析，第七章分别分析与农民工迁移发展相关的输入地政府行为、输出地政府行为与中央政府行为，第八章第四节介绍日本与韩国设计农村劳动力迁移发展支持政策的经验。提出的主要观点如下。与西北地区外农民工的迁移发展能力相比，西北地区农民工狭义与广义迁移发展竞争力分别相当于前者的 90.9%与 90.3%。造成这种状况的原因，在狭义迁移竞争力方面，主要是其携眷迁移或市民化能力较差；在广义迁移竞争力方面，主要是这一地区农民工的迁移源头条件或劳动力禀赋差，迁移渠道存在不足。在维护农民工权益与促进农民工迁移发展上，输入地政府与输出地政府总体都不够积极，作为农村劳动力输入地的城市政府多采取"兼顾"策略和"保护"策略，输出地的政府多采取教育上的尽可能支持策略、农民工返乡创业上的细分化支持策略等。在改革农民工政策方面，中央政府多采取政策"框架"化、"试点"化、"补缺"化策略，这使得它在推动地方政府特别是输入地政府改进农民工政策与促进农民工迁移发展方面，尚不能完全发挥积极的调节与引导作用，或者说，尚不能在与地方政府的博弈中占据主导地位。促进城市产业快速发展与产业升级，优先支持大城市及以大城市为中心的城市群的发展，高度重视城市住房供给，使新迁入者居有其屋，实行包括农村人口在内的人口自由迁移制度，对农业与农村都采取强有力的支持政策等，是日本与韩国推进城市化的成功经验，值得我国在改进农民工政策时借鉴。

提出促进西北地区农民工迁移发展的政策体系。这一体系包括两个组成部分。第一部分是国家促进农村劳动力迁移发展的支持政策方案 3——微调性市场化与适度性计划化双向趋近型支持政策体系。这一政策方案在指导思想上，是力图同时从提升以人力资本为核心的农民工迁移发展能力或就业竞争力与加大城市政府针对农民工的公共产品供给覆盖面和水平两方面着手促进问题的解决。参与的主体包括中央政府、农民工输入地政府、农民工输出地政府。政策特点是：要求二级三类政府成立属于政府机构系列的农民工迁移发展促进部与局，明确 2049 年完成农民工市民化目标并确定年度任务目标，采取包括发展城市群政策在内的新城市发展政策，以及与农民工迁移发展密切相关的就业支持政策、社会保险政策、产业发展政策、农业农村政策等，建立对输入地政府、输出地政府落实农民工政策状况的考核奖罚制度。第二部分提出，在全国农民工迁移发展支持政策体系框架下，作为农村劳动力输出地的西北地区地方政府应当采取的积极适用措施，包括充分认识本级政府在促进本地区农村劳动力迁移发展中应当承担的主体职责，积极向东部发达地区与发达国家借力改善解决本地区农民工问题的条件，尽可能争取中央政府对本地区发展的政策与资金支持，更多地将支持政策聚焦于本地区农民工以人力资本建设为核心的迁移发展能力提高方面，大力发展本地区农业农村经济与城市经济，改善影响农民工迁移发展的源头因素与渠道因素，激励本地区农民工发挥最大发展潜能实现市民化。

目　录

第一章　导论……………………………………………………………………1

　　第一节　研究背景与现实意义…………………………………………… 1

　　第二节　研究目标、重点与主要内容…………………………………… 3

第二章　西北地区农村劳动力迁移发展系统的构成…………………………6

　　第一节　农村劳动力迁移发展机制……………………………………… 6

　　第二节　西北地区农村劳动力迁移发展系统的构成……………………10

第三章　西北地区农村劳动力转移发展的基本状况、特点与问题………28

　　第一节　西北地区农村劳动力转移发展的基本状况……………………28

　　第二节　西北地区农村劳动力转移发展的主要特点……………………37

　　第三节　西北地区农村劳动力转移发展面临的主要问题………………45

第四章　西北地区农民工的职业发展机制…………………………………51

　　第一节　对西北地区农民工职业发展状况的描述性分析………………51

　　第二节　西北地区农民工总体就业职位上行流动机制实证分析………63

　　第三节　西北四省份农民工就业职位上行流动机制的实证分析………73

第五章　西北地区农民工的市民化机制……………………………………79

　　第一节　西北地区农民工市民化进程的基本状况………………………80

　　第二节　西北地区农民工的家庭化迁移机制分析…………………… 101

　　第三节　西北地区农民工的事实性城市融入机制分析……………… 112

第六章　西北地区农民工迁移发展竞争力的评价…………………………129

　　第一节　评价西北地区农民工迁移发展竞争力的理论依据………… 130

　　第二节　西北地区农民工迁移发展竞争力的指标权重与计算公式… 133

　　第三节　西北地区农民工迁移发展竞争力的实证分析……………… 138

第七章　农民工迁移发展中的政府行为……………………………………151

　　第一节　农民工迁移发展中的输入地政府行为……………………… 152

　　第二节　农民工迁移发展中的输出地政府行为……………………… 164

　　第三节　农民工迁移发展中的中央政府行为………………………… 167

第八章　促进农民工迁移发展的配套政策设计……………………………174

　　第一节　促进农民工迁移发展需要配套政策设计…………………… 174

　　第二节　设计支持农民工迁移发展配套政策的目标与依据………… 177

第三节 设计支持农民工迁移发展政策面临的约束条件……………………183

第四节 日本与韩国设计农村劳动力迁移发展支持政策的经验…………191

第五节 政府支持农村劳动力迁移发展配套政策的方案选择与可行性

分析……………………………………………………………………200

第六节 在国家农民工迁移发展支持政策体系下发挥西北地方政府的

作用……………………………………………………………………213

小结………………………………………………………………………………216

后记………………………………………………………………………………218

第一章 导 论

第一节 研究背景与现实意义

人口城镇化不仅是工业化进程的必然逻辑，也是人通过工业化实现自身生活现代化的目的所在。实现城镇化是人口、社会与国家现代化的关键环节之一。人口城镇化的主要途径是农民被城市相较农村的较高收入与现代生活吸引，通过进入城镇非农产业就业，逐渐获得城镇生活能力，最终实现全部家庭成员的生活城镇化。在我国，城镇化问题本质上是农民工在实现就业非农化的同时，实现居住空间永久城镇化与生活方式城镇化的问题，即我国的人口城镇化，本质上是农民工人口的城镇化。农民工迁移发展的目标是实现他们家庭人口的城镇化或市民化。

农民工人口的城镇化，既是他们追求更适宜就业岗位与高收入机会的过程，又是他们获得公民权利与更广阔发展空间、提升个人和家庭人口社会地位的过程，是他们个人幸福梦想的实现过程。农民工对进入城镇打工、进而实现家庭人口的城镇化或市民化，普遍有着强烈意愿。李强和龙文进调查发现，愿意放弃承包地成为城市居民的农民工占到50%左右[①]。悦中山等2005年对深圳农民工的调查发现，农民工打算返乡务农的人数仅有 29.9%，新生代农民工中愿意返乡务农的人数仅有 17.6%，与此同时，农民工中有留城发展意愿的人数占到 41.5%，新生代农民工有留城发展意愿的人数占到53.8%[②]。周蕾等对长三角地区 9 个城市农民工的调查表明，农民工中定居意愿为打工城市的占 48.4%，为老家县城的占 16.9%，为老家建制镇的占 13.3%，为老家农村的占 21.4%。总计愿意留在城镇生活的农民工人数占到了 78.6%[③]。从这些调查中可以看出，我国农民工在留城定居意愿方面呈现出三个特征：①大多数农民工留城意愿十分明显；②新生代农民工较第一代农民工留城意愿更为强烈；③农民工整体上留城意愿在不断增强。

然而，与工业化内在地要求农村人口城镇化相伴规律不一致，也与大多数农民工特别是新生代农民工迫切期望实现生活与身份市民化的美好意愿相背，改革开放以来，我国的人口城镇化进程始终处于严重的滞后中。1980 年、1990 年、

---

① 李强，龙文进. 农民工留城与返乡意愿的影响因素分析. 中国农村经济，2009（2）：46-54.

② 悦中山，李树茁，费尔德曼，等. 徘徊在"三岔路口"：两代农民工发展意愿的比较研究. 人口与经济，2009（6）：58-66.

③ 周蕾，谢勇，李放. 农民工城镇化的分层路径：基于意愿与能力匹配的研究. 中国农村经济，2012（9）：50-60.

2010 年，我国非农就业水平分别为 31.1%、39.9%、63.3%，人口城镇化水平分别为 19.9%、26.4%、49.7%，人口城镇化滞后于非农就业化的程度分别为 11.2、13.5、13.6 个百分点。事实上，在我国，2005 年以后，统计上的城镇人口并非都拥有城镇户口且享有城镇居民的社会权利与福利待遇，因为其中包括了农村流动到城镇的、居住时间在 6 个月以上的人口。2010 年，我国非农业户口人口占全国人口总数的 29.14%，其中居住在城镇的非农业户口人口占全国人口总数的 27%。按此推算，居住在城镇的农业户口人口占到了我国人口的 22.7%。这是一个很大的人口规模，他们大多数由农民工及其随迁家庭人口构成。这不仅表明我国的人口城镇化水平有明显的泡沫成分，还表明我国农民工实际处于"流而不迁"、"流而难迁"的就业与生存状态，他们的家庭处于跨城乡的"碎片"状态。

这种状态的长期存在甚至逐步加剧，在微观上，不仅直接妨碍了农民工人力资本的投资增加与农民工劳动力素质的提高，减少了农民工劳动力的供给量，还严重地降低了农民工及其家庭成员的生活质量，危害着农民工家庭的稳定，造成了大量的农村流守儿童与城镇流动儿童，给儿童的教育与成长，给农民工家庭的未来造成了巨大危害。在宏观上，使农民工长期处于低收入状态与强迫节俭生活状态，直接扼制了城镇消费需求的增长与经济的持续增长，限制了城镇住房产业与公共产品供给产业的发展，妨碍了农业用地的规模化经营与农业现代化进程，造成了城乡社会的不稳定与不和谐状态。

显然，我国急需推进城镇化进程，党的十八大强调了推进我国人口城镇化进程的重要性与紧迫性，加快这一问题的解决，已经成为政府与社会各界的共识。

农民工规模大，问题形成时间长，作为发展中国家，要解决这一问题，仅依靠政府财政支持，显然是不可能的。可行的办法，是同时依靠农民工与政府两种力量推进，其中基础性的是农民工自身的迁移发展。

扩大农村劳动力的迁移规模并提高永久性、家庭式、高职位迁移者比例，即促进迁移的发展，成为我国迫切需要解决的问题。

相对全国人口城镇化进程而言，西北地区人口城镇化明显滞后，2010 年，陕西、甘肃、青海、宁夏、新疆五省份的人口城镇化水平分别为 45.76%、36.13%、44.76%、47.87%、43.02%，均明显低于 49.7% 的全国平均水平。西北地区农村转移劳动力及其家庭人口同样有着强烈的城市化意愿。2014 年第十二届全国人民代表大会第二次会议的《政府工作报告》明确提出，"今后一个时期，着重解决好现有'三个 1 亿人'问题"，特别是要"促进约 1 亿农业转移人口落户城镇"，"引导约 1 亿人在中西部地区就近城镇化"。西北地区农村劳动力转移滞后，西北地区城镇发展水平相对较低，面对中央政府提出的城镇化任务目标，西北地区面临的压力特别巨大。甚至可以说，在政府促进农村转移人口城镇化的过程中，如果有一个地区是最后完成任务的地区，那么，西北地区成为这个地区的概率最大。尽最大努力促进西北地区农村劳动力的转移发展与农村转移人口的城镇化，既是推进这一地区人口城镇化与现代化的需要，又是推进全国尽早实现人口城镇化与现代化的需要。促进西北地区农村劳动力向非农业与城镇迁移的发展，有利于推动这一地区的农业现代化与新农村建设进程，缓解西北地区农民工贫困状况，增加农村消费与发展农村经济。结合西北地区农户与农村的经济社会条件，设计出促进西北地区农村劳动力迁移发展的配套政策，对政府部门进行决策也具有参考价值。研究西北地区农村劳动力转移的发展机制，尽可能设计出能促进这一地区农村转移人口城镇化的有效措施，无疑有着特别重要的现实意义。

第二节　研究目标、重点与主要内容

一、研究目标和重点

　　本书的研究目标是，以科学构建西北地区农村劳动力迁移发展系统为前提，以分析西北地区农村劳动力迁移发展状况和机制、迁移发展竞争力、农村劳动力迁移中的政府行为，特别是迁移发展机制为基础，探索设计出西北地区农村劳动力迁移发展的配套政策体系。本书的基本假设有两条。①在可期望明显解决农村劳动力迁移发展与市民化问题的时期内，约束农村劳动力迁移发展与市民化的城乡二元制度体系，包括户籍制度、土地制度、城市劳动力二元市场制度、城乡二元社会保障制度、二元公共产品供给制度等，不会发生突变，而只会以保障城乡社会稳定为前提，发生渐进性变革，相应地，我国农民工问题的解决必将是一个长期的过程。②城镇化是工业化进程中的必然趋势，因此，农村人口市民化有着不可逆转的必然性。基于这种考虑，本书研究的重点放在分析西北地区农村劳动力迁移发展机制与设计配套政策两个方面，对迁移发展机制的分析主要包括农民工职位上行机制分析与农民工家庭化迁移机制分析两个部分。这样，研究重点就由三个内容构成，即西北地区农村劳动力职位上行机制分析、西北地区农村劳动力家庭化迁移机制分析、西北地区农村劳动力迁移发展配套政策设计。

二、研究的主要内容

　　除第一章导论部分，本书的主体由三个层次构成，第一层次由第二章、第三章构成，主要介绍农村劳动力迁移发展的一般机制与西北地区农村劳动力迁移发展的现况，是一个为后续分析提供准备的部分；第二层次由第四章、第五章、第六章、第七章构成，主要论述西北地区农村劳动力迁移发展机制、迁移竞争力、农村劳动力迁移中的政府行为，是全书的主体；第三层次由第八章构成，提出西北地区农村劳动力迁移发展配套政策设计方案。

第二章界定西北地区农村劳动力迁移发展的内涵，指出它是作为输出地的、行政区划上的、为农业户口的西北地区农村劳动力顺次经过职业发展、生活方式发展、身份发展、观念与心理发展，特别是前两种发展实现城市化的过程。简要勾勒农村劳动力由农村农业从业者转变为城镇非农业从业者、实现就业职位的向上流动、由个人迁移转向携带家庭成员迁移三个迁移发展阶段的系统构成与主要运行机制。

第三章以第四次、第五次、第六次全国人口普查数据为基础，分析西北地区农村劳动力转移发展的基本状况、主要特点、面临的问题。分析发现，这一地区农村劳动力向外迁移遵循以省内迁移为主、以省外迁移为次、由近及远的迁移路径，有相对较低的城市化比例和相对较高的镇化及乡村化比例，有与全国平均水平接近的择优迁移度，有与全国农村转移劳动力基本一致的职业构成。存在迁移发展相对滞后、迁移稳定性与迁移质量相对较低、对城镇化进程拉动不足的缺点。

第四章的分析发现，西北地区农民工大部分仍处于低等级职位的"锁定"状态，实现就业职位上行流动的农民工是一个少数群体，且其职位提升进程相对缓慢，职位提升的收入效应相对较低。实证研究结果表明，在西北地区农民工就业职位的上行流动中，人力资本与社会资本同时发挥着重要作用，但人力资本的作用远比社会资本的作用重要。人力资本作用机制主要来自于打工培训和工作变换的职业经历积累路径，社会资本作用机制主要在于获得首份工作时使用过的业缘和友缘关系资本产生的影响、在打工地建立起的桥梁型社会资本作用的增强、随家庭化迁移形成的家庭强关系资本的影响三个方面。对于选择不同就业地点的西北地区农民工，人力资本与社会资本中不同要素的作用路径存在明显差异。

第五章的分析发现，西北地区农民工的家庭化迁移进程尚处于初期阶段且具有梯次递减推进的特征。这一地区农民工在就业、消费、社会关系建构、参加社会保障、子女接受义务教育等方面的城市融入水平，或处于半融入状态，或处于初级水平。实证结果表明，这一地区农民工家庭化迁移主要通过就业职位上行流动、首次携眷迁移层级、人力资本中打工时间、进入城市后社会关系资本效应等发挥影响作用。进入城市后以传统关系为主兼有业缘关系，比完全以传统关系为主或完全以业缘关系为主，更可能实现高水平的携眷迁移。西北地区农民工携眷迁移层级越高，职业层级越高，人力资本水平与社会资本水平越高，他们实现城市经济融入的水平就越高。

第六章分析认为，西北地区农民工迁移发展能力由职位上行阶段能力要素与市民化进程阶段能力要素构成，其迁移发展能力竞争力是个体竞争力与群体竞争力相统一的相对竞争力。根据狭义和广义的西北地区农民工迁移发展竞争力指标权重与计算公式可知，2012 年，这一地区农民工的狭义迁移竞争力和广义迁移竞争力均相对较弱，分别相当于西北地区外农民工迁移发展能力的 90.9% 和 90.3%。

造成这种状况的原因，在狭义迁移竞争力方面，主要是其携眷迁移或市民化能力较差，仅相当于西北地区外农民工的 81.1%；在广义迁移竞争力方面，一是其受教育水平、接受培训、外出打工年限、农业劳动生产率等构成的迁移源头条件或劳动力禀赋差，二是其劳动力自由流动度、职业阶层间收入差距等构成的迁移渠道存在不足。提出要促进西北地区农民工的迁移发展，就必须提升迁移者相对竞争力的观点。

第七章分析农村劳动力迁移中的政府行为，包括政府目标与资源约束、中央政府与地方政府的利益博弈、迁入地政府与迁移者的利益博弈、利益视角下迁出地政府的行为选择。基于利益偏好，作为农村劳动力输入地的城市政府多会采取"兼顾"策略与"保护"策略，不愿积极实施保护农民工权益的政策。作为农村劳动力输出地的政府多采取教育上的"尽可能支持"策略，以及农民工返乡创业上的"细分化支持"策略。中央政府在促进农民工迁移发展方面，会采取政策"框架"化策略、新政策"试点"化策略、政策滞后"补缺"策略，这使得它在推动地方政府特别是输入地政府改进农民工政策和促进农民工迁移发展方面，尚不能完全发挥积极的调节与引导作用。

第八章提出西北地区农村劳动力迁移发展的配套政策方案，包括迁移政策选择面临的内外部约束条件、设计配套政策的理念与依据、国内外迁移支持政策设计经验、配套政策的福利评价与可行性分析、配套方案选择。使农民工最终成为具有公民权的市民是设计支持农民工迁移发展政策的最终目标。我国社会主义市场经济体制及其改革发展前景，是设计支持农民工迁移发展政策面临的根本约束。经济增长速度、产业结构变动、农民工劳动力供给量变化，是设计这一政策面临的外部约束。农民工自身的迁移发展能力是设计这一政策面临的直接约束。选择兼有市场化与政府调控两种优点，从提升农民工的以人力资本为核心的迁移发展能力和加大城市政府针对农民工的公共产品供给覆盖面及力度两方面着手的政策方案，具有解决我国与西北地区农民工迁移发展问题的可行性。在构建全国统一性农民工迁移发展支持政策体系框架下，作为农村劳动力输出地的西北地区地方政府，要充分发挥在支持本地农民工迁移发展上的主动性，通过努力改善区域内经济财政与就业状况，争取中央政府支持与发达地区支持等多种支持方式，促进本地区输出农民工不断提升迁移发展能力，实现市民化。

第二章　西北地区农村劳动力迁移发展系统的构成

第一节　农村劳动力迁移发展机制

一、农村劳动力迁移发展机制的内涵

（一）农村劳动力

农村劳动力指居住生活在乡村地区，年龄在 16 岁以上但不处于在学状态的，经常参加农户家庭或其他经济组织生产或经营活动的乡村人口。从社会身份与户口来分，可分为农业户口农村人口和非农业户口农村人口；从所从事职业来分，可分为从事农村农林牧渔业等产业生产经营活动的农业劳动者，从事农村工业、建筑业、运输业、商业饮食业等产业生产经营活动的非农业劳动者，以及从事农村医疗、教育、政务管理等服务商品与经济社会管理活动的非农业劳动者。也就是，农村劳动力可分为农业从业者、农村第二第三产业从业者、农村非产业从业者三类。在这三类农村劳动者中，一般情况是，从事农业生产经营活动的农村人口的户口是农业户口，从事农村第二第三产业生产经营活动的农村人口的户口大多数也是农业户口，从事农村非产业活动的农村人口的户口多为非农业户口。例外情况是，农村第一类和第二类从业者中也会有少数非农业户口农村人口，农村非产业从业者中也会有极少数农业户口农村人口。

本书所谓的农村劳动力仅指生活居住在乡村地区、拥有农业户口、从事农村农业和农村工业及服务业生产经营活动的农村人口。他们是农村迁移劳动力的主要来源。

（二）农村劳动力迁移

劳动力迁移是人口迁移的一个主要构成部分。人口迁移通常指人口由原居住地永久或长期地迁移到新居住地的过程，实质上是人口就业与生活空间的一种优化重组过程。联合国给人口迁移的定义是：人口在两个地区之间的地理流动或者空间流动，这种流动通常会涉及永久性居住地、由迁出地到迁入地的变化。这种迁移称为永久性迁移，它不同于其他形式的、不涉及永久性居住地变化的人口移动。从这一定义看，人口迁移中的"迁移"包含了两点规定性：①迁移的空间变

动，即人口迁移的距离必须跨越一定的行政区域。一般来讲，跨越乡镇边界的迁移才被纳入人口迁移讨论的范围；②迁移的时间变动，只有那些居住地发生了较长时期或"永久"变化的迁移才被看作人口迁移。离家外出工作、探亲访友、就学、旅游、从军，通常时间较短，不改变定居地，通常被看作人口流动而非人口迁移。根据居住地变动情况，人口迁移可分为从乡村到乡村的乡乡迁移、从城镇到城镇的城城迁移、从乡村到城镇的乡城迁移、从城镇到乡村的城乡迁移。根据迁移是否跨国，人口迁移还可分为国内人口迁移和跨国人口迁移。

劳动力迁移概念中的"迁移"，除具有人口迁移的空间变动特征和时间变动特征，还有一个基本特征，就是这种迁移的目的在于就业变动，这种变动可能是从一种职业转变为另外一种职业，也可能是职业不变前提下空间地理位置的变动（如从本乡迁至他乡、从本城镇迁到他城镇）、经济组织的变动（如从一个企业到另一个企业）。

农村劳动力迁移作为经济社会转型时期最主要的劳动力迁移现象之一，指农村农业户口人口，由于就业变动而引发的居住地长期或永久变动。这一迁移的规定性主要有：①就业变动。我国经济社会转型时期农村劳动力迁移的就业变动，仅指从农业就业岗位转变到非农业就业岗位或非产业就业岗位，不包括农村劳动力迁移到外乡镇从事农业生产经营活动发生的劳动力迁移。②空间变动。指农村劳动力的就业与生活地从乡村转变到了城镇，农村劳动力在作为原居住的乡村从事非农业生产经营活动不在考察范围之内。③时间变动。根据人口统计，将人口户籍登记地与现居住地不一致且离开户籍登记地半年以上的现象统称为"人户分离"的情况，本书将农村劳动力迁移的时间范围确定为大于等于6个月，即称作农村劳动力迁移者，一般要离开原居住地6个月以上。显然，具有上述三个规定的农村劳动力迁移，实际上就是农民工迁移。通常认为，农民工是伴随城乡就业市场化过程，从农民中分化出来而未取得城镇居民身份的，通过从事非农业生产劳动以获取劳动报酬的社会群体，他们同时兼有农民的社会身份和非农业产业就业者的职业身份。农民工有广义和狭义的划分，广义农民工既包括在本乡和外乡非农业产业中就业的农村劳动力，也包括离开乡村进入城镇非农业产业中就业的农村劳动力。狭义农民工仅包括后一部分农村劳动力，是既拥有农业户口，又在城镇居住生活就业的农村劳动力。

需要说明的是，农村劳动力概念是在叙述一个事实，"农民工"一词隐含了城镇非农业人口的某种优越感与歧视心理。

（三）农村劳动力迁移发展

农村劳动力迁移发展，指在工业化和城镇化的经济社会现代化转型时期，农村劳动者出于实现家庭收入最大化和家庭发展机会最大化的目的，离开乡村进入城镇从事非农业劳动，寻求及获得非农业就业职位的提升发展，并随着在城镇就业与生活能力的提升，逐步携带家庭人口向城镇迁移，最终实现全部家庭人口实际生活市民化，或获得市民户口的农村劳动力与农村人口的经济社会心理发展变化过程。

农村劳动力迁移发展包含了职业发展、生活方式发展、身份发展、观念与心理发展四种形式。

（1）职业发展。职业发展包含两个层次，一是就业实现了由农业就业向非农业就业的发展，二是在非农业就业中实现了由较低报酬较低社会地位职位向较高报酬较高社会地位职业的提升发展。在这一过程的第一阶段中，农村劳动力虽然仍然是体力劳动者，但是由于他们越来越处于城镇非农业发展的分工体系中，越来越在一个非农业经济组织内部从事有规律的连续劳动，越来越成为专业化的劳动者，所以，他们也越来越成为能够取得较高劳动生产率并获得较高劳动报酬的现代劳动者。而他们在非农业中就业职位的提升，通常伴随着智能和技能作用发挥的增大与体能的节约，更加体现出现代劳动的发展趋势。因此，职业发展是农村劳动力迁移发展最重要的方面。

（2）生活方式发展。农村劳动力个人或其家庭成员由乡村迁移到城镇的过程，也是他们实现生活方式发展的过程。这种发展，不仅体现在他们由原来在乡村的自给性生活方式转向了商业性生活方式，还体现在他们的劳动生产活动与家庭生活实现分离，劳动者个人逐步拥有了基于经济独立的自由和精神消费的空间与可能。在他们的社会关系上，表现为由原乡村的具有继承性的、长期封闭性的、以血缘为核心的传统社会关系，转变向以业缘为核心的选择建构性的、开放性的现代社会关系。农村迁移劳动力及其家庭人口生活方式的发展还包括作为人口生产基础的婚姻基础的扩大化，以及人力资本建设和积累在就业选择与实现方面发挥着日益关键的作用等方面。

（3）身份发展。当农村劳动力及其家庭人口在城镇过上了原来城镇人口最低生活消费水平或平均生活消费水平以上的生活，并能平等地享受城镇公共医疗、教育、文化及社会保障服务时，他们就在事实上拥有了市民的生活。当他们获得市民户口甚至拥有了作为公民的市民的政治权利时，他们就在制度上拥有了市民的身份。农村劳动力及其家庭人口由农民身份转变为市民身份，无疑是一种他们作为人的发展。

（4）观念与心理发展。在城市就业与生活中，当农村劳动力及其家庭人口面对陌生人不仅实践还完全认同契约与信用规则，在进入公共领域时主动承担作为市民应当承担的公共义务并勇敢地行使作为公民的政治权利时，他们在观念与心理上，就完成了由农民向市民的转变，这无疑是一种重要发展。

职业发展、生活方式发展、身份发展、观念与心理发展，其实就是农村劳动力迁移发展顺序经历的四个形式。农村劳动力迁移发展是这四种发展在时间上的统一，是这四种发展在时间上的顺序展开与实现。一般来讲，前一种发展是后一种发展的基础与条件，后一种发展是前一种发展的目的与实现。农村劳动力及其家庭人口顺序完成的发展阶段越多，他们的发展水平就越高。当四种发展均完成时，农村劳动力的迁移发展就完成了，进入城镇非农产业就业的农村人口就实现了由农民向市民身份的转变。这时，也就是他们作为农民工身份的终结。

需要说明的是，在严格意义上，只有持续离开原户籍所在地 6 个月以上并长期或"永久"在城镇就业生活的农村人口，才属于本书所讲的农村劳动力迁移人口，但由于农村劳动力迁移发展是一个不断克服障碍、不断提升个人能力、在时间中展开的过程，所以，在发展过程中出现反复与曲折是不可避免的，在很多时候，曲折与反复是以一种特殊方式为发展积累条件。另外，农村劳动力迁移不是农村人口个人独立进行的过程，而是一个始终伴随携迁与随迁活动的社会化过程。这意味着，某些农村劳动力虽然按照严格定义，没有完成迁移，但他的迁移却是其他作为先行迁移者的农村劳动力实现迁移发展发挥作用的表现。也因此，尽管本书严格定义的农村劳动力迁移人口范围较小，但在实际分析中，在分析需要的限度内，进入城镇就业生活不足 6 个月、未实现"永久"迁移的农村劳动力，也可能被纳入考察范围之内。

（四）西北地区农村劳动力迁移发展

关于西北地区的范围，通常认为有两种，一种是行政区划上的西北地区，包括陕西、甘肃、青海、宁夏、新疆五省份，另一种是地理上的西北地区，除行政区划上的西北五省份，还包括内蒙古自治区。本书的西北地区仅限于行政区划上的西北五省份，不包括内蒙古自治区。

所谓西北地区农村劳动力的迁移发展，不是指作为劳动力输入地的西北地区的农村劳动力迁移发展，而是指作为输出地的西北地区的农村劳动力迁移发展。具体来讲，西北地区农村劳动力的迁移发展，指的是原生活居住在西北五省份农村、户口为农业户口的农村劳动力，离开原居住地，进入本县外乡、本市外县、本省外市、本区外省、外区外省，在从事非农业劳动或经营活动过程中实现的迁移发展。

二、西北地区农村劳动力迁移发展机制

西北地区农村劳动力的迁移发展机制，指原在西北地区农村就业生活的农业户籍人口，在经历到外乡城镇地区从事非农业劳动或经营活动过程中，所获得的进步与影响这一过程的各主要因素之间的正向函数关系。所获得的进步主要包括打工者实现职业地位上升（打工者职业地位上升、由打工者转变为工商业经营者、工商业经营者经营规模扩大与收入增加等）、打工者家庭成员生活完全永久市民化（职业非农业化、生活空间城镇化、生活方式市民化、行为方式与价值观念城市化）等，影响这一过程的主要因素有打工者非农产业就业收入与他们原家乡农业和非

农产业就业收入差距、从乡村迁移到城镇所引起的迁移成本、打工者拥有的人力资本、社会资本及个人特征、打工者家庭人均收入水平、打工者所在城镇的平均消费水平、住房价格水平与住房平均租金水平、社会保障水平等因素。各主要影响因素所引发的农民工迁移发展效应就是所谓的农村劳动力迁移发展机制。

总体来讲，农村劳动力在外出打工过程中取得的进步可分为三个阶段。第一阶段，实现由农业劳动者转变为进入城镇的非农产业劳动者。第二阶段，实现在非农业领域就业岗位的提升。第三阶段，伴随就业岗位提升实现对家庭成员的部分携迁、全部携迁以及生活水平的实质市民化与制度市民化。农村劳动力所处的迁移发展阶段不同，其主要影响因素就不同，因此，农村劳动力迁移发展机制可相应分为农村劳动力非农业就业机制、农民工职位提升机制、农民工携带家庭成员迁移机制。农村劳动力迁移发展机制实际上是在时序上展开在这三阶段迁移机制的统一。

2004 年我国出现了"民工荒"，现阶段我国不仅存在"民工荒"，还存在"技工荒"，有学者也证明我国农村剩余劳动力已基本转移。学界对农村劳动力非农业就业机制的研究汗牛充栋，但是，农民工如何实现职位提升与家庭化迁移，仍然是一个难题，这方面的研究相对较少，基于这种情况，本书主要分析西北地区农村劳动力迁移发展机制中的第二阶段机制与第三阶段机制。为了分析的完整，本章第二节在构建农村劳动力迁移发展系统时，给出第一阶段农村劳动力迁移发展的系统图式，第三章对西北地区农村劳动力迁移发展第一阶段的总体情况进行简单分析。

需要说明的是，如前述，农村劳动力迁移发展可分为三个阶段，第一阶段是他们成为农民工的阶段，第二、第三阶段是他们作为农民工实现发展的阶段。因此，在仅涉及农村劳动力迁移发展第二、第三阶段时，本书使用"农民工"这一概念；在仅涉及农村劳动力迁移发展第一阶段或所有阶段时，使用"农村劳动力"这一概念。

第二节　西北地区农村劳动力迁移发展系统的构成

农村劳动力迁移发展的全过程为：农村农业从业者—城镇非农产业从业者—高一级非农产业就业职位或非农产业投资经营者—携家庭成员迁移到城镇工作生活的迁移者。据此，本书分三个迁移阶段构建西北地区农村劳动力迁移发展系统。

一、农村劳动力迁移发展第一阶段的系统构成

第一迁移阶段是农村劳动力由农村农业从业者转变为城镇非农产业从业者。

农户家庭土地承包制度与城镇市场经济制度特别是用工市场化制度的建立，是农村劳动力向城镇非农产业迁移的制度前提。在这样的制度前提下，农户的经营目标必然是家庭生存安全前提下的收入最大化。然而，土地承包制度虽然使农民获得

人身自由和不断增多的剩余劳动时间，但平均承包经营的耕地有限，生产具有季节性与农业技术不足，使这种制度下的农业经营只能满足农民家庭成员生存安全目标的实现，不能保证农民家庭收入最大化目标的实现。即使 2006 年国家完全取消了农业税，并且近几年国家加快了农村社会保障制度的建设速度，也仍然如此。相对拥有的资本、技术，劳动力是农民普遍拥有且最重要的生产要素，充分利用剩余劳动力以尽可能多地增加家庭收入，是农民实现家庭收入最大化的最佳选择。相对农业，城镇非农产业对劳动力的利用，具有时间上的连续性、专业性、相对较高的技术含量，因而，城镇非农产业的劳动生产率通常大幅度地高于农业劳动生产率，城镇非农产业的月劳动收入水平一般大幅度地高于农业的月劳动收入水平。因此，当城镇非公经济快速发展产生对农村剩余劳动力的大量需求时，进入城镇非农产业就业，增加家庭收入，就成为农村劳动力特别是剩余劳动力的必然选择。

影响农村劳动力向城镇非农产业迁移的因素可分为两个层次：第一层次的影响因素主要有城镇就业信息、预期的或实际的城乡劳动收入差距、城镇就业迁移成本、农民就业能力、城镇就业市场的二元化程度等；第二层次的影响因素主要有城乡间距离、城乡间联系频率、农业劳动收入水平、城镇非农产业劳动收入水平等。两个层次因素之间的关系及对农村劳动力迁移的影响关系如图 2-1 所示。

农村劳动力迁移第一个阶段的机制。从理论上讲，是一定时间内向城镇非农业的迁移量与第一层次影响因素之间的函数关系。具体来讲，主要有以下迁移机制。

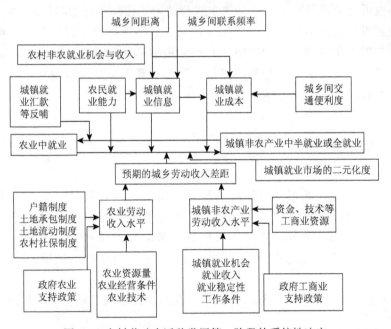

图 2-1　农村劳动力迁移发展第一阶段的系统性决定

（一）"推—拉"迁移机制

引起农村劳动力向城镇非农产业迁移的最主要因素，是城镇有利于农村剩余劳动力就业和收入增长因素与农村不利于农村剩余劳动力就业和收入增长因素的比较，也就是说，预期或实际的城乡劳动收入差距是影响农村劳动力迁移最主要的因素。这一因素的影响主要表现在两个方面，当预期或实际的城乡劳动收入差距扩大时，"推拉力"增强，农村劳动力迁移就会加快；当预期或实际的城乡劳动收入差距缩小时，"推拉力"减弱，农村劳动力迁移就会减慢甚至回流。1984 年，我国首次出现"卖粮难"，之后几年，一方面，农民农业收入增长缓慢甚至停滞，另一方面，乡镇企业快速发展与城市放开搞活，城乡实际收入差距拉大，我国农村劳动力转移量迅速增加，达到了每年 450 万人以上的规模[①]。这明显是城镇"拉力"与农村"推力"共同作用的结果。需要指出的是，对具体的农村劳动力转移者而言，真正有引导迁移信号意义的是城乡实际收入差距拉大，并非原农村居住地劳均农业收入与事实上的全国人均最高城镇收入差距，甚至也不是全国平均的城乡实际劳均收入差距，而是原农村居住地的劳均农业收入与相距较近的、能够获得就业信息的、且期望迁移的目标城镇的劳均收入差距。由此造成的一个后果是，即使全国农村劳动力迁移已经大规模展开，某一地区也可能仍然只发生了零星的农村劳动力迁移。有理由相信，1985 年开始的第一波农村劳动力迁移主要发生在东部发达地区，因为只有在这些地区，乡镇企业与城市市场经济得到了率先发展，根据西北地区的经验观察，这个时间点上，城镇对农村劳动力迁移的"拉力"尚未真正形成，以致相比东部地区，西北地区农村劳动力的迁移滞后了 5～10 年。

（二）择优迁移机制

农村劳动力向城镇非农产业的迁移，是一种具有高度自主性的迁移。这就决定了拥有较强迁移能力并能较早获得非农产业就业信息的农民，会较早实现迁移，会迁移到劳动条件相对较好、劳动收入相对较高的就业岗位。也就是说，农村劳动力迁移存在择优机制。这一机制存在的表现，主要有以下四个方面。

（1）男性劳动者先行迁移。2009 年，男性外出农村劳动力占全部外出劳动力

① 李中建. 我国农民工政策变迁：脉络、挑战与展望. 经济学家，2011（12）：70-76.

的 65.1%，女性仅占 34.9%，前者高出后者 30.2 个百分点[①]。在陕西，这种现象表现得更为突出，2006 年，陕西男性外出农村劳动力占 66.3%，陕北地区更是占到68.9%[②]。

（2）年轻劳动者先行迁移。2008 年，16～30 岁的农村外出劳动力占全部劳动力的 46%，40 岁以下的占 70%。虽然 2012 年农村外出劳动力的年轻化程度有所下降，但两个年龄阶段的农村外出劳动力仍占全部外出劳动力的 36.8% 与 59.3%[③]。

（3）受教育程度较高者先行迁移。2012 年，不识字或识字很少、小学、初中、高中与中专、大专及以上文化程度者所占比例，在农村农业劳动力中分别为 8.3%、33.8%、47%、9.5%、1.4%，在全部农民工中分别为 1.5%、14.3%、60.5%、18%、5.7%，在外出农民工中分别为 1%、10.5%、62%、18.7%、7.8%[③]。显然，对于初中以下文化程度劳动者占比，农村农业劳动力群体高于全部农民工群体；对于初中及以上每个文化程度层次的劳动者占比，农民工群体高于农村农业劳动者群体，外出农民工群体又高于全部农民工群体。

（4）拥有技能者先行迁移。拥有技能者如水工、电工、瓦工、木工、漆工等，通常进入城镇就业的能力更强，更容易获得非农就业信息，劳动市场的需求更强烈，因此，会更早地实现向城镇非农产业的迁移。20 世纪 80 年代后期与 90 年代，尤其如此。一般来说，各个地区的农业发展水平差异相对较小，而城镇非农业发展水平差异相对较大，相对东部地区，西北地区的城镇非农产业发展较滞后，对农村劳动力的需求较少，因此，拥有技能者相较无技能者，优先获得迁移机会是必然的。

（三）"携—随"迁移机制

由于进入城镇就业信息获得不易，城镇劳动力市场上供求两方的信用均相对缺乏，以及农民长期生活在熟人社会形成的交往内卷化习惯和特点，造成了农民工先迁者与后迁移者关系中的"携—随"迁移机制。"携—随"迁移机制的主要表现有：近城农村劳动力群体先迁先随，优先获得就业信息农村劳动力群体先迁先随，就业能力强者先迁先随等。先迁者对后迁者的携迁通常遵循关系由强到弱的逻辑顺序，即遵循家人—亲戚—同学—乡邻—朋友的顺序。这实际上是农村劳动力群体向城镇的迁移采取了特殊主义传统社会关系原则的反映。大量调查表明，自 20 世纪 80 年代到现在，农村外出劳动力迁移特别是获得首

---

① 国家统计局农村司. 2009 年农民工监测调查报告. [2015-10-12]. http://www.stats.gov.cn/ztjc/ztfx/fxbg/201003/t20100319_16135.html.

② 国务院第二次全国农业普查领导小组办公室，国家统计局. 中国第二次全国农业普查资料汇编. 北京：中国统计出版社，2009.

③ 国家统计局农村司. 2012 年农民工监测调查报告. [2015-10-13]. http://www.gov.cn/gzdt/2013-05/27/content_2411923.htm.

份工作依靠的社会资源最主要的是乡土关系网络[①]，82.3%的农民工获取的工作信息来自亲朋好友[②]。2009 年，我国外出农民工 14533 万人，举家外出农民工 2966 万人，而农村居民该年户均劳动力数为 2.9 人[③]，按此推算，仅携迁家庭内部成员人数就达 1943.2 万人，占全部外出农民工总数的 13.37%。2012 年，农民工携迁家庭内部成员上升到了 2211.2 万，占全部外出农民工总数的 13.54%。这些数据足以证明，"携—随"迁移机制在农村劳动力向外迁移过程中的确发挥着作用。有理由认为，西北地区农村劳动力外迁过程更多依靠"携—随"迁移机制作用的发挥。因为总体上，相较东、中部地区及西南地区，西北地区农民工获得城镇就业信息较难，就业能力较弱，经济行为较保守，所以，他们会更多地依赖传统乡土关系网络获得城镇就业职位。

（四）由近及远迁移机制

农村劳动力向外迁移受迁移成本与乡土观念影响，原居住地距离城镇越近、交通成本越低，联系就越密切，迁向城镇的心理成本就越低，因此，农村劳动力通常先迁移到较近城镇，然后才会随迁移条件的改善逐步迁向较远城镇。第五次人口普查表明，2000 年，全国迁移到本县外镇、本县街、本市其他镇和街道的人口占全部外迁人口的 35.7%，迁移到本省其他市县的人口占全部外迁人口的 25.5%，迁移到外省的人口占 29.4%。显然，迁移到市域的人口多于迁移到省域的人口，迁移到省域的人口多于迁移到省外的人口。到 2012 年，外出农村劳动力省内迁移所占比例已经下降到 53.2%，迁移到省外的比例已经达到 46.8%。这充分说明，农村劳动力外迁过程中存在由近及远迁移机制。调查表明，中西部地区农民的流动意愿比沿海地区农民的流动意愿低 21.16%[④]。西北地区的农民更是如此，可能是他们的乡土归属感更强。因此，他们在最初向外迁移时可能更多地遵循由近乡到远乡的迁移规律。不过，特殊的是，由于西北地区城镇非农产业就业岗位增长相对缓慢，我国农村劳动力迁入的三个主要城镇中心分布于东部地区，因此，相较东部地区，西北地区农村劳动力迁到外省的比例更高，2012 年，这一比例为 56.6%，而东部地区仅为 16.3%。同年，东部地区的本地农民工[⑤]占全部本地农民工的 60.8%，西北地区仅占 16.3%，足以说明现阶段西北地区农民工迁移更远。

---

① 谭深. 农民工流动研究综述. 中国社会科学, 2003 (4)：84-101.
② 简新华, 黄锟. 中国农民工最新情况调查报告. 中国人口·资源与环境, 2007 (6)：1-6, 124-130.
③ 国家统计局农村社会经济调查司. 中国农村住户调查年鉴（2010）.
④ 程名望, 史清华, 徐剑侠. 中国农村劳动力转移动因与障碍的一种解释. 经济研究, 2006 (4)：68-78.
⑤ 本地农民工指在本乡镇内从事非农活动 6 个月及以上的农村劳动力，包括本地非农务工和非农自营活动.

（五）迁移内生机制

农村剩余劳动力的迁移具有动态性。一部分农村剩余劳动力（通常是青壮年农村劳动力）先行择优迁移入城镇非农产业就业，并在获得收入后给农村留守家庭成员汇款，达到一定限度后，就会迫使农村留守劳动力较多地采用农业机械或将某些农业生产经营环节外包，从而使农业现代化进程得以加快，农业剩余劳动力不断产生。这一过程会持续一段时期，直至农业经营者由青壮年转变为老年人及中年以上妇女，农村人口基本只剩老年人、中老年妇女、儿童。在西北地区，现阶段农村外出劳动力主要迁移到了东部地区，农业机械对农业劳动力的替代表现得更加明显。2009 年，农户购置生产性固定资产支出额，全国农户平均为 195.7元/人，陕西、青海、宁夏、新疆分别为 300.1 元/人、232.2 元/人、376.7 元/人、462.4 元/人，只有甘肃低于全国平均水平，为 158.6 元/人[①]。

（六）由流到稳迁移机制

所谓由流到稳迁移机制，指农村劳动力外出迁移到城镇就业，并非一次迁移之后就实现永久迁移，而是一次或多次在迁入地与迁出地之间流动，然后逐步实现在迁入地就业居住时间的延长，其中部分迁移者实现永久迁移。造成这种状况的原因，从农村外出劳动力方面看，主要是他们就业能力不足，劳动力就业的可替代性高。从外部环境看，主要有两个：①农民工最初向城镇非农产业迁移时，多数是就近迁移，他们缺乏技能，非农产业收入低下且不稳定，往往同时兼营农业，这样就必然处于一种流动迁移的状态；②城镇经济发生周期性波动、政府出台保护城镇就业政策、农民工个人家庭原因引起的农民工回流，例如，国务院 1990年 4 月出台控制农民进城务工的通知，引起农民工回流。较其他地区而言，西北地区农民工的就业能力相对较低，在他们的迁移过程中，流动的时间可能更长，稳定迁移的实现更迟。

需要注意的是，各迁移机制之间会发生相互促进作用，例如，择优迁移机制与"携—随"迁移机制叠加作用，会造成农村劳动力迁移中的群体分层，东部迁移劳动力群体相较中部迁移劳动力群体，中部迁移劳动力群体相较西部迁移劳动力群体，更多地占据较好的就业岗位。

农村劳动力迁移发展第一阶段的特点主要有以下几个方面。

（1）迁移者的主体是个体农民工，非迁移者的全体家庭成员。

① 国家统计局农村社会经济调查司. 中国农村住户调查年鉴（2010）.

（2）迁移者多是体力型劳动者，大多数在具有脏、险、累、差等特征的岗位就业。

（3）影响迁移的主要因素，是由工农产业特点不同及城乡二元制度造成的城乡间劳动收入差距这一宏观因素，而非劳动者个体因素。

（4）农村劳动力择优进入城镇非农产业领域，是他们开始分层的阶段。

二、农村劳动力迁移发展第二阶段的系统构成

第二阶段是农村劳动力就业职位的向上流动。

农村劳动力一旦进入城镇非农产业领域就业，他们当中许多人就会改变在进入第一阶段时只打算增加家庭收入的目标，在新的就业环境中，他们必然会展开与其他打工者在就业条件、收入水平与社会地位上的比较，少部分人会把城镇居民的生活作为他们期望的生活。在这个阶段，他们的行动目标是：通过职位上行迁移最大化地增加收入并提高经济社会地位+追求个人事业发展成功+追求城镇生活享受最大化+家庭成员市民化（部分迁移者的目标）。其中的核心目标是非农就业收入增加与经济社会地位的上升。与第一阶段的目标不同，个人事业发展与生活城市化成为重要目标，小部分打工者确立了家庭成员移居城市生活的目标。

实现这一目标的途径主要有就业职位的水平流动与纵向流动两种。就业职位的水平流动途径指农村劳动力通过一次或多次的非农就业流动与迁移，包括在不同城镇间流动与迁移，在同一城镇的不同产业、不同企业间流动与迁移，寻求劳动条件较好、收入待遇和社会地位较高的就业职位。就业职位的纵向流动途径指农村劳动力在同一企业内部、同一城镇不同企业之间、不同城镇同一企业或不同企业之间，寻求从低级就业职位流动到中级或高级就业职位的过程。特别是从体力劳动岗位流动到技术与管理劳动岗位上，或者从打工者转变为个人或合伙的企业创办者。绝大多数农民工的就业流动都属于水平流动，仅有少数农民工的职业流动可称作纵向流动。在这一阶段，出于宏观经济波动与打工者个人或家庭方面的原因，也有部分打工者会再次或多次发生由城镇非农业就业岗位流动到原居住地的农村非农产业或农业就业岗位的情况。

影响农村劳动力就业职位向上流动以及流动高度和速度的主要因素，可分为两个层次。属于第一层次的因素有：不同类型和不同层级就业职位之间的年收益差距、相对需求的城镇中高级非农产业就业岗位供给量、农民工获得高一级非农产业就业职位意愿、农民工人力资本和社会资本水平与积累速度。属于第二层次的因素有：不同层次就业职位上劳动者劳动生产率差距、不同层次就业职位上劳动者与资方在收入分配上的博弈能力比较、城镇经济发展速度、政府支持技术进步的政策力度、农民工的学习能力、农民工的职业规划及其质量、城镇生活吸引力等。两层次影响

因素之间的关系及其与农民工就业上行迁移进程的关系如图 2-2 所示。

第二阶段农村劳动力迁移发展的机制主要有以下几个方面。

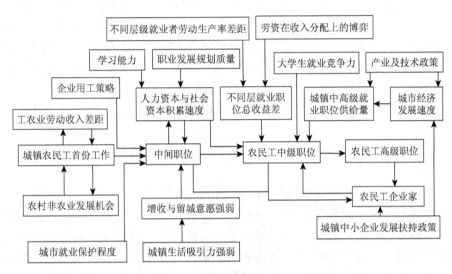

图 2-2　农村劳动力迁移发展第二阶段的系统性决定

在农村劳动力迁移发展的第二个阶段，原属于第一迁移阶段的部分机制，如"携—随"迁移机制、由近及远迁移机制、由流到稳迁移机制等，仍在发挥作用，但这些迁移机制并非第二迁移阶段特有的机制，属于第二阶段特有的迁移机制主要有以下三个。

（一）"'干中学'—职位提高"互动上行迁移机制

所谓"干中学"是指劳动者在工作或生活中，获得实践知识与经验的积累。"干中学"会带来劳动生产率提高与知识外溢的"干中学"效应。农民工的"干中学"是一种广义的"干中学"，不仅包括在具体劳动过程中知识与经验的积累，还包括在城镇迁移流动历程中彼此学习、向城镇工与市民学习、自主学习等而获得知识与经验的增长。不是所有取得"干中学"效应的农民工都能实现非农就业职位的上行迁移，但实现职位上行迁移的农民工一般都遵循了"'干中学'—职位提高—进一步的'干中学'—进一步的职位提高"的实践逻辑。调查表明，农民工的工作经验收益率为 3.37%，即农民工在城市多工作一年，其收入就会提高 3.37%，而城市职工的工作经验收益率仅为 1.06%，前者比后者高 2.31 个百分点[①]。这说

---

① 武向荣. 中国农民工人力资本收益率研究. 青年研究，2009（4）：34-46.

明，"干中学"对农民工的发展有更加突出的作用。另有调查表明，许多农民工外出打工后自身发生了变化，其中认为自身"思想观念更加开放"者占62.81%，认为自身"增长了见识"者占32.13%。并且，40%的流动就业者外出务工遵循的是"零工—小工—大工（技工）"这样"边干边学"的就业发展路线，外出者的务工时间与其技能水平成正比①。农民工在寻求职位上行迁移过程中，一般没有可以凭借的"关系"或"靠山"，所就业的劳动市场基本上是一个完全自由竞争的市场，因此，遵循的必然是边际劳动生产力决定职位的效率化就业原则，因此，"'干中学'—职位提高"互动上行迁移机制是农民工实现职位上行迁移的主要机制。

（二）择优上行迁移机制

农民工的择优上行迁移，是在第一阶段择优迁移后进行的第二次择优迁移，也就是在进城农民工群体中进行的再次择优迁移。在就业职位的层次序列中，与最下层的职位相比，最下层以上所有就业职位都要求拥有一定知识与技能才可胜任，并且，职位的层级越高，所要求的知识积累与技能掌握程度就越高。这样，农民工的职位上行迁移过程，就必然是一个多层次连续进行择优的过程。那些知识与技能准备可越过第二层次职位要求门槛者，有资格进入上行序列，而那些知识与技能准备更多者有可能进入更高级的职位。农民工的知识与技能技术主要来自"干中学"，他们在职位上的择优上行迁移，其实是择"干中学"能力强者上行迁移。调查表明，通常农民工拥有的职位越高，他们的文化程度越高，掌握的技能或技术越好。择优上行迁移其实就是精英农民工上行迁移。

（三）上行迁移人数递减机制

非农产业中不同类型如纯体力型、低技能型、高技能型、一般技术型、高技术型职位之间，或不同层次就业职位如普通劳动者、基层管理者、中层管理者、高级管理者之间，存在综合就业收益差距，包括劳动条件差距、劳动强度差距、个人就业能力成长机会与速度差距、劳动报酬差距、社会地位差距等。通常，越是处于纯体力型或普通劳动者就业职位，劳动条件越差，劳动强度越大，劳动者越是缺乏就业能力成长机会，劳动报酬越低，社会地位也就越低；反之，越是处于高技术型或高级管理型就业职位，从就业五个方面特征表现出的综合就业收益就越高。在知识与技能上越过第二层次就业职位门槛的理性农民工，有强烈动力

---

① 张永丽，刘富强. 劳动力流动对流动者人力资本形成的效应探析. 人口与经济，2010（1）：27-33.

去努力获得高一级职位。通常，越是高一级就业职位，其数量供给就越少，同时，越是高一级就业职位，就越要求就业者不仅拥有更丰富的知识与更熟练的技能，还要拥有更开阔的工作视野、更强烈的进取精神与创新精神、更圆融的为人处世技巧等职业能力。就业职位要求越高，满足条件的人就越少。另外，越是在高等级职位就业市场上，农民工所面临的竞争对象就越来越多是城镇工或作为城镇居民的大学毕业生，后者经历了正规的教育与培训，一般具有较农民工强许多的智力条件和学习能力，社会也认为大学生是合适的技术与管理人才。这样，职位等级越高，空位越少，竞争越激烈，合用农民工越少，三个因素共同作用，必然造成农民工能够实现上行迁移的人数呈现快速递减的变化规律。农民工的职位上行有两种途径：一种是作为受雇者获得上行迁移；另一种是自主创业成为企业主实现上行迁移。无论是哪一种途径，他们的上行迁移一般都不会超过中层技术人员、中层管理者或中小企业主的职位等级，他们所面临的上行迁移机制，最终必然演变为上行迁移的中层有界机制。

在农民工上行迁移过程中，上述三个机制是交织发挥作用的。择优上行迁移机制的存在，使得只有那些越过第二层次职位门槛的就业者，才能进入"'干中学'—职位提高"互动上行迁移机制的作用范围，而"'干中学'—职位提高"互动上行迁移机制的存在，使得择优上行迁移机制具有了动态特征。获得高一级职位越早者，"干中学"能力越强者，就会越早越好地实现职位上行迁移中的优胜。在"'干中学'—职位提高"互动上行迁移机制与择优上行迁移机制共同发挥作用的过程中，越来越多的迁移上行努力者被淘汰，获得高一级职位者越来越少，上行迁移人数递减机制发挥作用，最终迁移发展呈现出上行迁移的中层有界特征。

农村劳动力迁移发展第二阶段的特点主要有以下几个方面。

（1）与第一个阶段主要是宏观结构性因素决定迁移不同，农民工的个人因素特别是个人人力资本成为其实现职位上行迁移的关键因素。农民工个人人力资本积累中，最主要的影响因素并非他们在原居住地所受教育的状况与质量，而是农民工的上进心、抓机会的能力、"干中学"能力、利用制度与规则实现发展的能力。

（2）实现就业职位上行迁移者通常不是体力劳动者，而是技能技术劳动者或拥有较多知识者，且越是进入上层就业职位者，越是如此。

（3）进入就业职位上行迁移通道者开始了携带家庭成员的迁移进程，且越是进入上层就业职位者，越是如此。

三、农村劳动力迁移发展第三阶段的系统构成

第三阶段是农村劳动力由个人迁移转向携带家庭成员迁移的过程。

农村劳动力迁移第三阶段的主体是有能力进入就业职位上行通道的准精英农民工与精英农民工，以及部分有着强烈自信、预期自己将来有能力在城镇永久就业与生活的年轻农民工。这是一个较小的农民工群体，他们的目标是实现自己及全部家庭成员在城市的永久就业与生活，实现自己及家庭成员社会身份由农民向市民的完全转变。

农村劳动力迁移第三阶段——家庭人口的携迁与市民化阶段，是一个与就业职位的上行流动相伴随的阶段，是迁移发展的最高阶段。这一阶段由前后相继的四个步骤构成，即农民工个人进入永久迁移进程并且永久迁移程度提高—家庭成员随迁发生与迁移率提高—农民工个人及家庭成员生活城市化水平提高—农民工个人及家庭成员获得市民户口与平等的市民权利。

在这四个步骤中，农民工个人永久迁移程度的提高，是他们开始市民化进程的标志；随着农民工个人在城市永久迁移程度的提高，他们携带家庭成员的愿望与能力越来越强。农民工个人永久迁移是其家庭成员实现随迁和市民化的基础与条件，只有农民工个人能够在城市永久生活，他们才有能力、有条件逐步带动家庭成员随迁到城市工作与生活。

家庭成员随迁率与质量提高，是表明农民工及其家庭成员市民化最核心的指标，家庭成员完全迁移到城市并能够定居生活，表明农民工基本实现了市民化。

农民工家庭生活水平达到了城市居民群体收入最低20%人口的生活水平，表明农民工家庭已经在事实上实现了市民化。具体可分别通过住房、子女教育、社会保障、月生活费用水平等指标衡量。

农民工获得正式的市民户口①是农民工在制度上完成市民化的标志，也是农民工及其家庭成员最终完成市民化进程与完成全部迁移发展阶段的标志。

农民工及其家庭成员市民化进程四个阶段的相互关系是：个人永久迁移开始及程度提高与家庭成员随迁开始及迁移率提高，是相互促进的，前者能够促进后者，后者也能够为前者提供支持（图2-3）。

家庭成员随迁率提高会提升农民工个人及其家庭成员生活的城市化水平。主要原因是，家庭成员随迁率越高，农民工就越不需要向家乡汇款，他们在城市的生活就越是商品化，同时，他们在城市就越有条件按市民的方式组织生活，例如，更加看重子女教育、在住房上作出长远投资安排等。家庭成员完全随迁进入城市生活后，农民工就会按照家庭成员在城市就业生活的长远发展需要重建社会关系网络。

---

① 正式的市民户口不指城镇居住证明或蓝印户口等与城市原有市民不同的户口，仅指获得与原城市市民完全平权的城市户口。

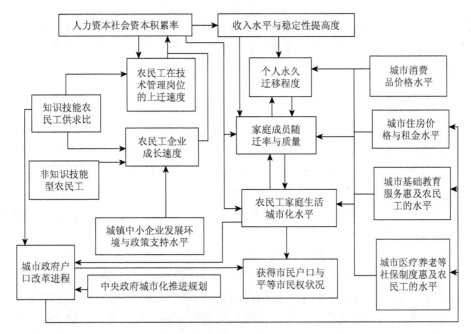

图 2-3　农村劳动力迁移发展第三阶段的系统性决定

　　农民工及其家庭成员在城市的生活能力越强，生活水平越高，城市政府实施市民化政策成本与财政压力就会越小，并且，城市政府通过吸引城市生活能力强的精英农民工落户，还能吸引到更多投资，增加城市消费与税收，改善城市形象，增加城市的净收益，因此，农民工及其家庭成员增强城市生活能力，必会提高城市向他们开放城市户口的意愿。不仅如此，农民工及其家庭成员在物质上，也就是经济生活与消费上，越是实现了市民化（与原市民看齐），他们就越是会提出在制度上与原市民平权的要求，即生活市民化会增大农民工及其家庭成员获得市民户口的意愿和要求强度，从而促进农民工个人及其家庭成员获得市民户口与平等市民权利的进程。从农民工群体来讲，一旦有农民工完成个人及其家庭成员的生活城市化进程并获得市民户口与权利，就会产生强烈的示范效应，引导与激励其他准精英及精英农民工在迁移发展过程中更加努力，使得整个迁移发展进程成为一个产生了内在推进动力的系统。

　　影响农民工及其家庭成员生活市民化的主要因素有：受就业职位类型及层级制约的农民工收入水平与稳定程度，城市生活成本水平（主要包括最低生活消费成本、最低住房成本、最低子女受教育成本、最低医疗保障成本等），城市政府对农民工在城市生活、女子受教育、医疗、养老、失业等社会保障的负担水平。各因素与农民工迁移发展第三阶段的关系如图 2-3 所示。

　　在农村劳动力迁移发展的第三阶段，属于前两阶段的"携—随"迁移机制、择优迁移机制、择优上行迁移机制、上行迁移人数递减机制等，仍会继续发挥作用。但这些迁移机制并非第三迁移阶段的特有机制，属于第三阶段特有的迁移机制主要有以下几个。

（一）内外合力决定迁移机制

尽管收入水平及稳定性是影响农民工携带家庭成员迁入城镇定居生活的关键因素，但这一因素并不能单独发挥作用，只有当农民工的收入水平符合下列不等式的要求时，农民工家庭成员的市民化才是可能的。

农民工家庭人均稳定收入水平+政府对农民工家庭人均社会保障支持或转移支付水平≥人均城市最低生活消费成本+农民工人均住房成本+农民工个人负担子女人均受教育成本+农民工个人负担家庭人均医疗与社会保障成本。

这一不等式成立与否，是三类主体合力发挥作用的结果，农民工是内部主体，给定不等式右侧的城市全部生活成本与政府对农民工的支付水平，只要农民工的个人收入水平足够高且稳定，农民工就能够携带家庭成员迁移。超过携带家庭成员向城镇迁移生活的门槛收入水平后，随着收入水平稳定提高，农民工携带家庭成员的数量就会不断增多，已经携迁家庭成员农民工的城市化生活水平就会不断提高。农民工收入水平能否稳定提高，一是取决于他在第二个迁移阶段中是否建立起"'干中学'—职位提高"互动上行迁移机制并获得尽可能大的上行迁移收入增长效应，二是取决于不同职业层次上农民工劳动力的供求形势是否变得有利于劳动力供给方。第一个因素的作用是针对农民工个体的，第二个因素的作用是针对农民工群体的。伴随城市化进程的推进，目前我国人口生育率已经处于一个较低水平，人口老龄化又在不断加剧，因此，未来一段时间，分配领域的形势总体是有利于农民工的。即使如此，农民工中的普工基础收入水平较低，他们的劳动力可替代性较强，需求的稳定性不高。作为普工的农民工，不能进入"'干中学'—职位提高"互动上行通道，要依靠劳动力市场形势的改变，持续大幅度稳定地增加收入，进而获得携带家庭成员迁移的能力，是非常困难的。越是处于就业职位上层的农民工，他们的基础收入越高，劳动力专用性越强，劳动力需求的稳定性越高，在薪酬确定中的发言权越多，因此，当劳动力供求形势变得有利时，他们的收入增长就越快。可见，即使未来劳动力供求形势变得对农民工持续有利，获得并增强携带家庭成员城市化迁移能力的最主要因素，仍然是农民工个人的就业能力及其提高速度。

对农民工而言，外部主体有包括房地产商在内的城市消费品供应商与城市政府两类。尽管城市的日用消费品价格一般高于农村，且不具有下行的条件，但仍然可以认为，对于大多数农民工，保证在城市最低的基本生活消费是有条件的。

影响农民工及其家庭成员在城市永久定居生活的主要因素，一是住房价格水平，二是城市政府对农民工的公共产品供给与社会保障支持水平。受住房供求形势以及城市政府对土地财政高度依赖的影响，城市商品房价格要持续大幅度降低，几乎不可能，即使存在一定的下降空间，要达到大部分农民工支付能力水平，也非常困难，越是大城市越是如此。如果存在可能，这种可能也只会在部分县级市或城关镇存在。城市政府对农民工的公共产品供给与社会保障支持水平，有三个方面的表现。

（1）保障性住房供给，包括限价商品房、经济适用房、公共租赁房、廉租房四类供给。这些住房供给，实际上主要是用于解决城市低收入群体、最低收入群体、被拆迁户的住房问题的，尽管近年来这类住房供给有很大增加，但由于它和城市商品房供给存在一定的替代关系，它不仅是民生工程，更是政府实施土地财政政策与增加政府收入的基础性支持政策，所以，它的供给规模必然长期被限制在不给商品房价格造成下行压力的限度之内。这意味着，城市保障性住房的供给会长期被压制在低于城市需求的限度之内，城市自身将一直存在保障住房供给缺口。在这种情况下，期望城市政府面向农民工群体大幅度供给城镇保障住房，几乎是不可能的。个别城市针对农民工的保障房供给规模很小，仅具有象征意义[①]。因此，农民工寄希望于政府加大保障性房供给解决住房困难，几乎是不可能的。

（2）城市政府对农民工子女基础教育学位的供给政策会直接影响农民工负担的子女受教育成本，2001年中央政府出台"两为主"政策[②]后，农民工子女在城镇就学状况略有改善，但是，后续升学实行户籍原则，农民工子女无法在城市实现连续升学。由于这一政策对政策实施所需财力安排不尽合理，城市政府缺乏增加财力投入的积极性等原因，迄今为止，农民工子女在城市就学的主要途径，仍然是交纳"借读费"的商业化渠道。

（3）在农民工社会保障方面，城市政府扩大城镇社会保险制度覆盖面的模式（广东模式）与农民工社会保障模式（上海模式、成都模式），均不能解决农民工社会保障的"两低一高"问题[③]，直接原因就是城市政府对农民工社会保障的财力负担不足，而其后的根本原因是中央和地方在财力分配上实行"分税制"存在的不合理性。显而易见，城市政府对农民工的公共产品供给与社会保障的支持或支付水平，是影响农民工及其家庭成员市民化进程的主要因素。

---

① 昆明市 2010 年启动了农民工保障性出租住房 1000 套. [2015-10-20]. http：//program.yntv.cn/category/3010101/2009/11/06/2009-11-06_789695_3010101.shtml.

② 国务院制定的"两为主"政策，指"以流入地政府管理为主，以全日制公办中小学为主，依法保障流动人口子女接受义务教育的权利"。

③ 指农民工的参保率低、社会保障待遇低、退保率高。

内外合力决定迁移机制包含了两个低一层次的机制，即相互限制机制与相互促进机制。前者指农民工及其家庭成员在城市生活能力越弱，他们在城市的生活就越依赖于政府的支持与社会保障支付，城市政府就越缺乏积极性，这会造成农民工处于"低能力"和"低收入"陷阱。后者指农民工及其家庭成员在城市生活能力越强，他们在城市的生活就越不依赖于城市政府支持，城市政府就越有积极性吸引他们向城市迁移，就越会按市民标准向他们提供公共产品与社会保障支持。这时，农民工及其家庭成员就会进入"能力增强—就业职位提高"的上行发展通道中，他们的市民化进程就会加快。

需要说明的是：

（1）农民工及其家庭成员的市民化，也依赖于城市基础设施供给的增加。但考虑到城市基础设施属于完全的公共产品，在使用上不具有排他性，城市政府是否因此收放针对农民工的入户政策，都不会影响农民工及其家庭成员的市民化进程。

（2）在理论上讲，满足上述不等式的要求，农民工家庭成员只是在经济上实现了市民化，并不意味着完全实现市民化进程。他们完全的市民化，还要经过生活方式与价值观念上的市民化转化进程，还要靠获得市民户口的制度保障，后两者并非刚性条件，经济上实现了市民化，农民工及其家庭成员就已经成为事实上的市民了。

（二）迁移顺序推进机制

进入迁移第三阶段的农民工，携迁家庭成员一般是顺序进行的，他们遵循的顺序一般是：妻子/丈夫—子女—父母/岳父母—亲戚。这样的携迁顺序，是农民工的一种策略选择：在条件许可时，夫妻相携迁移进城，可提高家庭核心关系的密切性与稳定性，提高在打工地的生活质量，同时有可能增加家庭的总收入；夫妻同时进城后，携迁子女进城，避免了子女成为留守儿童，改善了对子女的监护与受教育状况，有利于家庭未来的发展；农民工一般是在父母一方过世后，有需要照顾晚年生活的情况下，才在最后携父或母迁居到打工地，这有利于他们兼顾工作与家庭生活的需要。调查表明，在外出农民工中，单独居住的比例占 30.3%，配偶共同居住的比例占 64.1%，共同居住家庭成员中有子女的比例占 40.4%，共同居住家庭成员中有父母/公婆/岳父母的比例占 5.5%，兄弟姐妹共同居住的占 2.3%，其他亲属共同居住的占 2.2%[①]。另有调查表明，男性外出农民工中与配偶一起外出者的月收入最高，达到 2056.2 元，女性外出农民中与配偶一起外出者月

---

① 王志理，王如松. 中国流动人口带眷系数及其影响因素. 人口与经济，2011（6）：9-16.

收入最低，仅为 956.6 元①。两组调查数据不仅证明农民工携带家庭成员向城镇迁移时遵循了顺序迁移的路线，也证明这种迁移顺序确实有利于他们增加家庭总收入并兼顾家庭生活需要。

（三）城市政府决定农民工及其家庭人口市民化规模的机制

　　作为城市户口的需求者，有意愿实现个人及家庭人口完全市民化的农民工，他们面对的城市政府总是具体的城市政府，具体的城市政府作为特定城市户口的供给者，一定是一个垄断供给者。分税制与国内生产总值考核，使城市政府成为追求利益最大化的准公司组织。尽管从理论上讲，不同城市在吸引精英农民工中存在竞争，但是在实际中，由于不同城市不仅在地理区位上是特定的，而且在经济地图上，在国家权力地图上，也处于特定位置，所以特定城市给期望落户人口提供的工作生活综合福利，通常是有差异性的。农民工在期望获得城市户口之前，通常在期望落户目标城市工作生活了较长时期，产生了较高的心理情感沉淀成本，两方面因素共同作用，使得农民工基本失去了与城市政府博弈落户条件的基础，也使得城市之间基本失去了为吸引精英农民工而进行竞争的压力，绝大多数时候，城市政府都以一个垄断供给者的面目出现。

　　作为垄断准公司经济组织的城市政府，要实现利益最大化，从理论上讲，会对期望落户的农民工采取多层次歧视入户条件政策，也就是，对于能力越强的农民工，它所要求的入户条件越高，对于门槛之上的其他农民工，采取相对较低的入户条件政策。在实际中，由于城市政府并不完全是纯公司组织，它在形式上仍然是一个代表市民利益的政治组织，需要通过公平的政策信号表明它的这种代表性与合法性，所以，它实际出台的农民工入户政策，是它的垄断力量与形式化公平规则两种力量共同作用的产物。具体来讲，它的城市入户条件，会处于比由入户边际成本等于入户边际收入所决定位置略高的水平上。作为准经济组织与公平的需要，它会采取边际收益原则，作为垄断者，面对它的户口需求者别无选择，会使它在边际收益原则基础上适当提高落户门槛。通常，越是大城市，城市政府为接纳每名新市民付出的边际成本越高，这样的城市，它的入户条件越高，农民工在这样的城市入户越难。越是小城市，城市政府为接纳每名新市民付出的边际成本越低，它的入户条件越低，它的落户政策也越开放。从一些城市出台的积分制落户政策来看，不同城市几乎不约而同地把积分制落户政策当成了筛选获得高素质人才的手段，这类政策落实的结果是，通过积分制顺利入户的人员不仅总数很少，而且大部分都是高学历、高技能人才，2010 年开始实施积分制落户政策的

---

① 张航空, 杜静宜. 家庭流动对流动人口家庭成员就业状况的影响. 人口与经济，2012（5）：40-46.

广东省中山市、浙江省宁波市，都是如此[1][2]。这一事实证明，作为垄断市民户口供给的城市政府决定了农民工及其家庭成员实现制度性市民化的规模。

四、农村劳动力迁移发展三个阶段的相互关系

由迁移发展三个阶段共同构成的农村劳动力迁移全过程，如图 2-4 所示。

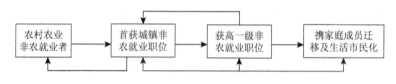

图 2-4 农村劳动力迁移发展全过程

从图 2-4 可看出，农村劳动力迁移发展全过程是一个由三个阶段组成的、有着内部化"推—拉"机制作用的系统。这表现在两个层面上。

（1）在农民工个人层面上，农村劳动力只有进入前一迁移阶段才有可能发展到下一迁移阶段，同时，由于迁移每向前推进一个阶段，都是对可胜任劳动力的优化选择过程，前一阶段总是在为后一阶段提供劳动力素质基础。具体来讲，进入城镇获得非农就业职位的农村农业和非农产业就业者，作为迁移竞争的优胜者，有能力与机会通过广义的"干中学"积累非农就业发展所需要的人力资本，同时构建新型社会资本，拥有更强的、进入高一级非农就业职位的能力与条件。同样，作为迁移竞争的优胜者，能够进入高一级非农就业职位的农民工，更有经济社会能力与条件携带家庭成员迁入城镇并走向生活的市民化。

（2）在农民工群体层面上，一旦有农民工在城镇非农产业中就业，他就自然会为还在农村的潜在迁移者或期望迁移者提供如就业信息、就业机会、心理支持等条件，成为后者迁移的拉动者。同样地，一旦在城镇非农产业中的就业者获得了更高一级的非农就业岗位，他们获得的更高收入、更优厚就业条件、更好发展机会等，就会对首次进入城镇非农产业的农民工或虽经历流动但仍然在普通体力劳动者职位的农民工形成示范、激励甚至条件支持，从而对后者的迁移发展产生拉动作用，而后者在这一过程中也会成为前者职位上升的条件。例如，在建筑业中就业的许多农民工包工头之所以能够成为包工头，甚至发展为企业家，一个重

① 徐增阳. 农民工的公共服务获得机制与"同城待遇"——对中山市"积分制"的调查与思考. 经济社会体制比较，2011（5）：94-101.

② 宁波市发展改革委. 以公共服务为载体以促进融合为目标探索农民工市民化的新模式. 中国经贸导刊，2010（11）：27-28.

要的原因就是，他们作为较早的迁移者，带动了更多家乡农民工成为他们的跟随者。当处于非农就业职位上升过程中的农民工进入携家庭成员迁移及生活市民化过程时，对所有农民工，包括那些已经进入职位上升通道但还没有携迁家庭成员的农民工，同样会产生示范与激励效应，引导其他农民工努力为家庭成员迁移创造条件并加入这一进程。

第三章　西北地区农村劳动力转移发展的基本状况、特点与问题

　　如前所述，西北地区农村劳动力的迁移发展由三个阶段构成，其中第一阶段是农村农业劳动力转变为城镇非农业劳动力。作为农村劳动力迁移发展的起步阶段，这一阶段自然成为农村劳动力迁移发展第二阶段与第三阶段，即就业职位上行流动阶段与市民化融入阶段的基础。农村劳动力迁移入非农业中的规模增大了，后两个阶段就会有规模扩大的条件。农村劳动力迁移的起点高了，就会给后两个阶段提供一定的先行优势。弄清西北地区农村劳动力迁移发展第一阶段的基本情况，是科学分析后两个阶段的必要前提与基础。不仅如此，农村劳动力转移到非农产业的状况，还会直接影响农民的收入水平，影响农业现代化进程，影响农村非农产业的发展，影响农村社会的发展与我国城镇化进程。我国西北地区存在生态条件脆弱、农业生产禀赋不足、农民收入相对低下、农业现代化进程与城镇化进程滞后等问题，促进农村劳动力转移对解决这些问题具有关键性作用。尽管文献对西北地区农村劳动力转移问题已有涉及，但基于全面、充分、翔实数据的全面分析，还几乎处于空白状态。因此，研究这一问题仍十分必要。

　　服务于本书的目的，本章回答的问题仅限于三个，即西北地区农村劳动力转移的基本状况如何？特点是什么？存在什么问题？本章所用数据来源为1990年、2000年、2010年中国人口普查资料，即第四次、第五次、第六次全国人口普查资料，以及相关年份的中国统计年鉴、中国农村统计年鉴、中国农村住户调查年鉴等。

第一节　西北地区农村劳动力转移发展的基本状况

　　农村劳动力转移发展的基本状况包括农村劳动力转移规模、转移速度、迁移率、转移结构几个方面。

一、西北地区农村劳动力的转移规模

　　我国农村劳动力的转移起步于 20 世纪 80 年代中后期，1992 年后进入了快速发展时期，经过 1997～2000 年的回落调整，2001 年再次进入快速发展时期。但

2004 年"民工荒"出现后，农村劳动力转移便进入了持续的减速增长以致趋稳时期，第一产业就业人数逐年缩减的变化充分反映了这点，第一产业就业人数较上年减少数，2004 年为 528 万人，2010 年仅为 277 万，即是证明。与此相对应，1990年、2000 年、2010 年三次全国人口普查提供的数据分别反映了农村劳动力转移起步阶段、发展阶段、趋稳阶段三个阶段的基本状况。因此，使用三次全国人口普查数据反映西北地区农村劳动力转移的规模与速度，是合理的。

（一）以流动人口指标所表示的农村劳动力转移规模

人口转移规模是反映人口流动最基本的指标，只有获得这一指标，才有可能准确计算出人口迁移结构、人口迁移率、净迁移率等反映人口迁移状况与特征的数值。为此，首先使用式（3-1）近似地计算出西北地区整体及西北地区各省份外出半年以上农业户口人口数。

$$外出半年以上农业户口人口数 = 各省区外出半年以上人口数 \times \frac{农业户口人口数}{全部人口数}$$

$$(3-1)$$

如表 3-1 所示，1990～2010 年西北地区整体及西北各省份外出半年以上农业户口流动人口均达到了较大规模，1990～2010 年，西北地区流入本省的农业户口人口，由 140.67 万人增长到 845.44 万人，流入外省的农业户口人口数，由 84.16万人增长到 313.25 万人，农业户口总流动人口数，由 224.83 万人增长到 1158.69万人，从表 3-1 可以看出，同一时期，西北各省份流入本省、流入外省及总的农业户口流动人口规模均获得了较大增长。

表3-1　1990 年、2000 年、2010 年西北地区农业户口人口流动规模　（单位：万人）

		陕西	甘肃	青海	宁夏	新疆	西北	全国
流入本省的农业户口人口数	1990 年	57.57	37.51	10.70	9.32	25.57	140.67	1836.76
	2000 年	147.50	105.22	28.78	34.43	109.27	425.20	7672.42
	2010 年	363.21	200.06	59.15	74.06	148.96	845.44	12400.00
流入外省的本省农业户口人口数	1990 年	29.54	23.42	7.24	4.30	19.66	84.16	875.07
	2000 年	61.19	46.39	6.87	6.46	12.03	132.94	3191.59
	2010 年	144.73	118.94	17.41	14.34	17.83	313.25	6085.40
农业户口总流动人口数	1990 年	87.11	60.93	17.94	13.62	45.23	224.83	2711.83
	2000 年	208.69	151.61	35.65	40.89	121.30	558.14	10864.01
	2010 年	507.94	319.00	76.56	88.40	166.79	1158.69	18485.40

数据来源：第四次、第五次、第六次全国人口普查资料。

以流动人口指标反映农民工转移规模，其特点是，越是在农村劳动力转移初期，打工者携眷迁移的比例就越低，其准确性就越高，2000年中后期，特别是现阶段，打工者携眷迁移的比例日益提高，其准确性相对较低。这意味着，在反映西北地区农村劳动力转移规模上，表3-1的数据存在误差，并且，如果2000年的数据存在较小的误差，那么2010年的数据就存在较大的误差。使用存在较大误差的数据分析农村劳动力转移的结构、增长率、迁移率、净迁移率等指标，必然会产生偏误。为解决这一问题，较准确反映西北地区农村劳动力的迁移规模，本书对西北地区农村劳动力转移规模进行了调整计算。

（二）调整后的西北地区农村劳动力转移规模

调整后的西北地区农村劳动力转移规模=以流动人口指标表示的农村劳动力转移规模−随迁家庭人口数，即外出半年以上农业户口人口数−随迁家庭人口数。

根据2009～2013年《全国农民工监测调查报告》，举家外出农民工/外出农民工这一指标，2008年为20.36%，2013年为21.22%，增长0.86个百分点，假设1990～2010年举家外出农民工匀速增长，可推断得知，举家外出农民工/外出农民工这一指标，1990年为2.82%，2000年为11.42%，而2010年的实际数据为20.03%。根据《中国农村住户调查年鉴》相关各年的数据，1990年、2000年、2010年，农村居民家庭常住人口分别为4.8人、4.2人、4人，农村家庭劳动力数分别为2.9人、2.8人、2.9人，家庭劳动力负担人口分别为1.7人、1.5人、1.4人，据此分别得出1990年、2000年、2010年三年的调整后的西北地区农村劳动力转移规模。

1990年调整后的西北地区农村劳动力转移规模=农业户口流动人口数×97.18%+农业户口流动人口数×2.82%/1.7

2000年调整后的西北地区农村劳动力转移规模=农业户口流动人口数×88.58%+农业户口流动人口数×11.42%/1.5

2010年调整后的西北地区农村劳动力转移规模=农业户口流动人口数×79.97%+农业户口流动人口数×20.03%/1.4

计算结果如表3-2所示。将同年同一指标的表3-2数据与表3-1数据相对照，可发现，1990年、2000年、2010年调整后的数据仅比调整前的数据小1.11、3.80、5.51个百分点，这表明，所进行的数据调整具有微调的特点，也表明，以外出半年以上农业户口人口数为基础获得外出农村劳动力转移规模数据，是合理的。表3-2的数据表明，1990～2000年，西北地区流入本省的农业户口农村转移劳动力数，由139.11万人增长到409.02万人，流入外省的农业户口转移劳动力数，由83.21万人增长到127.88万人，农业户口总转移劳动力数，由222.32万人增长到536.90

万人，分别增长到 2.94、1.54、2.41 倍。到 2010 年，这三个指标又分别增长到 798.88 万人、295.99 万人、1094.87 万人，分别增长到 2000 年转移规模的 1.95、2.31、2.04 倍。2010 年，西北地区流入本省的农业户口劳动者数、流入外省的本省农业户口劳动者数、农业户口劳动者外出总数占全国同类外出劳动力的比例，分别为 6.82%、5.15%、6.27%。这些数据不仅低于 2010 年西北地区农业户口人口数占全国农业户口人口数的比例 7.17%，也低于西北地区人口数占全国人口数的比例 7.25%。

表 3-2 给出了西北地区各省份农业户口劳动力的迁移规模及其变化，从表 3-2 可看出，2010 年陕西、甘肃、青海、宁夏、新疆五省份流入本省的农业户口劳动者数分别增长到 1990 年的 6.03、5.10、5.28、7.59、5.57 倍，流入外省的本省农业户口劳动者数分别增长到 4.68、4.85、2.30、3.19、0.87 倍，农业户口劳动者外出总数分别增长到 5.57、5.00、4.08、6.20、3.52 倍。可以看出，流入本省的农业户口劳动者数增长最快的是宁夏，流入外省的本省农业户口劳动者数增长最快的是甘肃，农业户口劳动者外出总数增长最快的也是宁夏。作为一个全国农村劳动力流入的次级中心，新疆是一个比较特殊的省份，20 年间，它流入外省份的农村劳动力不仅没有增加，反而减少了。2010 年，陕西、甘肃、青海、宁夏、新疆五省份农村劳动力流动规模占西北地区的比例，在流入本省的农业户口劳动者数指标上，分别为 42.96%、23.66%、7.00%、8.76%、17.62%；在流入外省的本省农业户口劳动者数指标上，分别为 46.20%、37.97%、5.56%、4.58%、5.69%；在农业户口劳动者外出总数指标上，分别为 43.84%、27.53%、6.61%、7.63%、14.39%。能够明显看出，在五省份中，陕西与甘肃是西北地区最主要的农村劳动力转移大省，2010 年，陕西与甘肃两省的农村劳动力转移规模，在三个指标上分别占整个西北地区的 66.62%、84.18%、71.37%，西北地区农村劳动力的转移规模在很大程度上是由这两个省的转移规模决定的。

表 3-2　调整后的 1990 年、2000 年、2010 年西北地区农业户口人口流动规模（单位：万人）

项目		陕西	甘肃	青海	宁夏	新疆	西北	全国
流入本省的农业户口劳动者数	1990 年	56.93	37.09	10.58	9.22	25.29	139.11	1816.26
	2000 年	141.89	101.22	27.69	33.12	105.10	409.02	7380.36
	2010 年	343.20	189.04	55.90	69.98	140.76	798.88	11717.00
流入外省的本省农业户口劳动者数	1990 年	29.21	23.16	7.16	4.25	19.43	83.21	865.31
	2000 年	58.86	44.62	6.61	6.21	11.58	127.88	3070.09
	2010 年	136.76	112.39	16.45	13.55	16.84	295.99	5750.21
农业户口劳动者外出总数	1990 年	86.14	60.25	17.74	13.47	44.72	222.32	2681.57
	2000 年	200.75	145.84	34.30	39.33	116.68	536.90	10485.07
	2010 年	479.96	301.43	72.35	83.53	157.60	1094.87	17467.21

数据来源：根据表 3-1 的数据计算所得。

需要说明的是，由于未能获得西北地区及各省份举家外出农民工数、农户常住人口数、家庭劳动力数的数据，表 3-2 只是在一定限度内消除了随着时间推移举家迁移规模增大对农村劳动力转移规模计算造成的影响，但没有完全消除随着时间推移举家迁移规模增大对不同省份农村劳动力转移规模计算的影响。估计这种没能消除的影响在青海、宁夏、新疆三省份较大，在陕西与甘肃两省较小。但即使如此，也可以肯定地说，调整后的西北地区农村劳动力转移规模数据，在全国平均水平之上，消除了农村转移劳动力携迁家庭成员造成的影响，其准确性得到了很大的提高。

二、西北地区的农村劳动力迁移率

农村劳动力迁移率等于农村迁移劳动力数与农村劳动力数的比例，它是反映一个地区农村劳动力迁移相对规模的指标，从不同时间点农村劳动力迁移率的比较中可看出农村劳动力的迁移速度快慢。包括四个具体指标，即农村劳动力省内迁移率、农村劳动力跨省迁移率、农村劳动力总迁移率、农村劳动力跨省净迁移率。四个指标的计算公式分别为

农村劳动力省内迁移率=省内或地区内农业户口劳动力迁移数/本省或本地区农村劳动力数

农村劳动力跨省迁移率=本省或本地区迁移入外省的农村劳动力数/本省或本地区农村劳动力数

农村劳动力总迁移率=（省内或地区内农业户口劳动力迁移数+本省或本地区迁移入外省的农村劳动力数）/本省或本地区农村劳动力数

农村劳动力跨省净迁移率=（本省或本地区迁移入外省的农村劳动力数–外省或外地区迁移入本省或本地的农村劳动力数）/本省或本地区农村劳动力数。

使用第四次、第五次、第六次全国人口普查资料，可计算出西北地区的农村劳动力省内迁移率、农村劳动力跨省迁移率、农村劳动力总迁移率、农村劳动力跨省净迁移率的数值，如表 3-3 与表 3-4 所示。

表 3-3　西北地区农村劳动力的省内迁移率与跨省迁移率　　（单位：%）

地区	农村劳动力省内迁移率			农村劳动力跨省迁移率		
	1990 年	2000 年	2010 年	1990 年	2000 年	2010 年
陕西	3.53	8.84	19.69	1.82	3.67	7.85
甘肃	3.20	8.63	16.35	1.99	3.81	9.72
青海	5.50	13.34	22.38	3.73	3.19	6.58

续表

地区	农村劳动力省内迁移率			农村劳动力跨省迁移率		
	1990 年	2000 年	2010 年	1990 年	2000 年	2010 年
宁夏	4.49	14.59	29.15	2.07	2.73	5.65
新疆	4.06	14.04	17.28	3.13	1.55	2.06
西北	3.69	10.30	19.11	2.21	3.22	7.08
全国	3.35	13.32	21.17	1.60	5.55	10.38

数据来源：根据第四次、第五次、第六次全国人口普查资料的数据计算。

注：1. 外省流入本省的农业户口劳动力数=外省流入本省人口数×全国农业户口人口数/全国总人口数×各年调整系数；

2. 农村劳动力数=农业户口人数×14～54 岁乡村人口数/乡村人口数。

表 3-4　西北地区农村劳动力的总迁移率与跨省净迁移率　　（单位：%）

地区	农村劳动力总迁移率			农村劳动力跨省净迁移率		
	1990 年	2000 年	2010 年	1990 年	2000 年	2010 年
陕西	5.35	12.67	27.53	0.27	1.75	4.10
甘肃	5.19	12.13	26.05	0.64	2.40	7.20
青海	9.22	16.91	28.96	−1.04	−1.14	−1.95
宁夏	6.56	17.20	34.80	−1.46	−3.37	−4.63
新疆	7.19	15.31	19.34	−1.21	−12.06	−12.66
西北	5.90	13.52	26.21	−0.02	−1.11	0.85
全国	4.95	18.91	31.55			

数据来源：根据第四次、第五次、第六次全国人口普查资料的数据计算。

为便于比较分析，在表 3-3 与表 3-4 数据的基础上，绘制出图 3-1、图 3-2、图 3-3 与图 3-4。图 3-1 反映了西北地区相比全国的农村劳动力省内迁移的状况，从中可看出以下几点。①在代表农村劳动力迁移早期状况的 1990 年，在农村劳动力的省内迁移水平上，西北地区的水平比全国水平略高。分省来看，除甘肃略低于全国水平，其他四省份的省内迁移率均高于全国水平，特别是青海、宁夏、新疆三省份的省内迁移水平明显比全国水平高出 0.50 个到 2.00 个百分点，这说明，在农村劳动力的省内迁移上，西北地区是同步或略快于全国平均速度的。②1990～2000 年，西北地区农村劳动力的省内迁移速度明显慢于全国速度。分省来看，陕西与甘肃两省的省内迁移率低于西北地区平均水平，青海、宁夏、新疆三省份的省内迁移率高于全国水平。考虑到陕西与甘肃是西北地区人口规模前两位的省，其农村劳动力迁移规模始终占整个西北地区农村劳动力迁移规模的 70%左右，因此，这一阶段西北地区农村劳动力省内迁移速度明显滞后于全国速度，是由陕西与甘肃两省农村劳动力省内迁移过慢造成的。③尽管到2010年，西北地区的农村劳动力省内迁移率仍低于全国平均水平，但可以看出，两者的差距已经明显缩小，西北地区农村劳动力省内迁移率/全国农村劳动力省内迁移率，已由2000年的77.33%上升到90.27%，这表明，2000～2010年，是西北地区农村劳动力省内迁移的追赶加速阶段。分省来看，在农村劳动力的省内迁移率上，陕西、青海、宁夏三省份高于西北地区平均水平，而甘肃、新疆两省份明显低于西北地区平均水平。相较2000年，这10年间，陕西的农村劳动力省内迁移率提升了10.85个百分点，明显高于全国的7.85个百分点与西北地区的8.81个百分点，而同为西北地区人口大省的甘肃，这一指标仅提升了7.72个百分点。这说明，这一时期，西北地区省内迁移率的大幅度提升主要是陕西农村劳动力省内迁移加快的结果，而之所以仍未赶上全国平均水平，可能是因为甘肃农村劳动力的省内迁移仍然持续上个10年的相对低速或滞后状态。

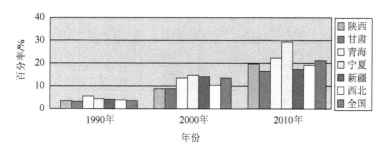

图3-1　农村劳动力省内迁移率

数据来源：根据表3-3的数据计算。

图3-2反映了西北地区相比全国的农村劳动力跨省迁移状况，从中可看出以下几点。①1990年，西北地区及区内各省的农村劳动力跨省迁移率均高于全国平均水平，表明西北地区农村劳动力跨省迁移有着良好的开端。②2000年，西北地区及区内各省的农村劳动力跨省迁移率均低于全国平均水平，造成这一状况的原因，一是作为西北地区人口大省的陕西与甘肃跨省迁移率提升慢，1990～2000年，全国农村劳动力跨省迁移率提升了3.47倍，陕西、甘肃仅分别提升了2.02、1.91倍；二是青海与新疆的农村劳动力跨省迁移率不仅没有提升，反而分别下降了15.50与50.50个百分点。③2010年，尽管西北地区及区内各省份的农村劳动力跨省迁移率仍低于全国平均水平，甚至绝对差距还有所扩大，但不可忽视的是，2000～2010年，除新疆外，西北地区其他四省份的农村劳动力跨省迁移率的提升速度均快于全国平均速度。这一时期，全国农村劳动力跨省迁移率的提升速度为1.87倍，西北地区为2.20倍，陕西、甘肃、青海、宁夏四省份农村劳动力跨

省迁移率的提升速度均超过 2.00 倍，其中甘肃提升最快，2010 年相较 2000 年，提升了 2.55 倍。

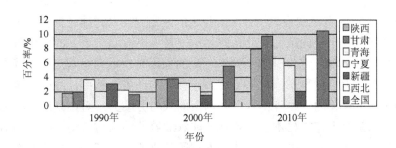

图 3-2　农村劳动力跨省迁移率

数据来源：根据表 3-3 的数据计算。

图 3-3 反映了西北地区相比全国的农村劳动力总体迁移状况，从中可看出以下几点。①1990 年，西北地区及区内各省份的农村劳动力总迁移率均略高于全国平均水平，西北地区农村劳动力总体迁移率比全国平均水平高出近 1.00 个百分点。②2000 年，西北地区及区内各省份的农村劳动力总迁移率均低于全国平均水平，表明 1990~2000 年，这一地区的农村劳动力迁移普遍慢于全国平均速度，其中，甘肃与陕西是最慢的两个省，两省的农村劳动力总迁移率低于西北地区平均水平。两省的农村劳动力迁移慢是造成这一时期西北地区农村劳动力迁移发展滞后的主要原因。③与 1990~2000 年西北地区及区内各省份农村劳动力总迁移率提升速度均低于全国平均水平不同，2000~2010 年，除了新疆，西北地区及其他四省份的农村劳动力总迁移率提升速度均高于全国平均水平，使得陕西、甘肃、青海的农村劳动力总迁移率出现趋近于全国平均水平的态势，宁夏的农村劳动力总迁移率得以超过全国平均水平 3.25 个百分点。

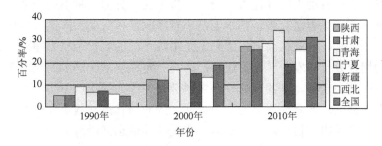

图 3-3　农村劳动力总迁移率

数据来源：根据表 3-4 的数据计算。

根据蔡昉的研究，2004 年我国农村剩余劳动力的比例是 23.5%，其中 50% 是 40 岁及以上的农村劳动力，40 岁以下的农村剩余劳动力的比例仅为 11.7%，考虑到许多中西部农村劳动力转移到了东部与大城市郊区务农，真正剩余的农村劳动力更少[1]。近年的直观观察表明，包括西北地区在内的农村地区青壮年劳动力已经很少，这就产生一个问题，为什么西北地区及各省（除宁夏）的农村劳动力总转移率普遍低于 29%，连 50% 都不到？可能的原因是，根据第六次人口普查资料计算的农村劳动力总迁移率，包括了省内迁移率与跨省迁移率，并非完全迁移率，一是纳入指标计算的仅是外出六个月以上的农村劳动力，短期外出劳动力未能计入其中，二是对于在本村本乡镇转移入非农业就业的农村劳动力，因为居住地没有发生变更而未计入其中，这就使得本章所计算的农村劳动力总迁移率，不仅低于包括六个月以内迁移劳动力在内的农村劳动力迁移率，更低于农村劳动力向非农业的就业转移率。也表明，即使农村劳动力已经转移完成，农村劳动力总迁移率也不会很高，估计不会超过 40%。

图 3-4 反映了西北地区相比全国的农村劳动力跨地区净迁移状况，从中可以看出以下几点。①1990～2000 年，西北地区的农村劳动力跨地区迁移率小于 0，表明这一地区是一个净迁入区。2010 年，西北地区的农村劳动力跨地区迁移率大于 0，表明这一地区转变成了净迁出区。从表 3-2 能够看出，造成这种转变的主要原因是作为西北地区人口大省的陕西与甘肃的农村劳动力跨省净迁移率有较大提升，两省的这一指标分别提升了 2.35 与 4.80 个百分点。②西北地区无论是 1990～2000 年作为农村劳动力的净迁入区，还是 2010 年成为农村劳动力的净迁出区，其净迁移率水平都很低，可能的原因是，西北地区各省份间相互的跨省迁移在其农村劳动力迁移中占有十分重要的地位。③在农村劳动力的跨省净迁移上，西北地区的省份可分为两类：一类是陕西与甘肃，1990～2010 年，两省的农村劳动力跨省净迁移率始终大于 0，2000～2010 年还有较快增长，尤其是甘肃，其跨省净迁移在西北地区水平最高；另外一类是青海、宁夏、新疆，1990～2010 年，这三省份始终是农村劳动力的净迁入省份。三省份又可分为两种不同类型，青海与宁夏经济体量与就业容量有限，基本上是小规模的农村劳动力净迁入省份，新疆面积大、资源丰富、就业机会多，实际上是中等规模的农村劳动力净迁入省份，它不仅带动周边省份的农村劳动力迁移，还在一定程度上带动了西北地区外其他省份的农村劳动力迁移，是我国的一个农村劳动力迁入的次级中心。可以说，在农村劳动力迁移上，西北地区分为两个集团，陕西与甘肃和其他农村劳动力输出省一样，属于净迁出省份；新疆、青海、宁夏和其他东部沿海省份一样，属于净迁入省份。

---

① 蔡昉. 破解农村劳动力剩余之谜. 中国人口科学, 2007（2）：2-7.

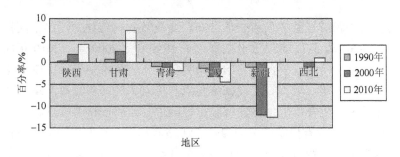

图 3-4　农村劳动力跨地区净迁移率

数据来源：根据表 3-4 的数据计算。

第二节　西北地区农村劳动力转移发展的主要特点

一、西北地区农村劳动力向外迁移的地域分布特点

从表 3-5 来看，1990～2010 年，西北地区平均省内农村劳动力迁移量、西北地区各省省内农村劳动力迁移量、全国的省内农村劳动力迁移量占农村劳动力总迁移量的比例，均大于 56.00%。这意味着，西北地区及其各省份与全国一样，农村劳动力的迁移都是以省内迁移为主，以跨省迁移为辅。进一步的分析发现，1990 年，在省内农村劳动力迁移量占农村劳动力总迁移量的比例上，除宁夏高于全国平均水平外，西北其他各省份的这一比例均低于全国平均水平，这说明在农村劳动力转移早期，西北地区农村劳动力转移的外向度总体上略高于全国平均水平。到了 2000 年以后，西北地区平均省内农村劳动力迁移量、西北地区各省份省内农村劳动力迁移量占农村劳动力总迁移量的比例，均明显高于全国平均水平。2000 年与 2010 年，西北地区这一比例分别比全国平均水平高 5.79 与 5.94 个百分点。在西北地区内部，陕西与甘肃低于西北地区的平均水平，青海、宁夏、新疆在较大幅度上高于西北地区平均水平，这说明，陕西与甘肃属于在较低程度上以省内农村劳动力迁移为主的省份，青海等三省份属于在较高程度上以省内迁移为主的省份，其中最突出的是新疆，2000～2010 年，区内农村劳动力迁移量占农村劳动力总迁移量的比例达到 90.00% 上下，跨省农村劳动力迁移量占农村劳动力总迁移量的比例仅 10.00% 上下。

表 3-5　省内农村劳动力迁移量占农村劳动力总迁移量的比例　（单位：%）

年份	陕西	甘肃	青海	宁夏	新疆	西北	全国
1990 年	66.09	61.56	59.64	68.43	56.55	62.57	67.73
2000 年	70.68	69.40	80.71	84.20	90.07	76.18	70.39
2010 年	71.51	62.71	77.26	83.78	89.32	72.97	67.03

数据来源：根据表 3-2 的数据计算。

农村劳动力跨省迁移流向省份的分布，是反映农村劳动力迁移空间特征的又一方面，表 3-6、表 3-7、表 3-8 分别罗列了 1990 年、2000 年、2010 年西北各省与全国农村劳动力跨省迁移前十名的流向省份，从三个表中可看出以下几点。

（1）陕西、甘肃、青海、宁夏四省份农村劳动力的跨省迁移呈现出从周边省份起步，也就是率先在西北地区内部临近地区进行跨省迁移的特点。从表 3-6 中可看出，1990 年这四省份农村劳动力跨省迁移前几位的省份均为周边省份。就全国来讲，农村劳动力跨省迁移从一开始就呈现出面向东部发达省份的特点。

（2）陕西、甘肃、青海、宁夏相比较呈现迁移进程的梯阶分布，具体讲，在农村劳动力跨省迁移上，陕西与全国的进程最接近，甘肃在西北内卷化前提下次之，青海内卷化特点突出，东迁更滞后，宁夏与青海一样内卷化突出，但内卷化的对象省份不同，青海是甘肃，宁夏是新疆，相同处都是内卷化对象省份是本省的周边省份，例如，宁夏前三个省份是新疆、内蒙古、陕西，都是周边省份。

（3）甘肃、青海、宁夏三省份农村劳动力的跨省迁移，不仅具有在周边省份就近进行的特点，还具有偏好选择迁向作为周边省份的新疆的特点，1990~2010年，甘肃与宁夏农村劳动力跨省迁移的首位省份，始终是新疆，甘肃流向新疆的农村劳动力远超排名第二位流向省份的地区，如 1990 年、2000 年、2010 年，由甘肃迁入新疆的农村劳动力数分别是由甘肃迁入第二位省份的青海、宁夏、北京的 1.88 倍、3.93 倍、2.40 倍。

（4）作为农村劳动力净迁出省，陕西农村劳动力迁移的发展具有自己的特点。在经历了以周边省份为主的农村劳动力跨省迁移初期阶段后，从 2000 年开始，广东就成为陕西农村劳动力跨省迁移最主要的流向省份，特别是到了 2010 年，排在陕西农村劳动力跨省迁移主要流向省份前四位的均为东部三个经济中心的代表性省份，分别是广东、浙江、江苏与北京，同年，作为甘肃农村劳动力跨省迁入最多的东部省份的北京仅处于第二位，作为青海与宁夏农村劳动力跨省迁入最多的东部省份的江苏与北京，仅分别位于该省农村劳动力主要迁移流向省份排名的第四位，并且由甘肃、青海、宁夏迁移入这些主要东部流向省份的劳动力规模也远小于陕西。可见，在农村劳动力跨省迁移发展过程中，陕西较快地转变为以向广东为中心的东部省份为主，兼顾周边省份的迁移空间分布模式，甘肃、青海、宁夏则一直处于以周边省份为主向增加东部省份迁移量的转变之中。

（5）作为一个农村劳动力净流入省份与突出的以省份内农村劳动力迁移为主的省份，新疆的农村劳动力跨省迁移，从一开始就有不同于西北其他省份的特点，表现在以下几方面。①从 1990 年开始，新疆农村劳动力的跨省迁移就东部主要发达省份为主要流向地区，1990 年最主要流向省份是作为长江三角地区中心的上海、2000 年同时流向江苏与广东，2010 年北京成为最主要的流向省份。②西南与中部个别省份也是新疆农村劳动力流入的重要省份，例如，1990 年的四川与河南，

2010 年的四川与重庆，2000 年四川还是新疆农村劳动力流入最多的省份。③新疆农村劳动力向周边省份与西北地区省份的迁移较少，排名前十的周边省份仅有甘肃，排名前十的西北地区省份也仅有陕西与甘肃，并且排名都较靠后，例如，2010年，陕西与甘肃分别处于新疆农村劳动力跨省迁移人数最多省份的第七位与第十位。显然，新疆农村劳动力跨省迁移具有以面向东部发达省份为主、分散向西南与西北及中部主要省份迁移的特点。

表 3-6　1990 年西北五省区农村劳动力迁入外省前十省份　　（单位：人）

全国	陕西	甘肃	青海	宁夏	新疆
广（855000）	甘（22768）	新（35252）	甘（5754）	新（6178）	沪（11882）
苏（361000）	豫（19129）	青（18780）	苏（2273）	甘（5091）	苏（11306）
京（317000）	新（15723）	宁（16106）	川（2063）	蒙（3758）	川（6971）
沪（308000）	宁（14161）	陕（15183）	新（1837）	陕（2010）	豫（4963）
新（218000）	鄂（12136）	蒙（13550）	豫（1761）	豫（851）	甘（4749）
辽（211000）	冀（12038）	豫（6797）	陕（1184）	青（816）	鲁（3954）
冀（202000）	川（10297）	冀（5044）	沪（1179）	苏（672）	陕（2222）
鲁（198000）	蒙（10206）	川（4408）	鲁（825）	冀（565）	津（2062）
鄂（186000）	鲁（9830）	鲁（4328）	浙（776）	鲁（439）	京（1992）
豫（178000）	青（9166）	苏（3973）	冀（690）	川（411）	鄂（1981）

数据来源：第四次全国人口普查资料。

表 3-7　2000 年西北五省区农村劳动力迁入外省前十省份　　（单位：人）

全国	陕西	甘肃	青海	宁夏	新疆
广（15060000）	广（235389）	新（219757）	新（15727）	新（32346）	川（29670）
浙（3690000）	新（69945）	宁（55878）	甘（14788）	蒙（13947）	苏（15451）
沪（3130000）	京（49413）	广（48393）	川（6549）	陕（7357）	鲁（13820）
苏（2540000）	晋（49092）	蒙（40113）	苏（6251）	甘（6429）	广（13116）
京（2460000）	蒙（46902）	陕（37877）	鲁（5412）	京（5431）	沪（12762）
闽（2140000）	冀（44468）	青（30772）	陕（5266）	广（4581）	京（10892）
新（1410000）	宁（39982）	京（28423）	豫（5199）	浙（2431）	甘（8246）
云（1160000）	豫（38299）	苏（13122）	藏（4909）	苏（2140）	陕（7330）
辽（1050000）	甘（30970）	冀（12181）	鄂（4345）	冀（1967）	豫（7313）
鲁（1030000）	苏（30659）	川（11332）	京（4218）	闽（1907）	渝（5267）

数据来源：第五次全国人口普查资料。

表 3-8　2010 年西北五省区乡村劳动力迁入外省前十省份　（单位：人）

全国	陕西	甘肃	青海	宁夏	新疆
广（21497787）	广（439222）	新（344457）	甘（57954）	新（50265）	京（35852）
浙（11823977）	苏（206894）	京（143265）	新（18197）	蒙（43225）	沪（28803）
沪（8977000）	浙（168197）	蒙（141901）	川（17057）	陕（23504）	广（26122）
苏（7379253）	京（164559）	广（124987）	苏（13807）	京（17833）	川（24074）
京（7044533）	蒙（141982）	宁（105125）	广（13087）	甘（11409）	鲁（23588）
闽（4313602）	沪（126155）	陕（102522）	鲁（12614）	沪（9893）	苏（21435）
津（2991501）	新（102068）	苏（101709）	陕（11520）	广（9343）	陕（15648）
鲁（2115593）	津（63614）	沪（94798）	京（11361）	鲁（7444）	浙（14860）
新（1791642）	闽（56319）	青（73076）	沪（11264）	苏（6998）	渝（13364）
辽（1786530）	晋（56292）	津（64184）	浙（8190）	苏（6467）	甘（12151）

数据来源：第六次全国人口普查资料。

　　结合西北地区农村劳动力总体迁移中省内迁移与跨省迁移的结构以及跨省迁移呈现的特点进行分析，可发现，总体上，西北地区外出劳动力具有始终以省内迁移发展为主，兼顾跨省向东部迁移发展的特点。根据跨省迁移的差异，西北五省份又可分三种类型：①陕西属于一般净迁出类型，它的跨省迁移是以东部为主兼顾周边省份型；②新疆属于一般净迁入型，它的跨省迁移属于以东部省份为主的分散迁移型；③甘肃、青海、宁夏三省份属于一种类型，它们的跨省迁移是以作为周边省份的新疆为主，兼顾并转向东部发达省份的类型。结合西北的地理自然条件及社会经济发展状况进行分析，可以认为甘肃、青海、宁夏三省份的这种先以省内迁移为主，次以向周边省份迁移为重，最后兼顾或转向东部主要发达省份的农村劳动力迁移模式或路径，是一种反映西北地区农村劳动力迁移特点的迁移模式或路径。

二、西北地区农村劳动力迁移的城乡分布特点

　　（1）从表 3-9 与表 3-10 可看出，无论是省内迁移农村劳动力的城乡分布，还是跨省迁移农村劳动力的城乡分布，西北地区农村劳动力迁入城市的比例都较低，迁入乡村的比例都较高。2000 年与 2010 年，农村劳动力迁入省内城市的比例，西北地区比全国平均水平分别低 1.42 个与 9.71 个百分点，农村劳动力迁入外省城市的比例，西北地区比全国平均水平分别低 8.18 个与 3.38 个百分点，而农村劳动力迁入省内乡村的比例，西北地区比全国平均水平分别高 11.79 个与 3.50 个百分点，农村劳动力迁入外省乡村的比例，西北地区比全国平均水平分别高 9.75 个与

1.51 个百分点。相比迁入城市的农村劳动力一般从事非农业职业而言，迁入乡村的农村劳动力会有更大比例从事农业或在小非农业企业中就业，因此，相较全国平均水平而言，西北地区农村迁移劳动力的就业质量可能相对较低。

表3-9　西北地区省内迁移农村劳动力在城市、镇与乡村的分布　　（单位：%）

项目		陕西	甘肃	青海	宁夏	新疆	西北	全国
1990 年	城市	54.38	64.35	45.61	65.40	68.22	59.69	
	镇	22.75	18.94	24.50	17.56	11.44	19.31	
	乡村	22.87	16.71	29.89	17.04	20.34	21.00	
2000 年	城市	39.99	46.51	48.99	30.62	46.93	43.15	44.57
	镇	44.69	27.06	29.91	30.65	20.73	32.10	42.47
	乡村	15.32	26.43	21.10	38.73	32.34	24.75	12.96
2010 年	城市	51.35	59.09	51.79	50.61	58.62	54.52	64.23
	镇	37.00	29.21	35.60	21.75	19.79	30.16	23.95
	乡村	11.65	11.70	12.61	27.64	21.59	15.32	11.82

数据来源：根据第四次、第五次、第六次全国人口普查资料的数据计算。

表3-10　西北地区跨省迁移农村劳动力在城市、镇与乡村的分布　　（单位：%）

项目		陕西	甘肃	青海	宁夏	新疆	西北	全国
1990 年	城市	59.07	53.13	57.20	57.89	58.25	57.08	
	镇	19.76	20.78	25.24	18.58	27.35	22.43	
	乡村	21.17	26.09	17.56	23.53	14.40	20.49	
2000 年	城市	47.31	42.80	45.14	41.23	58.13	46.32	54.50
	镇	21.03	15.18	19.62	16.28	17.88	18.44	20.02
	乡村	31.66	42.02	35.24	42.49	23.99	35.24	25.48
2010 年	城市	67.16	62.00	51.80	52.86	75.03	64.19	67.57
	镇	15.47	18.25	31.55	22.02	14.36	17.66	15.80
	乡村	17.37	19.75	16.65	25.12	10.61	18.15	16.63

数据来源：根据第四次、第五次、第六次全国人口普查资料的数据计算。

（2）就农村劳动力在省内与跨省迁入城市的比例相比较而言，在全国，这两个指标比较接近，在西北各省份，这两指标之间存在较大差距。2010 年，农村劳动力迁往省内城市的人数占省内迁移人数的比例、农村劳动力迁往省外城市的人数占跨省迁移人数的比例之差，在全国为 3.34 个百分点，在西北地区为 9.67 个百分点，也就是说，西北地区农村劳动力跨省迁入城市的比例比在省内迁入城市的比例大许多，跨省迁移农村劳动力的就业质量明显高于省内迁移农村劳动力的就业质量。

（3）相对省内迁移中农村劳动力迁往城市的比例的增长，西北地区农村劳动力跨省迁往城市的比例的增长，经历了先低于全国水平，后高于全国水平的过程。2000～2010年，省内迁移中农村劳动力迁往城市的比例，全国上升了19.66个百分点，西北地区上升了11.37个百分点，同期，跨省迁移中农村劳动力迁往城市的比例，全国上升了13.07个百分点，西北地区上升了17.87个百分点。其中，陕西与甘肃这一比例的上升均超过了19.00个百分点。

（4）1990～2010年，无论是农村劳动力在省内迁移中的城市比例，还是跨省迁移中的城市比例，均经历了先高后低再高的过程。在农村劳动力的省内迁移中，1990年、2000年、2010年，西北地区迁往城市的农村劳动力占农村劳动力、总迁移量的比例，分别为59.69%、43.15%、54.52%，在农村劳动力的跨省迁移中，这三年，该比例分别为57.08%、46.32%、64.19%。

（5）无论在农村劳动力的省内迁移上，还是在跨省迁移上，西北五省份之间都有明显差异。在农村劳动力的省内迁移上，2010年，迁往城市的比例，除甘肃与新疆较高，分别达到59.09%与58.62%，陕西、青海、宁夏基本处于一个水平，都在51%上下。但省内迁入乡村的比例，宁夏与新疆明显比陕西、甘肃、青海高10.00个百分点，都超过了21.00%。在农村劳动力的跨省迁移上，2010年，新疆与陕西迁往城市的比例，均超过西北地区平均水平，甘肃、青海、宁夏迁往城市的比例，则比西北地区平均水平低2.00～12.00个百分点，甘肃与宁夏农村劳动力跨省迁往乡村的比例，均高于西北地区平均水平，宁夏的这一比例最高，达到25.12%，分别比西北地区平均水平与全国平均水平高出6.97个与8.48个百分点。

三、西北地区农村劳动力迁移的择优度特点

（1）从性别构成看，西北地区农村迁移劳动力中男性比例略高于全国平均水平。通常认为，相比农村女性劳动力，农村男性劳动力的劳动能力更强，就业适应性更好，就业发展潜力更大，在农村迁移劳动力中，男性劳动力比例高，意味着农村迁移劳动力的择优程度高。从表3-11可看出，在农村劳动力的省内迁移与跨省迁移中，西北地区农村迁移劳动力中男性劳动力所占比例均高于全国平均水平。还可看出，跨省迁移农村劳动力中男性劳动力所占比例明显高于省内迁移劳动力中男性劳动力所占比例。就西北地区各省份的比较来看，新疆的省内和跨省迁移农村劳动力中男性劳动力所占比例，均明显低于全国与西北地区平均水平，宁夏的省内迁移农村劳动力中男性劳动力所占比例略低于西北地区平均水平，略高于全国平均水平。青海和宁夏跨省迁移农村劳动力中男性劳动力所占比例均略低于西北地区与全国

平均水平，陕西和甘肃省内迁移与跨省迁移农村劳动力中男性劳动力所占比例，均高于西北地区与全国平均水平。

表 3-11 2010 年西北地区农村迁移劳动力中男性的比例 （单位：%）

类别	陕西	甘肃	青海	宁夏	新疆	西北	全国
省内迁移	52.51	52.05	51.51	50.93	48.43	51.35	50.62
跨省迁移	58.27	57.33	54.08	56.15	49.78	57.00	56.31

数据来源：根据第六次全国人口普查资料的数据计算。

（2）从文化程度的构成来看，西北地区迁移农村劳动力的文化程度明显低于全国平均水平。由于缺乏数据，因此表 3-12 仅提供了 2010 年西北地区省内迁移农村劳动力的文化程度结构。从表 3-12 可看出，作为农村迁移劳动力主体的初中文化程度者所占比例，西北地区比全国平均水平高出 8.69 个百分点，据计算，在农村转移劳动力中，西北地区高中及以上文化程度者所占比例为 30.21%，比全国平均水平低 16.71 个百分点，小学及未上过学者所占比例为 26.81%，比全国平均水平高出 8.02 个百分点，可见，西北地区农村转移劳动力的文化程度确实明显低于全国平均水平。

就西北地区各省份比较来看，陕西和甘肃属于一类，两省农村转移劳动力的文化程度明显高于全国与西北平均水平。2010 年，两省农村转移劳动力中高中及以上文化程度者所占比例分别为 50.51%、57.11%，比全国平均水平分别高出 3.59 个和 10.19 个百分点，比西北地区平均水平分别高出 20.30 个和 26.90 个百分点；两省农村转移劳动力中小学及未上过学者所占比例分别为 16.97%、6.76%，比全国平均水平分别低 1.82 个和 12.03 个百分点，比西北地区平均水平分别低 9.84 个和 20.05 个百分点。青海、宁夏、新疆属于另外一类，三省份农村转移劳动力的文化程度明显低于全国与西北地区平均水平。2010 年，三省份农村转移劳动力中高中及以上文化程度者所占比例分别为 37.44%、35.94%、44.95%，比全国平均水平分别低 9.48 个、10.98 个、1.97 个百分点，但比西北地区平均水平分别高出 7.23 个、5.73 个、14.74 个百分点。三省份农村转移劳动力中小学及未上过学者所占比例分别为 37.34%、29.73%、23.73%，比全国平均水平分别高出 18.55 个、10.94 个、4.94 个百分点。三省份中青海与宁夏比西北地区平均水平分别高 10.53 个与 2.92 个百分点，新疆比西北地区平均水平低出 3.08 个百分点。可见，在西北地区农村转移劳动力的文化程度上，青海与宁夏的水平最低。

有理由认为，西北地区跨省转移劳动力的文化程度会高出省内转移劳动力的文化程度，但无法确定西北地区跨省农村转移劳动力的平均文化程度是否会高于全国平均水平。

表3-12　2010年西北地区农村迁移劳动力者不同文化程度所占比例　　（单位：%）

地区	未上过学	小学	初中	高中	大专	本科	研究生
陕西	2.00	14.97	32.52	24.57	15.08	9.99	0.87
甘肃	4.58	2.18	36.13	31.69	14.23	10.50	0.69
青海	10.26	27.08	25.22	19.25	10.75	7.12	0.32
宁夏	4.86	24.87	34.33	19.80	9.74	6.10	0.30
新疆	2.23	21.50	31.32	21.09	14.78	8.65	0.43
西北	3.41	23.40	42.98	14.61	7.86	7.20	0.54
全国	2.28	16.51	34.29	24.67	12.17	9.27	0.81

数据来源：根据第六次全国人口普查资料的数据计算。

在缺乏农村转移劳动力年龄结构等数据的情况下，综合上述西北地区农村转移劳动力的性别结构与文化程度结构两个择优迁移维度来看，可以认为，总体上，西北地区农村转移劳动力的择优度不高于全国平均水平。但在西北地区内部，陕西和甘肃农村转移劳动力的择优度高出全国与西北地区平均水平。

四、西北地区迁移农村劳动力的职业构成特点

从表3-13可看出，2010年，在西北地区省内转移农村劳动力的职业构成上，除从事农林牧渔及水利生产人员职业的人员所占比例明显高于全国平均比例，从事生产运输操作人员所占比例明显低于全国平均比例，西北地区农村转移劳动力在职业上的构成与全国平均比例相比，仅有很小差距。国家机关、党群组织、企事业单位负责人职位上的人员所占比例与在办事人员和有关人员上所占比例，仅比全国平均比例分别低0.47个与0.90个百分点，专业技术人员与商业服务业人员所占比例，仅比全国平均比例分别高出1.16个与0.91个百分点。

就西北地区内省份间比较看，仅有宁夏的省内转移农村劳动力中国家机关、党群组织、企事业单位负责人，专业技术人员，办事人员和有关人员三个职业的人员所占比例明显低于西北地区与全国平均水平；从事生产运输操作人员的比例明显高于西北地区与全国的平均水平。陕西省内转移农村劳动力中，农林牧渔及水利生产人员所占比例均较大幅度低于西北地区与全国平均水平；商业服务业人员所占比例明显高于西北地区与全国水平。甘肃、青海、新疆三省份省内转移劳动力在不同就业职位上的比例均和西北地区与全国平均水平较为接近。

表 3-13　2010 年西北地区省内迁移农村劳动力的职业构成　（单位：%）

地区	GJJG	ZYJS	BS	SYFW	NLMY	SCYS	BBFL
陕西	3.70	15.99	8.55	39.40	5.75	26.44	0.17
甘肃	3.39	16.43	8.31	35.28	12.41	24.05	0.13
青海	3.64	16.18	8.52	27.94	16.98	26.55	0.19
宁夏	2.94	12.23	7.08	28.04	18.15	31.54	0.02
新疆	3.77	16.63	7.72	31.52	20.37	19.69	0.30
西北	3.57	15.84	8.16	34.82	12.43	25.00	0.18
全国	4.04	14.68	9.06	33.91	8.17	29.96	0.18

数据来源：第六次全国人口普查资料。

注：GJJG 为国家机关、党群组织、企事业单位负责人；ZYJS 为专业技术人员；

BS 为办事人员和有关人员；SYFW 为商业服务业人员；

NLMY 为农林牧渔及水利生产人员；SCYS 为生产运输操作人员；BBFL：不便分类。

第三节　西北地区农村劳动力转移发展面临的主要问题

一、西北地区各省份的农村劳动力迁移发展相对滞后

迁移发展滞后是西北地区农村劳动力迁移发展中面临的主要问题。西北地区各省份的农村劳动力迁移发展相对滞后，首要的表现是农村劳动力迁移率各指标的水平相对全国较低。农村劳动力迁移率各指标的水平相对全国较低，不是农村劳动力迁移初期阶段表现出的问题，从前述表 3-3 与表 3-4 能够看出，1990 年，在农村劳动力省内迁移率、农村劳动力跨省迁移率、农村劳动力总迁移率三个指标上，西北地区平均水平及区内各省份的水平都高于全国平均水平。西北地区农村劳动力迁移滞后问题是在迁移中期阶段出现的问题，表 3-3 与表 3-4 的数据表明，2000 年，在农村劳动力省内迁移率、跨省迁移率、总迁移率上，西北地区平均水平均明显低于全国平均水平，2010 年，随着西北地区农村劳动力迁移的加快，其相对全国滞后的程度有所下降，但仍然没能改变相对滞后于全国平均水平的总体形势。西北地区农村劳动力省内迁移率低于全国平均水平，在 1990～2000 年，主要是区内的人口大省陕西与甘肃农村劳动力迁移滞后造成的，在 2000～2010 年，主要是甘肃农村劳动力迁移一直滞后造成的。西北地区农村劳动力跨省迁移率低于全国平均水平，则是由区内五省份的跨省迁移率都低于全国平均水平，特别是新疆、宁夏、青海三省份作为农村劳动力净流入省跨省迁移率明显较低造成的。2010 年，宁夏的农村劳动力总迁移率已经高于全国平均水平，2000 年以后西北地区农村劳动力总迁移滞后于全国平均水平，是陕西、甘肃、青海、新疆四省份的农村劳动力总迁移滞后共同造成的。

　　西北地区农村劳动力迁移滞后，不仅表现在其迁移率低于全国平均水平方面，也表现在与全国农村劳动力迁移大省相比，其农村劳动力的迁移表现出更大程度上的滞后性方面。表 3-14 罗列了四川等 6 个全国人口外迁大省，这些省份都属于中西部省份，除了湖北省，其他省份的经济发展水平与西北各省份相比，没有大的差异。但在农村劳动力迁移上却差别明显。从表 3-14 可看出，2000 年，除河南与湖北，外出半年以上人口所占比例，西北五省份低于四川、重庆、贵州、安徽的幅度，均明显大于低于全国平均水平的幅度；2010 年，除了河南省，外出半年以上人口所占比例，陕西、甘肃、青海、新疆低于四川、重庆、贵州、安徽、湖北的幅度，均明显大于低于全国平均水平的幅度。安徽、湖北是我国中部地区有代表性的农村劳动力输出大省，四川、重庆、贵州是我国西南地区有代表性的农村劳动力输出大省，因此，西北地区农村劳动力的迁移发展，不仅滞后于全国平均水平，还滞后于作为农村劳动力主要输出地的中部地区与西南地区，西北地区可能是全国农村劳动力输出最为滞后的地区。

表 3-14　2000 年、2010 年部分省份及全国外出半年以上人口比例　　（单位：%）

项目		陕西	甘肃	青海	宁夏	新疆	全国
外出半年以上人口比例	2000 年	4.75	4.11	4.49	4.61	3.03	5.44
	2010 年	17.11	16.98	17.68	23.72	13.46	19.31
项目		四川	重庆	贵州	河南	安徽	湖北
外出半年以上人口比例	2000 年	6.37	6.32	8.32	4.61	6.64	3.21
	2010 年	23.24	29.72	27.96	18.85	23.48	20.98

数据来源：第五次、第六次中国人口普查资料。

　　西北地区各省份的农村劳动力迁移发展相对滞后，还表现在西北地区各省份农村劳动力跨省迁移进展不够顺利与跨省迁移的西北地区内卷化方面。表 3-6～表 3-8 可以看出，除新疆比较特殊，1990 年，陕西、甘肃、青海、宁夏四省份的跨省迁移从向周边省份迁移起步后，此后的 20 年，一直在向以东部发达省份迁移的跨省迁移格局转变。但直到 2010 年，除陕西农村劳动力跨省迁移，已经完全转变为以面向东部发达省份为主，兼有周边省份格局外，甘肃、青海、宁夏的农村劳动力跨省迁移，似乎仍处于以周边省份特别是以新疆为主，兼向东部发达省份迁移的滞后格局。尽管新疆是一个农村劳动力净输入省份，甘肃、青海、宁夏农村劳动力跨省迁移入新疆，具有低成本的迁移优势，但不可忽视的是，相较广东、上海、北京等三个东部经济中心的代表性省份，新疆的经济总量要小得多，在产业链中的位置要低得多，在这种情况下，西北地区一些省份的农村劳动力向东部代表性省份迁移不足，只能说是一种迁移滞后的表现。

二、西北地区农村劳动力迁移的稳定性与迁移质量相对较低

农村劳动力的永久迁移可用迁移不同年限人数占总迁移人数的比例表示。用永久迁移率衡量农村劳动力的迁移质量可知，迁移年限越长农村劳动力所占比例越高，说明迁移的稳定性越高，迁移质量越高，反之，迁移年限越短农村劳动力所占比例越高，说明迁移的稳定性越低，迁移质量越低。从表3-15可看出，2010年，在省内农村劳动力迁移方面，与全国平均水平相比较，西北地区农村劳动力迁移的永久性具有一定的规律性，迁移年限越短，西北地区所占比例相对越高，迁移年限越长，西北地区所占比例相对越低，从图3-5可清楚地看到这种差别的规律性。表3-15最后一行的数据表明，六年以上农村劳动力迁移数占省内总迁移数的比例，全国平均水平比西北地区高出3.22个百分点，半年至一年农村劳动力迁移数占省内总迁移数的比例，西北地区比全国平均水平高出3.56个百分点，而一年至二年、二年至三年、三年至四年、四年至五年、五年至六年农村劳动力迁移数占省内总迁移数的比例，西北地区由高于全国平均水平逐渐转变为低于全国平均水平。其中，迁移年限为二年至三年者所占比例，西北地区与全国平均水平基本持平。如果把迁移年限为三年及以上看作永久性迁移，把迁移年限不足三年看作短期迁移，那么不难得出结论，在省内迁移农村劳动力上，西北地区永久迁移的比例明显低于全国平均水平，短期迁移的比例明显高于全国平均水平。计算得知，在省内迁移农村劳动力中，迁移年限三年及以上者，全国所占比例为44.27%，西北地区平均为40.57%，后者低于前者3.70个百分点。这说明，就全国而论，农村劳动力的短期迁移仍占主导地位，西北地区更是如此，我国农村劳动力总体上仍然处于"流而难迁"的打工状态，而非城镇化生活状态，西北地区更是如此。

表3-15　2010年省内农村劳动力迁移不同年限人数占总迁移人数的比例　（单位：%）

地区	半年至一年	一年至二年	二年至三年	三年至四年	四年至五年	五年至六年	六年以上
陕西	23.17	22.67	15.55	9.12	5.05	3.22	21.22
甘肃	27.63	21.10	14.83	8.76	4.85	3.34	19.49
青海	23.41	16.16	13.23	9.57	6.52	4.46	26.65
宁夏	20.96	21.84	17.18	11.00	6.40	4.01	18.61
新疆	18.22	19.68	15.17	10.25	5.69	4.02	26.97
西北	22.94	21.18	15.31	9.49	5.37	3.57	22.14
全国	19.38	20.94	15.41	9.54	5.53	3.84	25.36
全国-西北	-3.56	-0.24	0.10	0.05	0.16	0.27	3.22

数据来源：根据第六次全国人口普查资料计算。

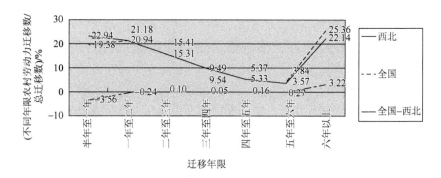

图3-5　西北地区与全国省内农村迁移劳动力中不同年限迁移数所占比例的比较

数据来源：表3-15最后三行的数据。

对西北地区省份内农村劳动力的永久性迁移状况进行比较发现，三年以上的永久迁移人数占省内总迁移人数的比例，青海最高，新疆次之，两省份这一比例分别为47.20%、46.93%，不仅高于西北地区平均水平，也高于全国平均水平。更重要的是，两省份的这一比例都接近50.00%，在向上走，省内农村劳动力迁移呈现出由"流动且迁移"的打工模式向定居模式转变的趋势。直接的原因是三年以上各年青海与新疆两省份迁移人数所占比重都高于西北地区平均水平与全国平均水平。陕西、甘肃、宁夏三省份的省内迁移年限为三年及以上人数所占比重，都不仅低于全国平均水平，也低于西北地区平均水平，主要原因是三省份六年以上迁移人数所占比重较低。由省际比较可知，造成西北地区农村劳动力迁移的稳定性相对较低与迁移质量较低的主要原因，是陕西与甘肃的省内农村劳动力迁移中，永久性迁移人数所占比重较低。虽然宁夏也对此有所贡献，但考虑到陕西与甘肃的农村劳动力迁移规模远大于宁夏，宁夏的影响基本可以忽略不计。

由于缺乏西北各省份农村劳动力跨省迁移不同年限人数的数据，所以难以进行准确分析，但考虑到农村劳动力永久迁移人数所占比重低，主要是迁移滞后、迁移者素质较低等造成的，依据前述数据，完全有理由推认，即使在跨省迁移中，西北地区与全国相比较，其农村劳动力实现永久迁移人数的比例，可能也相对较低。

三、西北地区农村劳动力迁移发展对城镇化进程的拉动明显不足

农村劳动力迁移发展的最终目标是实现城镇化，一个地区城镇化水平，在很大程度上反映了这个地区农村劳动力的转移是否顺利，以及转移质量与转移成效。从表 3-16 的数据看，西北地区城市就业人口/总就业人口、镇就业人口/

总就业人口分别比全国平均水平低 7.97 个与 3.88 个百分点，乡村就业人口/总就业人口比高于全国平均水平 11.85 个百分点。同时，西北地区城市人口数/总人口数、镇人口数/总人口数分别比全国平均水平低 5.89 个与 1.86 个百分点，乡村人口数/总人口数比全国平均水平高 7.75 个百分点。显然，西北地区的城镇化水平滞后于全国平均水平。根据表 3-5 可知，西北地区农村转移劳动力的 73.00% 是在省内实现的，在这种情况下，根据西北地区农村劳动力省内迁移率低于全国平均水平，西北地区总就业人口中，城市与镇就业人口的比例明显低于全国平均水平，西北地区农村劳动力永久迁移的比例也低于全国平均水平，有理由推断出，西北地区城镇化进程滞后，是由这一地区农村劳动力迁移滞后与迁移质量不高共同造成的。

表 3-16　2010 年西北地区城镇化水平及城乡劳动者的从业状况　　（单位：%）

地区	城市人口数/总人口数	镇人口数/总人口数	乡村人口数/总人口数	城市就业人口/总就业人口	镇就业人口/总就业人口	乡村就业人口/总就业人口	2011 年农业从业人口/乡村从业人口
陕西	23.70	22.00	54.30	19.00	17.00	64.00	56.00
甘肃	20.50	15.40	64.10	14.20	12.00	73.80	63.90
青海	24.30	20.40	55.30	20.00	16.10	63.90	58.20
宁夏	32.70	15.30	52.00	28.60	13.20	58.20	56.70
新疆	27.80	15.00	57.20	23.65	12.45	63.90	80.10
西北	24.41	18.14	57.45	19.33	14.32	66.35	62.12
全国	30.30	20.00	49.70	27.30	18.20	54.50	51.00

数据来源：前六列数据来自第六次人口普查数据，最后一列来自《中国统计年鉴（2011～2012）》。

就西北地区分省份来看，各省份在城镇就业水平的提升上与城镇化进程上明显具有不同步性。宁夏的城市就业人口/总就业人口、城市人口数/总人口数两个指标的数值最高，同时高于西北地区平均水平与全国平均水平；乡村就业人口/总就业人口、乡村人口数/总人口数两个指标的数值最低，虽然高于全国平均水平，但低于西北地区平均水平。这说明，宁夏在农村劳动力迁移发展与城镇化方面，处于西北地区的领先位置。在前两个指标上，新疆与青海虽然都低于全国平均水平，但都高于或持平于西北地区平均水平，在后两个指标上，处于低于或接近西北地区平均水平的位置。在农村劳动力转移和城镇化方面，青海与新疆处于西北地区第二梯队的位置。陕西与甘肃在农村劳动力迁移发展和城镇化方面，处于西北地区第三梯队的位置，其表现是，两省的城市就业人口/总就业人口、城市人口数/总人口数都低于西北地区平均水平。但两省又有所不同，陕西的镇就业人口/总就业人口、镇人口数/总人口数均高于西北地区平均数值，后一指标还高于全国平均水平。同时，陕西的乡村就业人口/总就业人口、乡村人口数/总人口数也低于西北地区平均水平。甘肃的镇就业人口/总就业人口、镇人口数/总人口数在西北地区最低，乡村就业人口/总就业人口、乡村人口数/总人口数在西北地区最高，这说明，甘肃在西北地区的城镇化进程中最为滞后，从而成为导致西北地区城镇化滞后的一个主要因素。

第四章　西北地区农民工的职业发展机制

现代社会本质上是一种由分工决定的职业分层体系，所谓职业发展是指就业者从这一体系中的低一层次职位逐步上升到高一层次职位的过程。劳动者所在的职业层次不仅决定着他可获得的收入水平和发展机会，还决定着他的社会地位的高度及可拥有的社会资本的状况，决定着他对社会公共机会与公共资源分配的影响力。与城市居民依赖户籍身份——更好的受教育机会的相关性，决定了他们可在某种程度上获得一种继承性职业发展机会和条件不同，进入城市非农产业中就业的农村劳动力即农民工几乎只能通过职业发展实现社会地位的上升。因此，职业发展对农民工有特别重要的意义，它是农民工迁移发展的重点与核心，是影响其个人发展程度和可达到的经济社会地位的决定性因素，也是决定其家庭成员市民化进程的关键。西北地区的农民工同样如此。弄清这一地区农民工的职业发展机制，是分析其迁移发展整体进程的重点。本章由三节构成，基于所获得的实地调查数据，分别回答三个问题：一是通过描述性统计分析说明这一地区农民工职业发展的基本情况、主要特点与不足；二是通过实证分析揭示这一地区总体上农民工职业的上行流动机制；三是分析这一地区部分省份农民工职业的上行流动机制。

第一节　对西北地区农民工职业发展状况的描述性分析

一、对农民工职业地位的层次划分

对农民工所在职业进行科学分层，是对其进行描述性统计分析的逻辑前提，根据研究需要，学者对农民工的职业已经给出了多种分层。高文书按照社会声望由高到低将农民工职业划分为六个层次，分别是单位负责人、专业技术人员、办事人员、生产操作人员、商业服务业人员、农林牧渔水利业人员[①]。姚先国和俞玲将农民工的职业分为管理与专业技术人员、公司职员、批发零售人员、服务人员（主要是低技能的服务类工作，如家政服务、勤杂人员、宾馆服务等）、生产工人（包括工业、建筑业工人等）等五类[②]。符平等将农民工职业分为低端、中端、高

---

① 高文书. 人力资本与进城农民工职业选择的实证研究. 人口与发展, 2009 (3): 38-43.

② 姚先国, 俞玲. 农民工职业分层与人力资本约束. 浙江大学学报（人文社会科学版）, 2006 (5): 16-21.

端三个层次，其中低端包括自谋职业、非技术工人/苦力、技术工人/熟练工人，中端包括办公室一般工作人员/销售人员、服务行业人员，高端包括工程师及高级技术人员、中层管理人员及以上、私营企业主[①]。这三种分类虽然均较好地完成了各自的任务，但对本章的任务来讲，并不完全符合需要。高文书的分类将农林牧渔水利业人员划入其中，不符合本章所研究的进城农民工的就业情况，将单位负责人分为一层，不符合绝大多数进城农民工的职业分布，2002 年全国抽样调查数据表明，86.7%的农民工在个体私营企业就业，在国有部门和城市集体企业就业的农民工虽然占到 7.2%和 5.5%，但他们中大多数为临时工和短期合同工，基本没有成为单位负责人的可能。姚先国和喻玲的分类将批发零售人员、服务人员、生产工人分了三个层次，这种划分是模糊的或不合理的，另外，这一分类没有将雇主与自我经营者纳入其中。进城农民工就业的现实是，接近半数的农民工从事收入低且不稳定的体力工作或受歧视职业，另一半的农民工从事小商业与小服务业的个体经营[②]，使用这个分类无法做到对农民工职业发展的全面分析。符平等的分类对职业层次的划分非常明晰，只是这个分类将自谋职业、非技术工人/苦力、技术工人/熟练工人均划分到低端职业层次，没有考虑纯体力劳动者与部分技能部分体力劳动者的不同。就计量分析的需要来讲，对农民工职业层次的划分也略显偏少，因此，本书依据杨肖丽和景再方揭示的农民工职业地位上升的一般路线，即"力工/零工—销售服务人员—技术工人—管理人员—私营依次上升"的路线[③]，将农民工的职业地位分为四个层次，即非技术工人/零工/苦力工人、普通销售服务人员/技术工人、办公室一般工作人员/普通技术员、工程师等高级专业技术人员/中层经营管理人员/企业主（包括雇主和自我经营者）。这一划分基本克服了前述划分的不足，其合理性在于：在这种职业层次划分中，职业层次的上升明显遵循纯粹依靠体力、半依靠体力半依靠技术、完全依靠知识与技术、在较高层次上依靠知识与技术或以知识与技术为基础成为投资经营者的逻辑顺序，这种顺序正是农民工实现职业层次上行的现实顺序或可行顺序。

二、西北地区外出农民工的基本状况

本章使用的基础数据来源于本项目课题组 2013 年 1～2 月组织的"进入城镇打工农民就业变化与市民化调查"。调查员由课题组在陕西师范大学选拔并培训的200 名在校生（含博士生、硕士生和本科生）构成，调查方式为实地问卷调查，

---

① 符平，唐有财，江立华. 农民工的职业分割与向上流动. 中国人口科学，2012（6）：75-82.
② 李春玲. 城乡移民与社会流动. 江苏社会科学，2007（2）：88-94.
③ 杨肖丽，景再方. 农民工职业类型与迁移距离的关系研究——基于沈阳市农民工的实证调查. 农业技术经济，2010（11）：23-29.

内容由调查员或受访者填写。本次调查涉及东部 5 省 13 市 22 区（县）、中部 6 省 17 市 77 区（县）、西部 11 省（自治区）30 市 120 区（县），共发放问卷 2000 份，回收 1810 份，回收率为 90.5%。在总有效样本中，打工者流出地为西北地区的样本有 899 份，其中陕西 516 份、甘肃 188 份、青海 82 份、宁夏 88 份、新疆的 25 份，分别占西北地区有效样本的 57.4%、20.9%、9.1%、9.8%、2.8%。剔除本研究中重要变量缺失的问卷后，整理出有效研究问卷共 720 份，有效率 80.1%。

样本的性别以男性为主，男女性别比为 73∶27，年龄分布在 16～63 岁，平均年龄 33.6 岁，第一次外出的平均年龄为 22 岁，新生代农民工占 56.3%。平均外出年限为 9.8 年，在当前城市平均打工年限为 6.7 年，其中外出时间最长的为 37 年，最短的为 0.5 年，打工时间 5 年以下的占总量的 28.9%，超过一半人打工时间在 9 年以下，占总量的 54.7%。更换工作次数在 2 次及以上者占总体的 56.1%，职业流动性大。教育程度以初中和高中为主，占总样本量的 75.2%，其中初中占 47.1%，大专及以上所占比例远低于小学及以下所占比例，整体受教育程度较低。已婚者占 70.0%，已经有小孩的样本有 692 份，占已婚者比例的 93.9%，表明已婚者占大多数，且绝大多数已经有子女。在首份工作的获得中，通过业缘和友缘为主的社会关系渠道的高于通过血缘和地缘为主的社会关系渠道的。全家已搬迁到城镇居住生活的有 124 份，占有效样本的 13.8%，全家未搬迁者中留在农村的成员含有父母的是 287 份、含有妻子的是 116 份、含有丈夫的是 12 份、含有子女的是 132 份、含有其他成员是 20 份，占有效样本的比例依次为 31.9%、12.9%、1.3%、14.7%、2.2%，举家外出的趋势较明显，但也反映出农村留守儿童、留守老人比例很高。

从西北地区农民工目前的就业地来看，在各省内就业的有 529 人，占有效样本的 58.8%。跨省就业者中，西北地区间就业的有 86 人，占有效样本的 9.6%，西北以外其他地区就业的有 210 人，占有效样本的 23.4%，省内就业的趋势十分明显。这点与第三章所揭示的该地区农民工就业区域分布特征完全一致，相互印证。从三类目前就业地区农民工群体比较来看，主要特征有较大差异。在西北地区间跨省就业的男性比例很高，达到 87.1%，西北地区外跨省就业的新生代比例也很高，达到 67.6%，在西北地区外跨省就业者中初中文化程度者比例较高。打工时间在 5～8 年者的比例，西北地区外跨省就业者比其他地区显著占优，打工时间在 13～16 年者的比例，跨西北地区间跨省就业者远高于其他地区。更换工作 3 次及以上者的比例在各地区基本一致，但西北地区间跨省就业者中更换工作 2 次的比例明显高于西北地区外跨省就业者的这一比例。另外，从首份工作获得渠道来看，西北地区外通过血缘和地缘为主的社会关系渠道就业者比例远低于西北地区，而通过其他社会关系渠道的比例远高于西北地区间就业者。全家已经搬迁到城镇居住者的比例，西北地区外就业者远远低于西北地区就业者。样本主要特征统计量见表 4-1。

表 4-1　西北地区样本描述性统计简况表　　　　（单位：%）

统计特征		西北地区总体	各省内	跨省	
				西北地区间	西北地区外
男性		73.1	71.3	87.1	74.3
新生代		56.3	53.2	50.0	67.6
教育程度	小学及以下	18.3	19.3	27.1	12.3
	初中	47.1	45.6	37.1	54.2
	高中（中专）	28.1	27.8	28.6	27.9
	大专及以上	6.5	7.3	7.2	5.6
外出打工时间	0～4 年	28.9	26.4	28.6	31.3
	5～8 年	25.8	22.7	25.7	34.1
	9～12 年	18.9	20.0	17.1	17.9
	13～16 年	11.3	11.9	17.1	7.8
	17～20 年	6.1	7.3	2.9	5.0
	20 年以上	9.0	11.7	8.6	3.9
更换工作次数	0 次	22.2	22.0	24.3	20.1
	1 次	21.8	21.8	20.0	21.8
	2 次	21.9	23.4	27.1	19.6
	3 次	13.4	12.6	11.4	15.6
	4 次	5.0	5.0	7.1	3.9
	5 次及以上	15.7	15.2	10.1	19.0
获得首份工作渠道	血缘和地缘为主	18.6	20.9	20.0	13.4
	业缘和友缘为主	43.1	38.1	55.7	47.5
	其他	38.3	41.0	24.3	39.1
	全家已搬迁到城镇居住生活	13.8	16.5	18.8	9.1
	目前就业地点		64.1	10.4	25.5

数据来源：本课题组调查所获样本数据。

注：统计量是根据全部 899 份样本获得，因而每个量的数据的样本量有所不同。

三、西北地区农民工职业发展的特点

（一）西北地区实现就业职位上行流动的农民工是一个少数群体

农民工的职业流动状况可分三种，即水平流动、上行流动、下行流动，与此相对应，可将农民工分为三个群体，即水平流动群体、上行流动群体、下行流动群体。在表 4-2 中，职业等级处于 0 级、1 级、2~4 级分别表示处于下行流动、水平流动、上行流动三类职业状态，从表中可看出，在省内迁移、跨省迁移、全体农民工三种情况下，处于下行流动的农民工均低于 5.00%，其中在省内迁移者中，这一比例仅 2.29%。这说明，处于下行职位状态的农民工是极少数。如果不考虑职位下行流动群体，那么可发现，农民工在职位上其实分为两类，一类是水平流动群体，另一类是上行流动群体。在职业上，西北地区农民工有 64.32% 处于水平流动层次，其中，在省内迁移者与跨省迁移者当中，分别有 62.02% 与 68.85% 处于水平流动层次，这说明，西北地区农民工大多数不能实现职业的上行流动，实现职业上行流动的是西北地区农民工中的少数群体。

表 4-2　西北地区农民工不同职业等级人数占总迁移人数的比例　　（单位：%）

职业等级	0	1	2	3	4	上行流动比例
省内迁移者	2.29	62.02	21.18	5.92	8.59	35.69
跨省迁移者	3.23	68.85	14.34	4.10	9.48	27.92
全体农民工	4.13	64.15	17.89	4.81	9.02	31.72

数据来源：同表 4-1。

注：1. 0 级为当前无工作、失业或者回乡务农，上行流动比例为第 2、第 3、第 4 职业等级所占比例相加而得；
　　2. 全部样本数 820，省内样本数 524，跨省样本数 296。

实现职位上行流动的西北地区农民工是少数群体，有两个含义。①在全体西北地区农民工中，只有少数人进入了第 2、第 3、第 4 职业等级。如表 4-2，进入上行流动的农民工仅占西北地区农民工的 31.72%，其中又分两种情况，省内迁移农民工实现职位上行流动的比例较高，达到了 35.69%，是略多的少数，跨省迁移农民工实现职位上行流动的比例较低，仅为 27.92%，是略少的少数。这也就是说，尽管能够实现职位上行流动的农民工是少数，但省内迁移者相对容易实现这一目标，而跨省迁移者相对不易实现这一目标。②相对来源地为西北地区外的农民工，西北地区农民工实现职位上行流动者所占比例要小。对比表 4-3 与表 4-2 的相关数据，可发现，西北地区农民工实现职位上行流动的比例相对西北地区外这一比例低约 2.0 个百分点。由于西北地区与西北地区外省内迁移农民工实现职位上行流动的比例基本相等，而西北地区跨省迁移农民工实现职位上行流动者所占比例比西北地区外低 3.88 个百分点，因此，可以认为，西北地区跨省迁移者实现职位上行流动者相对较少，是这一地区相较其他地区农民工职位上行流动者成为相对少数群体的一个直接原因。符平等的调查表明，初始职业为自谋职业、非技术工人/干苦力等低端职业者占当前农民工总数的比例为 64.79%，本章把技术工人划分到了第 2 职业等级，而符平等将该职业划分到了低端职业，据此估计，按照符平等的统计口径，西北地区农民工中低端职业者比例应当在 75.00%～80.00%，相应地，实现职位上行流动者所占比例应当在 20.00%～25.00%，确实是一个少数人群体。

表 4-3 来源地为西北地区外农民工不同职业等级人数占总迁移人数的比例（单位：%）

职业等级	0	1	2	3	4	上行流动比例
省内迁移者	1.10	63.70	18.10	5.60	11.50	35.20
跨省迁移者	0.30	67.90	16.40	7.70	7.70	31.80
全体农民工	0.70	65.60	17.30	6.60	9.80	33.70

数据来源：同表 4-1。

注：西北地区外指我国东部、中部、西南三个地区的总和。

（二）西北地区农民工的职位上行流动呈不对称纺锤结构

西北地区农民就业职位上行流动，在结构上并非呈现依次递减的梯形结构，而是呈现出一种不对称纺锤结构样态。从表 4-2 可看出，在实现职业上行流动的农民工当中，进入职业上行流动的最低层次，也就是第 2 职业等级的农民工最多，在省内迁移者、跨省迁移者、全体农民工三个序列中，进入第 2 职业等级的农民工占全部进入上行流动农民工的比例，分别为 59.34%、51.36%、56.40%，均超过一半，进入第 4 职业等级的农民工占全部进入上行流动农民工的比例分别为 24.07%、33.95%、28.44%，进入第 3 职业等级的农民工占全部进入上行流动农民工的比例分别为 16.59%、14.69%、15.16%。这就使得西北地区农民工的职位上行流动呈不对称纺锤结构，即第 2 职业等级人数最多，第 4 职业等级次之，第 3 职业等级最少，如图 4-1 所示。

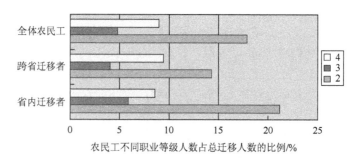

图 4-1 西北地区农民工职位上行流动结构图

数据来源：表 4-2。

这说明两个问题。①西北地区大多数实现了职业上行流动的农民工，只会是掌握一定技术的技能型或技术型工人和普通销售服务人员。②上一职业等级就业人数的增多并不必然带来下一职业等级就业人数的增多，可能的原因是，农民工的职业等级之间，不仅存在职业地位的等级差别，还存在着职业类型的差异，职业类型间差异的存在意味着，对于实现职业上行流动的条件来讲，在上一职业等级的"干中学"只能积累部分条件，另外部分条件需要"干外学"才能获得。例如，农民工要进入第 3 职业等级，他的学历一般必须达到大专以上才是可能的，学历低于大专的农民工即使一直在"干中学"，都无法获得这一条件，作为农民工进入第 4 职业等级最可行最经常的途径，就是成为自主经营者，虽然通过在第 2、第 3 职业等级的"干中学"会为农民工创业积累起一定的技术条件，降低他们创业的风险，但显而易见的是，拥有企业家精神，能够获得创业资本，对于农民工创业，同样至关重要。

（三）西北地区农民工就业职位的上行流动具有空间上的近似平衡特征

西北地区农民工就业职位上行流动的空间特征，表现在两个层面。

（1）表现在省内迁移者与跨省迁移者的比较上。从表 4-2 可以看出，处于省内与跨省迁移中的农民工，他们的就业职位的流动，既有不同的方面，也有相似的方面。就不同方面来看，跨省迁移者出现就业职位下行流动的比例比省内迁移者高近 1 个百分点，而就业职位处于水平流动状态的比例比省内迁移者高 6.83 个百分点，处于第 2、第 3 职业等级的人数比省内迁移者分别低 6.84 个、1.82 个百分点，实现就业职位上行流动的比例低于省内迁移者 7.77 个百分点，这说明跨省迁移者职业流动的风险相对较大，实现就业职位上行流动相对困难，而省内迁移者职业流动的风险相对较小，实现就业职位上行流动相对容易。然而，对于进入高等级职位来讲，跨省迁移者成功的希望更大些，例如，第 4 职业等级中，跨省就业者所占比例比省内就业者高 0.89 个百分点。就相似方面来看，省内迁移者与跨省迁移者实现职业上行流动的结构非常接近，这表现在：在两个空间中，进入第 2、第 3、第 4 职业等级的农民工占迁移农民工的比例均呈现出不对称纺锤结构，同时，每个职业等级所占比例也比较接近。

（2）表现在西北五省份的比较方面上。从表 4-4 可看出，在就业职位上行流动方面，尽管西北五省份之间存在差异：陕西与甘肃相比，处于第 2、第 4 职业等级农民工所占比例，一个少，一个多；与陕西、甘肃相比，宁夏处于第 2 职业等级的农民工所占比例明显较低；与其他省份相比，青海处于第 2、第 3、第 4 职业等级的农民工所占比例依次递减；新疆情况特殊，在各省份比较中，处于第 2 职业等级的农民工所占比例最低，处于第 3 职业等级农民工所占比为 0，处于第 4 职业等级的农民工所占比例最高。但是，西北主要省份之间还是显示出了共同之处：处于第2、第3、第4职业等级的农民工所占比例，陕西、甘肃、宁夏三省份明显遵循了"高、低、较高"的变化规律，也就是均呈现出不对称纺锤结构特征。如前所述，在调查中，由于获得的青海、宁夏、新疆三省份的样本均不超过 100 个，特别是获得的新疆样本数仅 25 个，所以会在一定程度上影响所得结论的可靠性，但正如本书第三章所述，陕西与甘肃是西北地区最主要的农民工流动大省，两省农民工的流动状况在很大程度上代表了西北地区的总体状况，因此，陕西与甘肃农民工就业职位上行流动呈现不对称纺锤结构，在很大程度上表明西北地区农民工就业职位的上行流动具有空间上的近似平衡特征。

表 4-4　西北五省份农民工不同职业等级人数占总迁移农民工人数的比例（单位：%）

职业等级	0	1	2	3	4	上行流动比例
陕西	3.90	65.80	16.70	5.10	8.50	30.30
甘肃	5.90	55.80	23.20	4.30	10.80	38.30
青海	0.00	74.00	17.30	6.20	2.50	26.00
宁夏	5.70	65.70	14.90	3.40	10.30	28.60
新疆	0.00	61.10	11.10	0.00	27.80	38.90

数据来源：同表 4-1。

四、西北地区农民工就业职位上行流动中存在的问题

（一）西北地区农民工的大部分处于低等级职位的"锁定"状态

农民工处于低等级职位的"锁定"状态，是指他们在打工期间无论是否变换工作，均长期处于第 0 与第 1 职业等级而不能进入职位上行流动通道的状态。这种状态的长期存在，不仅妨碍了大多数农民工收入的增长与生活的改善，也减少了城市优质劳动力供给的增长，对农民工、产业界、城市都造成了非常消极的影响。大部分农民工处于低等级职位的"锁定"状态，是西北地区农民工职位上行流动中的突出问题。从表 4-2 可看出，西北地区农民工中处于第 0 与第 1 职业等级的比例，达到 68.28%，分就业地看，省内迁移者这一比例略低，为 64.31%，跨省迁移者这一比例略高，达到 72.08%。调查数据同时显示，西北地区农民工初始职业处于第 0 与第 1 职业等级的比例，达到 77.26%，这就基本排

除了农民工中处于第 0 与第 1 职业等级的比例，在调查前可能波动到现有水平的情况，也就是说，从 20 世纪 80 年代到现阶段的整个西北农民工迁移期间，农民工处于第 0 与第 1 职业等级的比例总体是下降的，但下降量始终较小，因此仍然有 68.28% 的西北地区农民工处于第 0 级与第 1 级就业职位上，始终处于这样的低级就业职位上，也就是他们处于低等级职位的"锁定"状态。表 4-4 的数据表明，在陕西、甘肃、青海、宁夏、新疆五省份，农民工处于第 0 与第 1 职业等级的比例分别为 69.70%、61.70%、74.00%、71.40%、61.10%，这表明，各省份农民工的低等级职位的"锁定"状态具有非平衡性，但都处于较高水平，这是一个突出问题。

据调查，在西北地区，69.40% 的农民工（508 人）在打工期间始终处于第 1 职业等级上，没能实现职位发展。其中，分别有 21.30%、18.50%、11.80%、20.10% 的农民工变换了 1 次、2 次、3 次、4 次及以上次工作，而只有 28.35% 没有变换过工作。即有 71.65% 的农民工都曾力图改变他们的就业状况而没有成功，这部分农民工占到了外出打工农民工总数的 50%。

来源地为西北地区外的农民工，在打工期间尽管也有 68.95% 的人（496 人）始终处于第 1 职业等级上，但其中，31.05% 的农民工没有变换过工作，25% 的农民工仅变换了 1 次工作，这表明，来源地为西北地区外的农民工变换工作的频率略低，而来源地为西北地区的农民工变换工作的频率略高，在一定程度上说明，西北地区农民工可能存在一定心理上的低职位"锁定"感。他们更期望能够通过变换工作突破这种状况。

（二）西北地区农民工的职位提升进程缓慢且相对滞后

西北地区农民工的职位提升进程有着积极的一面，他们打工的年限越长，职位提升越多。从表 4-5 可看出，职位提升幅度为 1 个、2 个、3 个等级的人数占迁移农民工数比例最大时，对应的打工年限分别为 3～6 年、6～9 年、9～12 年，具体来讲，打工年限为 4～6 年的农民工占职位提升 1 个等级农民工的比例为 28.57%、打工年限为 7～9 年的农民工占职位提升 2 个等级农民工的比例为 24.90%、打工年限为 10～12 年的农民工占职位提升 3 个等级农民工的比例为 24.47%。西北地区农民工的职位提升进程有着明显的不足。①对于较大部分农民工而言，这一进程是缓慢的。在职位提升 1 个等级的农民工中，有 53.97% 是在 7～9 年及更长时间实现的，在职位提升 2 个等级的农民工中，有 34.32% 是在 10～12 年及以上时间段内实现的，在职位提升 3 个等级的农民工中，有 31.91% 是在 13～15 年及以上时间段实现的。其中，职位提升 1 个等级，只是作为体力劳动者的农民工掌握一定劳动技能，成为半体力半技能型劳动者，竟然有一半以上需要 7～9

年及更长时间，突出地表明了他们职位提升的缓慢性。②相对来源于西北地区外的农民工，西北地区的农民工的职位提升进程明显相对滞后。从表 4-5 可看出，职位提升 1 级、2 级、3 级人数占迁移农民工比例最大时所需要花费的时间，西北地区分别为 4～6 年、7～9 年、10～12 年，而西北地区外分别为 1～3 年、4～6 年、7～9 年，在每一等级上，前者都比后者多使用 3 年时间。进一步比较会发现，在职位提升 1 级与 2 级中，西北地区外迁移农民工中的一半以上，都是在 6 年以内实现的，西北地区迁移农民工中的一半以上，都是在 6 年以上实现的；在职位提升 3 级中，西北地区外迁移农民工中的 60.00%，都是在 9 年内实现的，而西北地区迁移农民工中的 56.38%，都是在 9 年以上实现的。两组数据的比较足以说明，西北地区农民工的职位提升进程，相对西北地区外农民工的职位提升进程，是滞后的。

表 4-5　西北地区与西北地区外农民工外出打工不同年限人员职位提升状况的比较（单位：%）

外出打工年限	职位提升 1 级		职位提升 2 级		职位提升 3 级		不同打工年限农民工所占比例	
	西北	西北外	西北	西北外	西北	西北外	西北	西北外
1～3 年	17.46	34.00	19.39	25.40	7.45	14.78	21.60	26.20
4～6 年	28.57	26.00	21.39	30.16	20.21	16.52	23.10	24.50
7～9 年	15.87	6.00	24.90	11.11	15.96	28.70	13.70	17.00
10～12 年	20.63	10.00	11.94	15.87	24.47	14.78	15.20	13.90
13～15 年	3.17	8.00	16.42	11.11	13.83	10.43	10.00	9.50
16～20 年	6.35	2.00	4.48	1.59	9.57	6.96	7.30	3.70
20 年以上	7.95	14.00	1.48	4.76	8.51	7.83	9.10	5.20

数据来源：同表 4-1。

注：西北地区样本数 226，西北地区外样本数 228。

（三）西北地区农民工的职位提升呈现更加明显的性别不平衡性

农民工的职位提升的性别不平衡性主要有两个表现，一是在每一类职位提升中，男性所占比例都高于女性，二是随着职位等级提升，男性所占比例越来越高。从表 4-6 的数据可看出，在省内迁移、跨省迁移、全体农民工三个序列中，无论是西北地区农民工，还是西北地区外农民工，都存在上述两个方面的就业职位不平衡问题。这种职位分布的性别不平衡性，既表明女性农民工较男性农民工的职业发展机会不足，也表明在农民工群体中，男性是技术权利与管理权利的掌握者，男性农民工处于支配地位，女性农民工处于从属地位。相对西北地区外农民工的职位提升，西北地区农民工职位提升的一个问题是，它的性别不平衡性更加明显与突出。就农民工整体来看，在职位提升 1 级、2 级、3 级的农民工群体中，西北地区的男性比例分别为 57.63%、64.62%、82.80%，西北地区外的男性比例 52.0%、62.5%、78.3%，前者分别比后者高 5.63 个、2.12 个、4.50 个百分点。就空间分布来看，跨省迁移农民工的男性比例，在职位提升 1 级与 2 级的两个农民工群体中，也是西北地区明显高于西北地区外地区，前者分别比后者高 13.60 个与 8.20 个百分点。省内迁移农民工的男性比例，在职位提升 2 级与 3 级的两个农民工群体中，西北地区分别高出西北地区外地区 0.10 个与 8.10 个百分点。

需要说明的是，在跨省迁移农民工群体中，西北地区的男性比例比西北地区外的男性比例低 1.90 个百分点，在省内迁移农民工群体中，西北地区的男性比例比西北地区外的男性比例低 2.10 个百分点，这似乎与本节关于西北地区农民工职位提升中的男性倾向更明显的判断不符。然而，要看到的是，无论是在省内迁移还是在跨省迁移农民工群体中，西北地区的男性比例都要高于西北地区外，在两种情况下，前者分别高于后者 6.20 个和 0.10 个百分点，正如第三章所指明的，在所有省份，省内迁移都是农民工迁移的主流，省内迁移群体都是农民工的主体，据此，可以认为，西北地区相较西北地区外，农民工职位提升的男性化倾向更明显，这一判断是成立的。

表 4-6　西北地区与西北地区外农民工职位提升的性别差异　　（单位：%）

类别		职位提升 1 级		职位提升 2 级		职位提升 3 级		农民工性别比例	
		西北	西北外	西北	西北外	西北	西北外	西北	西北外
省内迁移	男	51.20	53.30	59.60	59.50	82.30	74.20	71.30	65.10
	女	48.80	46.70	40.40	40.50	17.70	25.80	28.70	34.90
跨省迁移	男	63.60	50.00	77.80	69.60	83.30	85.20	74.30	74.20
	女	36.40	50.00	22.20	30.40	16.70	14.80	25.70	25.80
全体农民工	男	57.63	52.00	64.62	62.50	82.80	78.30	73.10	68.40
	女	42.37	48.00	35.38	37.50	17.20	21.70	26.90	31.60

数据来源：同表 4-1。

注：西北地区样本数 227，西北地区外样本数 234。

（四）西北地区农民工职位提升的收入效应相对较低

由于职位变动过程与社会公共产品的分配脱节，与政治地位的改善基本不相关，对农民工来讲，实现职位提升的意义必然主要在于其经济性或收入增长效应方面，职位提升带来的收入增长多，在一定意义上说明职位提升的质量高，反之，则说明职位提升的质量低。相对来源地为西北地区外的农民工，西北地区农民工职位提升的收入增长效应明显较低。

（1）相较西北地区外农民工，职位提升同等级者的西北地区农民工的工资水平较低。如表 4-7 所示，职位提升 1 级、2 级、3 级的西北地区农民工的月工资分别为 2576.3 元、2817.7 元、2853.7 元，均在较大幅度上高于《2013 年全国农民工监测调查报告》的外出农民工人均月收入为 2290.0 元的平均水平，但却分别比三个职位提升等级的西北地区外农民工月工资低 168.7 元、113.8 元、153.0 元。

表 4-7　西北地区与西北地区外职位提升等级不同农民工月均工资比较　（单位：元）

地区	职位提升 1 级	职位提升 2 级	职位提升 3 级
西北地区	2576.3	2817.7	2853.7
西北地区外	2745.0	2931.5	3006.7

数据来源：同表 4-1。

（2）不同职位提升等级中月工资最高层次的农民工所占比例，西北地区外均高于西北地区。从表 4-8 可看出，在月收入 4000 元以上层次上，职位提升 1 级、2 级、3 级的西北地区农民工占同级别的农民工的比例，分别为 19.36%、26.85%、25.58%，而西北地区外农民工占同级别的农民工的比例分别为 20.00%、27.42%、32.76%，前者分别比后者低 0.64 个、0.57 个、7.18 个百分点。其中，在职位提升 3 级中，西北地区农民工占同职级农民工的比例比西北地区外这一比例低很多，一个重要的原因是，在这一职级中，西北地区外的创业者所占比例比西北地区高许多。

（3）月工资 2000 元以上农民工所占比例，西北地区外农民工均高于西北地区农民工。如表 4-8 所示，在月工资达到与超过 2000 元水平上，职位提升 1 级、2 级、3 级的西北地区农民工占同职级农民工的比例，分别为 64.52%、68.65%、65.12%，而西北地区外农民工占同职级农民工的比例，分别为 62.00%、83.87%、74.14%，前者比后者分别低 -2.52 个、15.22 个、9.02 个百分点。

表 4-8　西北地区与西北地区外职位提升等级不同农民工的收入水平比较　（单位：%）

收入水平	职位提升 1 级		职位提升 2 级		职位提升 3 级		收入水平不同农民工所占比例	
	西北	西北外	西北	西北外	西北	西北外	西北	西北外
≤1000 元	4.84	2.00	5.97	4.84	7.12	4.31	5.20	4.40
1001～1500 元	12.90	8.00	10.45	6.45	10.78	2.59	6.60	7.20

续表

收入水平	职位提升 1 级		职位提升 2 级		职位提升 3 级		收入水平不同农民工所占比例	
	西北	西北外	西北	西北外	西北	西北外	西北	西北外
1501～2000 元	17.74	28.00	14.93	4.84	16.98	18.96	18.20	19.30
2001～2500 元	11.29	2.00	8.96	16.13	2.33	8.62	10.60	12.30
2501～3000 元	25.81	20.00	16.42	24.19	19.38	17.24	22.70	22.70
3001～3500 元	1.61	10.00	2.99	11.29	6.20	4.31	6.20	6.60
3501～4000 元	6.45	10.00	13.43	4.84	11.63	11.21	11.00	9.80
4000 元以上	19.36	20.00	26.85	27.42	25.58	32.76	19.50	17.70
小于 2000 元	35.48	38.00	31.35	16.13	34.88	25.86	30.00	30.90
≥2000 元	64.52	62.00	68.65	83.87	65.12	74.14	70.00	69.10

数据来源：同表 4-1。

注：西北地区样本数 258，西北地区外样本数 228。

　　西北地区农民工职位提升进程中存在的四个问题，必须弄清什么是主要问题。什么是农民工职位提升进程中的主要问题，是由其职业发展的主要矛盾决定的。农民工职业发展的主要矛盾无疑是促进因素与阻碍因素的关系问题，当促进因素的作用大于阻碍因素的作用时，农民工就能够实现职业发展，反之，当阻碍因素的作用大于促进因素的作用时，农民工的职业发展就会停滞或进程缓慢。由此来看，上述西北地区农民工职位提升进程中存在的前两个问题，不过是这一主要矛盾发挥作用的不同表现，实质上是一个问题，即农民工的职业发展存在阻碍因素的问题。农民工大部分处于低职位的"锁定"状态，是阻碍因素的作用大过促进因素作用的结果，而农民工的职位提升进程缓慢且相对滞后，则是由于阻碍因素的作用阻滞或限制了促进因素作用的结果。基于这种考虑，本章第二节探讨西北地区农民工就业职位的上行流动机制，以便在弄清促进因素作用机制的同时，弄清阻碍因素的作用机制。

第二节　西北地区农民工总体就业职位上行流动机制实证分析

　　农民工就业职位的上行流动是更深程度的转移方式和农民工市民化深度发展的重要内容。研究表明，目前我国有近 10%的农民工真正实现了基于职业的向上流动[1]。然而，国内的大多数研究均表明，农民工的职业流动更多的

---

[1] 符平，唐有财，江立华. 农民工的职业分割与向上流动. 中国人口科学，2012（6）：75-82.

只是横向流动而非垂直流动[1][2]。西北地区是我国农民工的主要输出地，也是市民化转移最困难的区域，在实证意义上弄清这一地区农民工就业的真实境遇和就业职位上行流动的状况及规律，将会使引导和支持这一地区农民工就业职位上行流动与市民化的政策措施更具针对性，从而促进我国城市化进程的整体发展。

一、分析框架及研究假设

关于农民工职业上行流动机制的专门研究目前还很少，相关研究主要出现在对农民工职业获得因素的分析上，以区域农民工职业流动为对象的研究主要集中在东部发达地区，对西部欠发达地区的研究较少，尤其是对西北地区的实证研究更为缺乏。既有研究总体上分人力资本、社会资本和制度性分析三种视角。谢勇以南京市为例研究了农民工就业境况，认为人力资本对于农民工的就业质量具有显著的、积极的作用，社会资本与农民工是否能够和单位签订劳动合同以及工资水平的高低，均没有显著的关系[3]。刘林平和张春泥研究了珠江三角洲农民工工资的决定因素，发现人力资本中的教育年限、培训、工龄等变量对农民工工资有显著的正向影响，年龄和性别也有显著影响，而社会资本变量和社会环境变量对农民工工资水平没有显著影响[4]。蔡群等在江苏的调查显示：农民工通过亲戚朋友介绍找到工作的比例达到 49.7%[5]。彭庆恩在对北京市建筑业中"包工头"的案例研究中发现，构筑关系网络对农民工"包工头"职业地位的获得与上升起着关键作用[6]。此外，赵延东和王奋宇的研究进一步证明了社会资本在农民工经济地位获得中的意义，他们认为其作用已经超过了人力资本[7]。项飚认为，制度因素即农民工的非市民身份是限制他们获得城市较高职业地位的关键因素[8]。在对西部区域的研究中，夏显力等研究了陕甘宁三省份新生代农民工职业转移的影响因素，认为是否接受培训、婚姻状况、性

① 李强. 中国大陆城市农民工的职业流动. 社会学研究, 1999（3）：93-101.

② 姚先国, 俞玲. 农民工职业分层与人力资本约束. 浙江大学学报（人文社会科学版）, 2006（5）：16-21.

③ 谢勇. 基于人力资本和社会资本视角的农民工就业境况研究——以南京市为例. 中国农村观察, 2009（5）：49-55.

④ 刘林平, 张春泥. 农民工工资：人力资本、社会资本、企业制度还是社会环境？——珠江三角洲农民工工资的决定模型. 社会学研究, 2007（6）：114-136.

⑤ 蔡群, 周虎城, 孙卫平. 走近农民工——江苏农民工就业、生活状况调查. 江苏农村经济, 2007（9）：28-31.

⑥ 彭庆恩. 关系资本和地位获得——以北京市建筑行业农民包工头的个案为例. 社会学研究, 1996（4）：53-63.

⑦ 赵延东, 王奋宇. 城乡流动人口的经济地位获得及决定因素. 中国人口科学, 2002（6）：8-15.

⑧ 项飚. 跨越边界的社区——北京"浙江村"的生活史. 北京：三联书店, 2000：163.

别及城市规模对新生代农民工职业转移有显著影响[1]。马红梅和金彦平在对贵州省少数民族自治县农民工非农就业分析中，认为少数民族贫困地区农民工通过利用其社会资本，可以大大提高就业的概率[2]。

在完全竞争的就业市场上，对于给定的就业职位，企业主必然从实现最大利益的目的出发，寻求劳动生产率最高的劳动者，劳动者也必然力图通过提升自己的劳动能力不断竞争高一级就业职位。我国农民工就业的企业一般为民营中小企业，他们需要通过市场寻求最合适的劳动者，农民工通过自由的劳动力市场获得职位，劳尽其能，是企业主与农民工共同的需要，人力资本状况的优劣直接决定西北地区农民工的劳动生产率，影响其对就业区域和行业的选择，因此人力资本是决定农民工职业上行流动的主要因素。同时，作为关系型社会，关系不仅能够提供就业实现所需要的信任信息，而且作为一种资源配置方式，还可以替代市场直接决定劳动者与职位的部分配置。我国农民工面对的就业市场是一种部分竞争、部分非竞争的就业市场。所谓部分非竞争，是指农民工就业市场上供需双方的信息分布存在不均衡问题，如信任问题。大量研究表明，华人与关系网络内的人和不同关系网络内的人交往模式是不同的，华人在关系网络内是高度集体主义的，在相同的关系网络内的人是强烈地联结在一起的；另外，对不同的关系网络中的人，华人往往表现得比较淡漠[3]，因此，对于中国农民工，在外打工会特别依赖关系网络，在陌生的社会环境中，来自落后地区的农民工更是如此，遇事时，他们首先考虑有什么认识的人可以帮助自己，但社会资本到底对他们职位上的上行流动有多大的影响呢？这需要实证分析。

一个社会的经济和社会发展程度直接影响着社会流动，在一个经济不发达的社会中，人们常常是在比较封闭的范围内生活；在经济比较发达的社会中，新的机会不断出现，社会流动也频繁得多，就业职位上行流动的机会比较多。由于不同地区在社会经济发展、地理环境、文化氛围、社会网络构建等就业环境上存在差异，就业职位上行流动发展对农民工个人背景特征可能具有选择性，因此，对他们职业上行流动的影响作用及路径不同。

假设一：人力资本对西北地区农民工就业职位上行流动具有显著影响，人力资本水平越高，就业职位上行流动的可能性越大。

假设二：社会资本对西北地区农民工就业职位上行流动具有显著影响，在给定人力资本条件的情况下，农民工拥有强社会关系比拥有弱社会关系更可能使其

---

① 夏显力，张华，郝晶辉. 西北地区新生代农民工职业转移影响因素分析——以陕甘宁 3 省的 30 个村 339 位新生代农民工为例. 华中农业大学学报（社会科学版），2011（6）：60-65.

② 马红梅，金彦平. 民族贫困地区农民工非农就业的社会资本分析. 贵州民族研究，2009（2）：27-31.

③ Hui C，Graen G. Guanxi and professional leadership in contemporary Sino-American joint ventures in mainland China. Leadership quarterly，1997，8（4）：451-465.

实现就业职位向上流动。

假设三：个人背景特征对西北地区农民工的影响作用及路径有显著差异。

二、变量测量与研究方法

和第一节一样，本节研究的基础数据也来源于本课题组 2013 年组织的"进入城镇打工农民就业变化与市民化调查"问卷。在打工者流出地为西北地区的 899 份有效样本中，剔除与本研究相关的重要变量缺失的问卷后，整理出有效研究问卷共 713 份，有效率为 79.30%。

以第一节将农民工的职业依次所分的四个层级，即非技术工人/零工/苦力工人、普通销售服务人员/技术工人、办公室一般工作人员/普通技术员、工程师等高级专业技术人员/中层经营管理人员/企业主（包括雇主和自我经营者）为基础，分别给它们赋值"1"、"2"、"3"、"4"，取值越大，职业地位越高。另外考察目前职业"其他"项的回答发现，有 48 人为无工作、失业或者回乡务农，将这一类赋值为"0"。研究中我们通过对农民工首份职业和目前职业的比较，设定职位上行流动和职位上行流动度两个二分类变量反映职业的上行流动。其中，水平流动赋值为"0"，上行流动赋值为"1"，上行流动一个层级赋值为"0"，上行流动两个层级及以上赋值为"1"。

舒尔茨认为，人力资本是通过教育、培训、"干中学"、就业导向型迁移等途径形成的自身生产能力，表现为知识、技能、体力价值的总和。结合相关研究和调研数据，人力资本变量选取了受教育程度、培训经历、打工时间、更换工作次数、健康状况、首份工作技术性六个变量。由于第一份工作是技术性或经营管理工作，对于农民工人力资本的提升及后续职业流动的意义重大，所以考虑将首份工作的技术类型纳入人力资本分析①。为了更好地考察不同阶段的培训对农民工职业上行流动的作用，将农民工参加的培训细分为打工前非农技术培训或岗前培训和打工期间的教育或技术培训（包括目前所在企业进行过的技术培训）。教育程度为四分类定序变量。打工时间转化为分段数据，为六分类定序变量。更换工作的次数为定距变量。打工前培训、打工期间培训和首份工作技术类型为二分类变量（否=0，是=1）。健康状况也转化为二分类数据（目前健康状况很差、较差赋值为"0"，目前健康状况一般、好、很好赋值为"1"）。人力资本的影响方向中，除更换工作的次数为负向，其余变量均为正向。

在国外关于移民社会资本的经验研究中，大多将社会资本定义为移民通过自

---

① 王金营把人力资本分成了五类：普通教育资本、专业技术知识资本、工作经验资本、健康资本、变迁及职业选择资本。王金营. 对人力资本的定义及内涵的再思考. 南方人口, 2001（1）：47-52.

身社会网络可能调动的资源，研究者测量时主要侧重于被调查者所拥有的社会网络关系上，而在社会资本与求职过程的经验研究中，研究者关注的则是被调查者实际使用过的社会网络关系[①②]。本研究认为，无论是农民工拥有的社会资本还是他们使用的社会资本，都应纳入分析。研究选用获得首份工作的渠道、打工地可用社会资本、家庭化迁移三个方面的变量反映社会资本的状况。考虑将家庭化迁移引入分析，一方面是基于新迁移理论认为人口迁移不但是个人决策的最大化，而且是家庭决策的最大化，因此有必要在分析中考虑家庭因素的影响；另一方面，家庭化迁移也能更好地反映家庭强关系的宽度。农民工的社会关系网络通常遵循先强关系后弱关系的建构顺序，他们拥有的社会关系，按亲密程度可分为家人与亲属、老乡与在城市结识的其他农民工、城市市民三个层次[③]。三个社会资本变量的提取及取值如下。①获得首份工作的渠道变量通过问卷中"您找第一份工作是否得到别人的帮助"、"与您的关系"、"获得第一份工作的渠道"三项综合确定，分为三类变量。其中血缘和地缘为主的家属、亲戚和老乡关系归为一类，业缘和友缘为主的朋友、同学、师生、同事和老板关系归为一类，其余关系为一类（包括通过企业来招工、村集体安排和当地政府组织等）。②打工地可用社会资本变量用问卷中"在打工地当您遇到工作或生活困难时，可能会给予您实质性帮助的有哪些人？"选项加权求和计算而得。本选项为多选排序题，对选项中城市市民朋友赋值"1"，同事或领导赋值"2"，亲戚老乡同学赋值"3"，排名第一、第二、第三的选项依次赋权值为"5"、"3"、"1"，数值越大关系越强。这里假定为正向影响。③家庭化迁移。用农民工迁移入城市的家庭与亲戚状况表示，体现强关系的宽度。通过"您全家是否已经搬迁到城镇居住生活"，及其相关问题"您家留在农村的成员（可多选）"两项确定。全家已搬迁的家庭化迁移程度赋值"5"，全家未搬迁者，根据留在农村的成员间接获得。该项答案设计有父母、妻子、丈夫、子女及其他成员五项，对选择的项赋值"1"，未选择的项赋值"0"，并将五个选项求和，用5减去和值表示全家未搬迁者的家庭化迁移程度，数值越大家庭化迁移程度越高。打工地可用社会资本和家庭化迁移均为正向影响。

选取性别、年龄、目前就业地三方面的个人背景特征作为控制变量。女性赋值为"0"，男性赋值为"1"，根据传统性别分工，农村男性劳动力往往是家庭经济支柱，在家庭压力和较强风险偏好的作用下，追求上行流动以获取高预期收益的愿望更为强烈，假定性别为正向影响，即男性上行流动的概率可能要高于女性。相比年龄较小者，年龄较大的农民工一般拥有更强的工作能力与经验，获得职位

① Lin N，Ensel W M，Vaughn J C. Social resources and strength of ties: structural factors in occupational status attainment. American sociological review，1981（4）：393-405.

② 边燕杰. 社会网络与求职过程. 国外社会学，1999（4）：1-15.

③ 任锋，杜海峰. 社会资本对受雇就业农民工职业地位获得的作用. 西北人口，2012（3）：61-65.

上升者的比例可能较大。将年龄以出生年 1980 年为分界点，分为两类，1980 年之前赋值为"0"，为传统农民工，1980 年之后赋值为"1"，为新生代农民工，以传统农民工为参照组，假设年龄为负向影响。目前就业地分为省内、西北地区间、西北地区外三类，为虚拟变量。

变量的设置及影响方向见表 4-9。

表 4-9　变量描述

变量名称		变量属性	定义	影响方向
因变量	职位上行流动	二分类	水平流动=0，上行流动=1	
	职位上行流动度	二分类	上行流动一个层级=0，上行流动两个层级及以上=1	
人力资本	受教育程度	定序	小学及以下=1，初中=2，高中/中专=3，大专及以上=4	+
	打工前培训	二分类	否=0，是=1	+
	打工期间培训	二分类	否=0，是=1	+
	打工时间	定序	0～4 年=1，5～8 年=2，9～12 年=3，13～16 年=4，17～20 年=5，20 年以上=6	+
	更换工作次数	定距	计数变量	−
	首份工作技术类型	二分类	否=0，是=1	+
	健康状况	二分类	很差、较差=0，一般、好、很好=1	+
社会资本	获得首份工作渠道	虚拟变量	三类：血缘和地缘为主、业缘和友缘为主、其他	
	打工地可用社会资本	定序	（第一排名）×5+（第二排名）×3+（第三排名）×1	+
	家庭化迁移	定序	全家未搬迁=5−（父母+妻子+丈夫+子女+其他成员）全家已搬迁=5	+
个人背景	性别	二分类	女性=0，男性=1	+
	年龄	二分类	传统农民工=0，新生代农民工=1	−
	目前就业地	虚拟变量	三类：省内、西北地区间、西北地区外	

三、实证检验与分析

为了进一步探究人力资本和社会资本在西北地区农民工就业职位上行流动背后的作用机制及原因，分别以职位上行流动和职位上行流动度为因变量，以人力资本变量、社会资本变量及个人背景特征为自变量，建立职位上行流动（模型 1）和职位上行流动度（模型 2）两个基础模型，进行多元回归检验。

由于因变量为二分类变量，所以采用二项逻辑斯蒂回归（binary logistic

regression）①。这一方法是通过数学转换达到将因变量的概率函数用自变量线性来表达，通过对方程中各自变量优势比（odd ratio，OR）②的考察，确定在控制其他变量的情况下，某变量的一个单位变化对因变量原来发生比（odds）带来的变化，从而了解自变量对因变量的作用。

数据分析由三部分组成：①估计西北地区农民工总体就业职位上行流动的决定因素；②对于那些职业实现上行发展的农民工，估计影响其职位上行流动层级的决定因素；③分别对西北各省内就业（指各省省内就业总体）、西北地区间跨省就业及西北地区外跨省就业的农民工样本，估计职业上行流动及流动层级的影响作用。回归过程通过 SPSS 18.0 软件操作完成。由于在模型 1 总体样本的数据检验中，目前就业地按各省内、西北地区间及西北地区外的地区三分类，且以省内为参照组时，并不是所有变量都影响显著，但将目前就业地按西北地区内和西北地区外二分类时，该变量有显著的影响，因此，又对目前就业地为各省内（模型1.2）、西北地区间（模型1.3）、西北地区外（模型1.4）的数据分别进行了检验。在模型 2 总体样本的检验中，目前就业地为三分类且以各省内为参照组时，该变量影响均不显著，因此仅对全部样本进行了检验，结果如表 4-10 所示。

表 4-10　西北地区农民工就业职位上行流动机制二项 logistic 回归结果

变量	模型 1：职位上行流动								模型 2：职位上行流动度	
	模型 1.1 西北总体		模型 1.2 各省内		模型 1.3 西北地区间		模型 1.4 西北地区外			
	B （Sig）	exp （B）	B （Sig）	exp （B）	B （Sig）	exp （B）	B （Sig）	exp （B）	B （Sig）	exp （B）
受教育程度	0.075 （0.529）	1.078	−0.050 （0.728）	0.951	0.742 （0.242）	2.100	0.483 （0.095）	1.621	0.064 （0.797）	1.066
打工前培训	0.771 （0.001）	2.161	0.981 （0.000）	2.666	2.201 （0.031）	9.034	−0.139 （0.781）	0.871	−0.114 （0.785）	0.892
打工期间培训	0.867 （0.000）	2.380	1.092 （0.000）	2.980	1.000 （0.328）	20.718	0.553 （0.244）	1.739	0.443 （0.263）	1.558
打工时间	−0.048 （0.521）	0.953	−0.126 （0.185）	0.881	0.044 （0.880）	10.045	0.343 （0.056）	1.409	−0.058 （0.715）	0.943
更换工作次数	0.210 （0.000）	1.233	0.166 （0.020）	1.181	0.371 （0.152）	1.449	0.282 （0.015）	1.325	−0.111 （0.355）	0.895

① 在基于西北地区内与外的 1393 名农民工调查数据分析他们职业流动中的"去体力化"机制，为避免分类变量的处理过于细致而使得回归结果变得难以解释，使用最优尺度回归模型进行分析。通过建立包括人力资本和社会资本在内的统一研究框架分析发现，在农民工"去体力化"职业发展中，人力资本重要性总和平均水平达到 74.5%，其发挥的作用远大于社会资本的作用。

② 优势比用公式表示即：$OR = \dfrac{p(Y=j \,/\, X_1 = x_{12}) \,/\, p(Y=i \,/\, X_1 = x_{12})}{p(Y=j \,/\, X_1 = x_{11}) \,/\, p(Y=i \,/\, X_1 = x_{11})} = e^{\beta_j (x_{12} - x_{11})}, j \neq i$。式中 x_{11}、x_{12} 表示第 l 个自变量两个不同的取值。

变量		模型 1：职位上行流动								模型 2：职位上行流动度	
		模型 1.1 西北总体		模型 1.2 各省内		模型 1.3 西北地区间		模型 1.4 西北地区外			
		B（Sig）	exp（B）	B（Sig）	exp（B）	B（Sig）	exp（B）	B（Sig）	exp（B）	B（Sig）	exp（B）
首份工作技术类型		−1.644 （0.000）	0.193	−1.529 （0.000）	0.217	−5.198 （0.003）	0.006	−1.517 （0.013）	0.219	−2.206 （0.000）	0.110
健康状况		0.040 （0.923）	1.041	−0.360 （0.445）	0.698	0.966 （0.519）	2.627	20.127 （0.999）	5.5E8	0.480 （0.546）	1.616
获得首份工作渠道	其他	（0.135）		（0.410）		（0.556）		（0.558）		（0.034）	
	业缘和友缘为主	0.406 （0.046）	1.501	0.311 （0.221）	1.365	0.844 （0.382）	2.326	0.408 （0.360）	1.504	−1.063 （0.016）	0.345
	血缘和地缘为主	0.258 （0.314）	1.294	0.016 （0.959）	1.016	−0.029 （0.982）	0.972	0.590 （0.342）	1.804	−0.245 （0.658）	0.783
打工地可用社会资本		−0.035 （0.151）	0.966	−0.033 （0.279）	0.968	−1.530 （0.021）	0.216	−0.040 （0.441）	0.961	−0.024 （0.619）	0.976
家庭化迁移		0.183 （0.034）	1.201	0.207 （0.052）	1.230	0.448 （0.218）	1.565	0.078 （0.707）	1.081	−0.015 （0.928）	0.985
性别		−0.198 （0.351）	0.821	−0.639 （0.015）	0.528	2.502 （0.028）	12.207	0.412 （0.404）	1.511	1.049 （0.008）	2.854
年龄		−0.290 （0.223）	0.748	−0.624 （0.040）	0.536	0.682 （0.484）	1.979	0.395 （0.437）	1.484	−0.663 （0.155）	0.515
目前就业地	西北内外 （西北内为参照组）	−0.474 （0.027）	0.623								
	各省内（参照组）									（0.925）	
	西北地区间									0.086 （0.884）	1.090
	西北地区外									−0.145 （0.745）	0.865
常量		−1.058 （0.216）	0.347	0.213 （0.841）	1.238	−4.394 （0.169）	0.012	−23.890 （0.999）	0.000	1.896 （0.300）	6.660
−2 对数似然值		748.951		478.567		54.212		171.565		211.232	
Cox & Snell R 方		0.134		0.155		0.400		0.156		0.170	
Nagelkerke R 方		0.189		0.215		0.553		0.230		0.245	

人力资本中，受教育程度、健康状况、外出打工时间对目前就业地点不同的农民工没有显著影响，在模型1.1、模型1.2、模型1.3、模型1.4中影响均不显著。打工前及打工期间的培训和打工期间变换工作的次数在模型1中都有显著的正向影响，可见，打工培训和变换工作次数是促进西北地区农民工就业职位上行流动的重要影响因素，西北地区农民工通过打工培训和变换工作次数不断积累人力资本，获得职业能力提升，从而提高了职业上行流动的概率。从模型1.2、模型1.3、模型1.4之间参数的比较可以进一步看到，这三个因素的作用对省内就业的农民工群体更为显著，而在西北地区间就业的群体中，仅有打工前培训作用显著，在西北地区外的农民工群体中，仅有变换工作的次数作用显著，这一结果意味着，培训和职业经历积累的差异，可能会影响农民工在不同地区的就业能力的选择与获得。首份工作技术类型在模型1的四个模型中，都有显著的影响，表明这一因素对不同就业地区群体均有重要作用，不存在群体间影响差异，但该变量的影响方向和预期的研究假设方向相反，反映出首份工作为技术类型成为西北地区农民工就业职位上行流动的阻碍因素。

社会资本中，首份工作渠道和家庭化迁移指标的系数都为正值，且在西北地区总体样本中作用尤其显著，说明首份工作渠道和家庭强社会关系资本对西北地区农民工的职业上行流动有重要影响。数据显示，业缘和友缘型社会关系特征越明显，实现就业职位上行流动的概率越高，与其他类相比，首份工作通过业缘和友缘获得者的优势比为1.501，这也意味着业缘和友缘关系资本在农民工获得初始职位后对他们的就业职位上行流动仍在发挥一定的作用。而家庭化迁移优势比为1.201，说明在控制其他变量的影响下，西北地区农民工的五类家庭成员中（父母、妻子、丈夫、子女、其他成员），每增加一类成员迁入打工城市工作生活，农民工自身实现就业职位上行流动的概率提高到约1.2倍，这说明，家庭强社会关系中所蕴藏的责任义务以及对心理成本和生活成本的降低，为农民工的就业创造了有利条件，促进了该特征群体农民工就业职位的上行流动。打工地可用社会资本指标的系数都为负值，在目前西北地区内跨省就业的群体中作用尤其显著，优势比为0.216，说明在控制其他变量的影响下，打工地可用社会资本得分越高，实现就业职位上行流动的可能性越小，打工地可用社会资本每提高1分，实现职业上行流动可能性下降21.6%，表明弱社会关系资本在西北地区农民工职业流动中的作用逐渐凸显，意味着西北地区农民工突破传统内聚型社会资本关系，建立桥梁型社会资本的能力逐渐增强，并在职业上行流动中的作用越来越明显。

就个人背景特征来看，在各省内及西北地区间就业的农民工群体中，性别有显著影响，在其他地区影响不显著，但在省内是负向作用，在西北地区是正向作用。数据显示，与女性相比，男性在省内就业实现职位上行流动的优势比是0.523，即男性在西北各省内实现职业上行流动的可能性是女性的52.3%，在各省内女性职业上行流动的可能性大于男性；与女性相比，男性在西北地区间跨省就业职位上行流动的优势比是 12.207，即在西北地区间跨省流动中实现就业职位上行流动的可能性是女性的 12.207 倍，西北地区间男性就业职位上行流动的可能性高于女性。就二分类划分年龄来看，西北地区各省内新生代农民工与传统农民工职位上行流动的影响具有显著差异，且系数为负值，与传统农民工相比，新生代农民工的优势比为 0.536，意味着，传统农民工拥有更多的年长优势（如阅历及经验），比新生代农民工实现职业上行流动的可能性大。

从职位流动层级检验模型 2 来看，在职位获得上升流动的样本中，人力资本因素中仅有首份工作技术类型通过了显著性检验，系数为负值，而社会资本因素中仅有首份工作渠道通过了显著性检验，且对第一份工作获得渠道为业缘和友缘为主的社会资本作用尤其显著，系数为负值，个人背景因素中仅有性别通过了显著性检验，系数为正值。数据表明，首份工作为技术类型的农民工比非技术类型农民工实现两个层级流动的可能性小，优势比为 0.110，而第一份工作渠道为友缘和业缘关系资本的农民工与其他类相比实现更快向上流动的可能性小，优势比为0.345，意味着弱社会关系资本对职业上行流动的促进作用越来越明显。男性比女性实现职业上行流动两个层级的可能性更大，优势比为 2.854。

四、分析结论

实证分析结果表明，就西北地区农民工整体看，打工培训和工作变换积累的人力资本促进了就业职位的上行流动。对就业地在西北地区间的农民工，主要是打工前培训积累的人力资本发挥着显著有效作用，可能由于地理位置临近，所以就业信息的获取相对西北地区外容易，从而提高了就业前培训的有效性。对就业地在西北地区外的农民工，主要的人力资本效应是通过工作变换增加职业经历积累发挥作用的。在社会资本中，获得首份工作使用的社会关系在他们职业的上行流动中仍发挥着影响作用，尤其是业缘和友缘为主的社会关系；随家庭化迁移提高而产生的家庭强社会资本在打工地的不断积聚，同样可有效促进他们就业职位的上行流动；打工地可用社会资本为负向影响，与预设影响方向相反，表明农民工在打工地建立起桥梁型社会资本的能力在增强，在职业上行流动中的有效作用逐渐凸显，但社会资本在西北地区外就业的农民工中作用不显著，可能是因为这些地区与西北地区地域文化有较大差异及相对西北地区就业要支付较高的生活成本，从而弱化了家庭迁移对就业职位上行流动的效应。另外，在就业职位上行流动的影响中，性别对各省内、西北地区间及西北地区外就业的农民工作用各不相同：各省内女性比男性可能性高，西北地区间男性比女性可能性高，而西北地区外影响不显著。年龄的影响仅在就业地点为各省内的西北农民工那里作用显著，且为负向，表明在各省内传统农民工就业职位更容易获得上行流动，可能是因为年龄大者有家庭及孩子不愿意外出，更多地选择在省内就业，不愿意经常换工作、承担风险，反而容易积累职业能力，更能发挥阅历及经验等年长优势。另外，就业职位上升度的研究表明，男性、首份工作为非技术类型的西北地区农民工，更可能实现两个及两个以上层级的职位提升，且首份工作获得中使用的业缘和友缘为主社会关系，在职位大幅提升中仍有持续影响。

第三节　西北四省份农民工就业职位上行流动机制的实证分析

使用与第二节同样的理论依据、数据来源、分析变量与研究方法，对陕西、甘肃、青海、宁夏农民工就业职位上行流动机制进行实证分析，以便了解这一机制的省际差异。假设陕西、甘肃、青海、宁夏各省份之间人力资本和社会资本影响作用及路径有显著差异。为避免重复表述，下面直接给出实证检验结果与分析结论。考虑到新疆的样本数据偏少，这里不进行实证分析。

一、实证检验与分析

表 4-11 总结了西北各省份模型 1 和模型 2 的二项 logistic 回归结果，由于表中数据量较大，所以仅给出了通过 5%（或 10%）显著性水平检验的变量参数（详细结果见表 4-12 和表 4-13）。模型分析中，由于青海在模型 1 或模型 2 中样本量相对较少，为提高分析的准确性，首先对样本量较少的数据组进行单因素分析，再选取其人力资本、社会资本及个人背景变量中影响显著的变量进行多元回归分析。最终纳入回归分析的变量：模型 1 中，陕西、甘肃及宁夏为全部变量，青海有打工前培训、更换工作次数、获得首份工作渠道、家庭化迁移、性别、目前就业地 6 个变量（表 4-12）；模型 2 中，陕西、甘肃为全部变量，宁夏有打工期间培训、打工时间、性别 3 个变量，青海有更换工作次数、打工地可用社会资本、家庭化迁移 3 个变量（表 4-13）。

陕西、甘肃、宁夏、青海模型 1 中的 Cox&Snell R^2 和 Negelkerke R^2 依次为 0.064 和 0.120、0.125 和 0.205、0.288 和 0.577、0.317 和 0.634；模型 2 中，Cox&Snell R^2 和 Negelkerke R^2 依次为 0.170 和 0.245、0.505 和 0.675、0.544 和 0.728、0.434 和 0.6430。四个省份模型 1 及模型 2 的 Hosmer 和 Lemeshow 检验 $P>0.05$，接受 0 假设，说明模型 1 和模型 2 能很好地拟合四省份数据（表 4-11）。受教育程度、健康状况及打工地可用社会资本 3 个变量对四省份的职业上行流动均没有显著影响，模型 1 和模型 2 均未通过 5% 显著性水平检验。其他变量在不同省份模型 1

或模型 2 中有显著影响，各省份间影响有较大差异，具体如下。

表 4-11　西北四省份农民工就业职位上行流动机制二项 logistic 回归结果

变量	模型 1				模型 2			
	陕西	甘肃	宁夏	青海	陕西	甘肃	宁夏	青海
	B (exp(B))	B (exp（B）)	B (exp（B）)	B (exp(B))	B (exp（B）)	B (exp(B))	B (exp（B）)	B (exp(B))
受教育程度								
打工前培训（否）		1.596 (4.933)						
打工期间培训（否）	0.575* (1.777)							
打工时间						−2.564 (0.077)	0.823* (2.277)	
更换工作次数				1.086 (2.963)				
首份工作技术性（否）	−1.154 (0.315)	−1.640 (0.194)						
健康状况（较差）								
获首份工作渠道（其他）业缘和友缘为主		1.087* (2.966)	2.769* (15.940)		−6.244 (0.002)			
打工地可用社会资本								
家庭化迁移					−0.980* (0.375)			−1.609* (0.200)
性别（女）			−1.830 (0.160)		6.528 (684.066)		1.609* (5.000)	
年龄(传统农民工)						−6.208* (0.002)		
目前就业地（各省内）西北地区外			5.402 (221.784)		−5.079 (0.006)			
−2 对数似然值	274.827	121.315	25.694	22.687	33.817	15.896	4.444	6.730
Cox & Snell R²Nagelkerke R²	0.064 0.120	0.125 0.205	0.288 0.577	0.317 0.634	0.505 0.675	0.544 0.728	0.434 0.643	0.247 0.365
Hosmer 和 Lemeshow Sig（卡方值）	0.903 (3.445)	0.243 (10.317)	0.772 (4.861)	0.960 (2.528)	0.981 (2.013)	0.696 (4.703)	0.565 (3.896)	0.140 (4.161)

社会资本中，模型 1 中，首份工作渠道仅在甘肃和宁夏有显著正向影响，其他两个省份没有显著影响，且在宁夏比在甘肃的影响更大。数据显示，与其他类相比，首份工作获得通过业缘和友缘者的优势比，甘肃为 2.966，宁夏为 15.94，宁夏农民工获得就业职位上行流动的概率是甘肃的 5.37 倍，业缘和友缘关系资本在农民工获得初职后对农民工就业职位的上行流动的作用，宁夏远大于甘肃。模型 2 中，首份工作渠道仅在陕西有负向影响，与其他类相比，首份工作获得通过业缘和友缘者对之后其就业职位上行流动两个层级及以上的优势比为 0.002，就业职位大幅上行流动的可能性降低。家庭化迁移在陕西和青海有显著的负向影响，优势比依次为 0.375 和 0.2，表明家庭强社会关系的增强，对陕西和青海农民工就业职位大幅上行流动，有一定的抑制作用。

个人背景特征中，模型 1 中，性别对青海农民工有显著的负向影响。男性比女性实现就业职位上行流动的可能性更小，优势比为 0.160。目前就业地对宁夏有显著的正向影响，与在宁夏省内就业的农民工相比，在西北以外就业的宁夏农民工获得就业职位上行流动的可能性更大，优势比为 221.784，优势很大。个人背景特征在其他三个省份影响不显著。模型 2 中，性别影响与模型 1 相反，为正向影响，对陕西和宁夏影响显著，与女性相比，男性获得职位大幅提升的可能性更大，优势比依次为 684.066 和 5.000，且陕西比宁夏的作用更强。年龄对甘肃有显著的负向影响，与传统农民工相比，新生代农民工就业职位上行流动两个层级及以上的可能性更小，优势比为 0.002，意味着，甘肃传统农民工拥有的年长优势（如阅历及经验），在其就业职位大幅提升中更有效。目前就业地对陕西有显著的负向影响，与在陕西省内就业的农民工相比，在西北地区外地区就业的陕西农民工获得就业职位上行流动两个层级及以上的可能性更小，优势比为 0.006，迁移距离的反向效应明显。

表 4-12 西北四省份农民工就业职位上行流动机制（模型 1）二项 logistic 回归结果

变量	模型 1.1：陕西			模型 1.2：甘肃			模型 1.3：宁夏			模型 1.4：青海		
	B	Sig.	exp(B)	B	Sig.	exp(B)	Sig.	exp(B)	B	B	Sig.	exp(B)
受教育程度	0.095	0.663	1.100	−0.256	0.456	0.774	−0.127	0.892	0.880			
打工前培训	0.488	0.175	1.629	1.596	0.013	4.933	−0.688	0.659	0.503	−48.827	1.000	0.000
打工期间培训	0.575	0.112	1.777	0.772	0.208	2.164	2.035	0.408	7.651			
打工时间	−0.112	0.444	0.894	0.106	0.604	1.111	1.436	0.097	4.203			
更换工作次数	0.189	0.115	1.208	0.090	0.644	1.094	−0.344	0.532	0.709	1.086	0.029	2.963

续表

变量	模型1.1：陕西			模型1.2：甘肃			模型1.3：宁夏			模型1.4：青海		
	B	Sig.	exp(B)	B	Sig.	exp(B)	Sig.	exp(B)	B	B	Sig.	exp(B)
首份工作技术性	−1.154	0.013	0.315	−1.640	0.027	0.194	−49.297	1.000	0.000			
健康状况	0.430	0.693	1.537	0.533	0.651	1.705	2.397	0.427	10.989			
获得首份工作渠道												
其他		0.280			0.270		0.221				0.126	
业缘和友缘为主	0.242	0.515	1.273	1.087	0.106	2.966	2.769	0.107	15.940	1.839	0.216	6.289
血缘和地缘为主	0.674	0.111	1.961	0.811	0.356	2.250	0.648	0.780	1.911	−1.127	0.577	0.324
打工地可用社会资本	−0.069	0.120	0.933	−0.038	0.534	0.963	−0.124	0.441	0.883			
家庭化迁移	0.176	0.290	1.193	−0.010	0.965	0.990	−0.351	0.517	0.704	0.260	0.820	1.297
性别（女）	0.346	0.359	1.413	−0.060	0.927	0.942	−2.730	0.203	0.065	−1.830	0.054	0.160
年龄（传统农民工）	0.252	0.579	1.286	−0.209	0.757	0.811	3.191	0.355	24.317			
目前就业地												
各省内		0.229			0.379		0.084				0.790	
西北地区间	0.591	0.355	1.806	−0.815	0.223	0.443	5.358	0.152	212.255	−48.846	1.000	0.000
西北地区外	−0.512	0.194	0.599	0.252	0.667	1.286	5.402	0.034	221.784	0.834	0.492	2.302
常量	−2.408	0.167	0.090	−1.935	0.385	0.144	−7.797	0.393	0.000	−3.768	0.005	0.023
−2对数似然值	274.827			121.315			25.694			22.687		
Cox & Snell R^2	0.064			0.125			0.288			0.317		
Nagelkerke R^2	0.120			0.205			0.577			634		
Hosmer 和 Lemeshow	卡方值：3.445 Sig：0.903			卡方值：10.317 Sig：0.243			卡方值：4.861 Sig：0.772			卡方值：2.528 Sig：0.960		

表 4-13　西北四省份农民工就业职位上行流动机制（模型 2）二项 logistic 回归结果

变量	模型 2.1：陕西			模型 2.2：甘肃			模型 2.3：宁夏			模型 2.4：青海		
	B	Sig.	Exp（B）	B	Sig.	Exp（B）	B	Sig.	Exp（B）	B	Sig.	Exp（B）
受教育程度	1.871	0.199	6.492	−1.429	0.506	0.240						
打工前培训	0.179	0.890	1.196	5.982	.217	396.224						
打工期间培训	−0.782	0.479	0.457	−1.112	0.769	0.329	−0.680	0.796	0.507			
打工时间	−0.196	0.650	0.822	−2.564	0.096	0.077	0.823	0.405	2.277			
更换工作次数	1.056	0.112	2.875	−1.889	0.192	0.151				20.485	0.999	7.877E8
首份工作技术性	−2.518	0.123	0.081	−58.188	1.000	0.000						
健康状况	16.399	1.000	13240838.215	35.784	1.000	3.473E15						
获得首份工作渠道												
其他		0.041			0.382							
业缘和友缘为主	−6.244	0.012	0.002	5.991	0.180	399.729						
血缘和地缘为主	−1.002	0.533	0.367	7.561	0.346	1921.161						
打工地可用社会资本	−0.039	0.833	0.962	−0.309	0.343	0.734				−9.789	0.998	0.000
家庭化迁移	−0.980	0.100	0.375	−1.397	0.385	0.247				−1.609	0.068	0.200
性别	6.528	0.024	684.066	7.421	0.118	1671.441	1.609	0.368	5.000			
年龄	−0.834	0.550	0.434	−6.208	0.089	0.002						
目前就业地												
各省内		0.175			0.289							
西北地区间	−0.058	0.973	0.944	−9.966	0.161	0.000						
西北地区外	−5.079	0.062	0.006	3.634	0.197	37.857						
常量	−18.662	1.000	0.000	−16.271	1.000	0.000	18.735	1.000	1.369E8	3.219	0.500	25.000
−2 对数似然值	33.817			15.896			4.444			6.730		
Cox & Snell R²	0.505			0.544			0.434			0.247		
Nagelkerke R²	0.675			0.728			0.643			0.365		
Hosmer 和 Lemeshow	卡方值：2.013 Sig：0.981			卡方值：4.703 Sig：0.696			卡方值：3.896 Sig：0.565			卡方值：4.161 Sig：0.140		

二、分析结论

西北四省份人力资本的作用及路径有显著差异。陕西主要是打工期间培训积累的人力资本发挥着显著有效作用，甘肃主要是打工前培训积累的人力资本发挥着显著有效作用，青海主要是工作变换积累的人力资本发挥着显著有效作用。人力资本效应对西北四省份职业大幅上行流动几乎没有影响。打工时间在陕西和宁夏有一定作用，但发挥的作用相反，打工时间越长，陕西农民工获得上行流动两个层级及以上可能性越小，而宁夏农民工获得上行流动两个层级及以上可能越大。首份工作技术类型为负向影响，与预期的假设相反，特别是对陕西和甘肃农民工就业职位的上行流动作用更显著。人力资本中受教育程度和健康状况对四省份农民工的职业上行流动均没有显著影响。

社会资本的作用及路径在西北四省份间有明显差异。甘肃和宁夏社会资本效应主要来自首份工作的渠道，且宁夏比甘肃作用更强；陕西和青海社会资本在其职位上行流动中发挥作用有限，但在职位大幅提升中作用较大。研究发现，强社会资本似乎对陕西和青海两省农民工就业职位的大幅提升有一定的抑制作用，其他两省份作用不显著。首份工作渠道对陕西影响显著，家庭化迁移对陕西和青海影响显著，陕西比青海社会资本影响的路径更多元，陕西比青海弱社会资本在农民工就业职位上行流动两个层级及以上发挥的作用更大。打工地可用社会资本对西北四省份农民工的职业上行流动均没有显著影响。

个人背景特征对西北四省份农民工的影响作用及路径同样有显著差异。陕西主要受性别和目前就业地的影响，其作用发挥主要表现在就业职位的大幅提升上，男性比女性、省内就业比在西北地区外就业更容易实现上行流动两个层级及以上；甘肃主要受年龄的影响作用，其作用发挥也表现在职位大幅提升上，甘肃传统农民工比新生代农民工更容易实现就业职位上行流动两个层级及以上；宁夏主要受性别和目前就业地的影响作用，但两者作用与陕西不同，宁夏农民工西北地区外就业比省内就业更容易实现职位上行流动，但在职位大幅提升中影响不显著，性别作用虽与陕西一致，但强度较陕西弱；青海主要受性别的影响作用，但与陕西和宁夏不同，为负向影响，表现出女性比男性更容易实现就业职位的上行流动，但在就业职位的大幅提升中影响不显著。

第五章 西北地区农民工的市民化机制

城市化作为现代化的空间表征，是工业化发展的必然结果。工业化进程将农村剩余劳动力源源不断地吸纳到了城镇非农就业岗位，2004 年我国"民工荒"的出现，标志着这一过程的基本完成，这样，生活方式市民化自然地成为农民工问题下一步的中心议题[①]。成为我国城市化与现代化进程中面临的主要问题。

从根本上改变农民工身份，真正成为城里人，是我国大多数农民工的真实梦想。目前全国新生代外出农民工有 1 亿多人，占所有外出打工人数的 60%以上。随着第一代农民工的衰老、返乡，农民工将最终完全由新生代农民工构成。相较传统农民工，新生代农民工具有受教育程度高、追求物质与精神享受、缺乏务农经验等特点，"寻求发展"是其主要动机，"成为城里人"是其主要目标[②]。农民工特别是新生代农民工能不能市民化，不仅事关城市经济能否稳定发展，还事关非农就业劳动力质量的提高与全球化竞争格局下我国产业结构升级、国家经济增长方式转变、现代化实现速度等问题，更事关农民工的人格尊严、家庭幸福、城乡和谐社会建设等问题。可见，推进农民工特别是新生代农民工市民化是我国现阶段的迫切任务。

相较农民工向城镇的就业转移，我国农民工的市民化进程处于明显的滞后状态，据国务院发展研究中心 2007 年对劳务输出县 301 个村的调查，改革开放以来，因外出就业累计实现迁移定居的农民工，只相当于目前外出就业农民工的 1.7%[③]。或者说，"只有少数运气特别好、有特殊技能的农民工可以在城市获得较为稳定的就业和较高的收入，从而可以在城市完成劳动力再生产，体面而有尊严地生活下来"[④]。而如本章第一节的数据所表明，来源于我国西北地区农民工的市民化进程相对更加滞后。

按常理，在城乡制度环境基本不变的情况下，农民工只要拥有的人力资本或就业能力足够高，他们实现就业职位上行流动进入的等级越高，越有条件实现家庭成员的携迁与市民化。但有学者发现，只有面临制度合法性压力越大的

---

① 王兴周, 张文宏. 城市性: 农民工市民化的新方向. 社会科学战线, 2008 (12): 173-179.

② 唐若兰. 新生代农民工市民化与统筹城乡发展. 财经科学, 2010 (10): 96-102.

③ 徐增阳, 古琴. 农民工市民化: 政府责任与公共服务创新. 华南师范大学学报 (社会科学版), 2010 (1): 5-9.

④ 贺雪峰, 董磊明. 农民外出务工的逻辑与中国的城市化道路. 中国农村观察, 2009 (2): 12-18.

农民工，才越愿意把户口迁移到打工城市。那些在没有城市户口时已得到较高收入且适应和熟悉了城市生活的农民工，选择永久性迁移户口的愿望反而相对较低[①]。可见，我国农民工市民化的机制是怎样的？仍是一个需要进行实证分析的问题。我国西北地区农民工的市民化机制如何？同样是一个需要加以实证分析的问题。

第一节　西北地区农民工市民化进程的基本状况

一、对农民工市民化进程的理论划分

农民工的市民化进程可分为相互交织的两个过程。①农民工及其家庭人口城市化，表现是：农民工及其家庭人口的日常性居住、工作与生活空间由乡村转变为城市。在这一过程中，农民工的工作生活状态经历了由个人打工模式向家庭迁移模式的转变。从整个社会看，这一过程，实际上是农村劳动力与农村人口由现代社会空间的边缘位置向中心位置迁移配置的过程，是传统社会转变为现代社会的过程，也是国家产业现代化的过程与社会生活城市化的过程。从个人来看，它是农民工个人由经济、社会生活的边缘走向中心，由物质化的生产工具转变成自由的人的过程。②农民工及其家庭人口的市民化，表现是：农民工在城市获得稳定的非农职业，拥有作为公民的市民权利，采取市民人口的生活方式，接受并实践城市生活价值与规则，认同自己的市民身份等。这一过程是他们融入城市的过程，包括实现经济融入、社会融入、文化融入、心理认同与政治融入的过程。其中，生活方式市民化是市民化的核心，经济融入与社会融入是市民化的物质表现与实体内容，文化融入与心理认同是市民化的精神表现，政治融入是市民化的制度保证。

上述两个过程的关系是：人口城市化是前提与条件，没有人口的城市化，就不可能有人口的城市融入与市民化；人口的市民化是目的与结果，不能完成市民化的人口，即使城市化了，也没有实质性意义。

虽然从理论上讲，农民工日常居住、工作和生活的空间即使处于乡村地带与环境，他们同样可以采取市民的生活方式，甚至过上比市民更优质更现代的城市生活，实现却并不如此，原因是，在空间上，大多数农民成为生活方式革新者的困难的根源，就在于他们所处的"传统的村庄社会"。在这样的传统空间里，"一切传统的影响和整个社会体系都阻止他们成为革新者"[②]。而一旦他们离开了生活

---

① 王进. "农民工"永久迁移意愿研究. 社会学研究，2007（6）：86-112.

② 孟德拉斯. 农民的终结. 李培林，译. 北京：社会科学文献出版社，2005：37-40.

多年的土地，去接触一种全新的生产方式和生活方式，他们的价值观念就会逐渐发生变化，从而促进了现代性的成长①。农民工及其家庭成员向城市的迁移，在本质上是其生产活动和生活消费活动在空间上的重组与优化，这是农民工市民化进程最直观的表现之一，是农民工非农民化进程中最重要的转折点，也是农民工及其家庭成员融入城市或市民化的起点与基础，这一进程会直接对农民工的经济融入、社会融入、文化融入和心理认同产生推动与支持作用。

所以，对农民工及其家庭成员市民化进程的分析，必须同时对其城市化进程与城市融入进程两个阶段或部分进行分析，这一分析的首要环节，是给出两阶段的进程划分或进程构成。

对于农民工及其家庭人口的城市化进程，学者给出的主要划分有以下几种。李强依据在外农民工与部分家庭成员居住生活的空间关系，将农民工的家庭外出模式分为单身子女外出型、兄弟姐妹外出型、夫妻分居型、夫妻子女分居型、全家外出型等五种基本模式②。洪小良依据农民工的婚姻与携眷状况，将其家庭外出模式分为单人未婚、单人已婚、单人离异/丧偶、夫妇二人、夫妇携子女、夫妇携父母子女、被访者（夫妇）携包括姻亲在内的兄弟姐妹、未婚被访者携父母、其他等9种模式③。张文娟依据外出农民工与配偶、子女、父母、兄弟姐妹等家庭成员的居住关系，将农民工的家庭外出模式分为16种④。三位学者的划分为认识这一问题提供了基本的逻辑起点，但均不能满足本书分析的需要。李强划分的特点是主要迁移者或携迁者处于隐匿状态，不利于对农民工迁移由个人化迁移向家庭化迁移转变进行动态分析；洪小良与张文娟的划分不仅存在平行迁移与梯度迁移并列的逻辑问题，还存在划分的迁移模式过多，不便于进行实证分析的不足。

如何对农民工及其家庭成员的迁移进行科学与合理的划分呢？所谓科学，就是划分应当充分反映农民工及其家庭成员迁移的进程规律。在农民工的迁移中，尽管也存在迁移起始全家所有成员一同迁移的情况，但这只是个案，大多数农民工及其家庭人口迁移的常态是：一人先行迁移，积累条件使家庭成员逐步团聚，进而在"个人迁移—家庭成员迁移"的相互支持与互动中推进迁移，最终完成全部家庭成员的迁移。这实际上是一种渐进性、间断性的向上"梯次迁移"进程。所谓合理，就是这种划分在反映农民工及其家庭成员迁移进程规律的同时，还必须方便后续实证分析的需要，不能过于复杂。在农民工及其家庭成员的"梯次迁移"进程中，实际上存在两种迁移发展，即隐性迁移发展与显性迁移发展，前者表现为迁移间断，是农民工进行携迁前的条件积累或建设，后者表现为农民工对家庭成员的携迁进行，是

---

① 帕克等. 城市社会学. 宋俊岭等, 译. 北京: 华夏出版社, 1987: 265.
② 李强. 关于"农民工"家庭模式问题的研究. 浙江学刊, 1996（1）: 77-81.
③ 洪小良. 城市农民工的家庭迁移行为及影响因素研究——以北京市为例. 中国人口科学, 2007（6）: 42-50.
④ 张文娟. 流动人口的家庭结构——以北京市为例. 北京行政学院学报, 2009（6）: 88-92.

携迁条件的能量释放。如果在携迁进程分析中同时考虑这两种情况，无疑会使划分变得复杂。基于这两点考虑，下面给出了表 5-1 的迁移阶段划分。

表 5-1　农民工及其家庭成员的迁移阶段划分

迁移进程：个人→夫妻（或兄弟姐妹）→夫妻+子女→夫妻+父母或夫妻+子女+父母

个人	夫妻（或兄弟姐妹）	夫妻+子女	夫妻+父母或夫妻+子女+父母
0	1	2	3

在表 5-1 中，农民工梯次携迁家庭成员的进程被分为第 1 梯级、第 2 梯级、第 3 梯级，分别用 1、2、3 来表示，0 表示未发生梯级迁移时的状况。这一划分，直接依据农民工迁移进程规律做出，具有较高的科学性。该划分仅包含四个阶段，其中三个阶段反映梯次携迁发展进程，未涉及农民工的隐性迁移发展，便于后续的实证分析。

对于农民工及其家庭成员的市民化或城市融入进程所包含的内容，杨菊花认为，农民工对目的地主流社会的融入，包括经济整合、文化接纳、行为适应、身份认同四个方面[①]。金崇芳认为，农民工的城市融入主要包括经济融入、社会融入和文化融入三个层面[②]。李培林和田丰将农民工的这种融入划分为经济层次融入、社会层次融入、心理层次接纳、身份层次认同等四个层次[③]。几位学者都注意到了农民工城市融入各阶段存在的递进关系，同时，可能是因为在给定城乡二元体制下分析这一问题，他们都没有将农民工及其家庭成员的政治融入或取得市民户口纳入其中。他们划分的区别只是具体内容的项目构成差异，杨菊花没有将社会融入纳入，金崇芳没有将身份认同纳入，李培林和田丰没有将文化融入纳入。另外，在城市融入的同一项目下的具体内容也存在差别。

如前所述，生活方式的市民化是农村人口转变为市民人口的本质与核心。在给定体制环境的条件下，生活方式市民化，就是农村人口对城市的经济融入、社会融合、文化接纳、身份认同四个方面的统一。经济融入主要包括拥有能够支持家庭成员在城市长久生活的稳定的非农职业与非农收入，拥有最基本的住房条件、子女能够接受正规的基础教育、获得医疗等基本的社会保障条件等。社会融合包括本地语言掌握程度、是否建立起了以业缘关系为主体的社会关系网络、是否加入了迁入地的正规社会组织等。文化接纳包括熟悉本地风俗习惯的程度、接受本

---

① 杨菊花. 从隔离、选择融入到融合：流动人口社会融入问题的理论思考. 人口研究，2009（1）：17-29.

② 金崇芳. 农民工人力资本与城市融入的实证分析——以陕西籍农民工为例. 资源科学，2011（11）：2131-2137.

③ 李培林，田丰. 中国农民工社会融入的代际比较. 社会，2012（5）：1-24.

地价值观的程度、遵守城市行为规则的意愿强弱等。身份认同主要是对自己市民身份的认同程度及对职业、住房、生活的满意度等。在农民工城市融入的四个方面中，经济融入是基础，是最为重要的方面，绝大多数农民工携家庭成员迁移面临的主要障碍是物质层次上的住房、收入、子女受教育、医疗等现实问题。社会融合、文化接纳与身份认同三个方面，归根到底由经济融入决定。另外，作为对农民工市民化或城市融入的实证分析，必须以所获数据的可靠性为条件，相对而言，农民工在城市的经济融入与社会融合数据更客观一些。基于这种考虑，本章对农民工及其家庭成员的城市融入仅涉及经济融入与社会融合，其中社会融合仅涉及其社会关系状况。

这样，本章对西北地区农民工及其家庭成员市民化问题的分析，就主要聚焦在了西北地区的携眷迁移与主要由经济融入构成的事实性城市融入方面。

二、西北地区农民工携眷迁移进程的基本状况

（一）西北地区农民工的携眷迁移进程尚处于初期阶段

西北地区农民工的携眷迁移进程处于初期阶段，总体相对滞后，但省内迁移者群体的携眷迁移进程略快于跨省迁移者群体的携眷迁移进程。

将农民工的携眷迁移进程分为三个阶段，总携眷迁移率≤35%为初期阶段，35%＜总携眷迁移率＜70%为中期阶段，总携眷迁移率≥70%为后期阶段。然后据此判断，可得出以下结论。

（1）我国西北地区农民工的携眷迁移进程尚处于初期阶段，相对滞后。西北地区全体农民工群体、跨省迁移者群体的总携眷迁移率分别为33.8%、30.8%，在两个农民工群体中，未进入携眷迁移进程的农民工占本群体农民工数的比例分别为66.2%、69.2%。将表5-2与表5-3对照发现，西北地区外农民工已经进入携眷迁移的中期阶段，西北地区外全体农民工群体、跨省迁移者群体的总携眷迁移率分别为48.7%、45.5%，分别比西北地区这两个指标高出14.9个与14.7个百分点，另外，西北地区外跨省迁移者群体的总携眷迁移率达到51.4%，比西北地区这一指标高15.8个百分点，这直接说明，西北地区农民工的携眷迁移进程具有相对滞后性[①]。

---

① 根据2013年全国农民工监测调查报告，2013年举家外出农民工占外出农民工的21.22%，而在假定核心家庭为已婚农民工的基本家庭形式时，根据表5-2与表5-3的数据计算可知，西北地区与西北地区外农民工举家迁移的比例分别为11.8%与17.2%，相对全国水平都处于滞后迁移状态。但这一结论的可靠性是存疑的，原因是无法确定在全国统计数据中，有多大比例的家庭仅有夫妻两个成员。http：//www.stats.gov.cn/tjsj/zxfb/201405/t20140512_551585.html.

表 5-2　西北地区农民工携眷迁移进程　　　　（单位：%）

类别	0	1	2	3	总携眷迁移率
省内迁移者	64.4	23.2	7.9	4.5	35.6
跨省迁移者	69.2	20.0	8.8	2.0	30.8
全部迁移者	66.2	22.0	8.2	3.6	33.8

数据来源：同表 4-1。

注：1. 总携眷迁移率=本迁移群体中的农民工携眷人数/本迁移群体的农民工人数；

　　2. 全部样本数 803，省内样本数 508，跨省样本数 295。

（2）相较跨省迁移者群体，省内迁移者群体的携眷迁移进程略快。从表 5-2 可看出，跨省迁移省的总携眷迁移率比省内迁移者高 4.8 个百分点，省内迁移者进入 1 级携迁进程的比例比跨省迁移者高 3.2 个百分点，省内迁移者进入 3 级携迁进程的比例比跨省迁移者高 2.5 个百分点。

表 5-3　西北地区外农民工携眷迁移进程　　　　（单位：%）

类别	0	1	2	3	总携眷迁移率
省内迁移者	48.6	30.8	12.6	8.0	51.4
跨省迁移者	54.5	32.2	7.9	5.4	45.5
全部迁移者	51.3	31.5	10.4	6.8	48.7

数据来源：同表 4-10。

注：全部样本数 807，省内样本数 438，跨省样本数 369。

（二）西北地区农民工的携眷迁移进程具有梯次递减推进的特征

携眷迁移是梯次进行的，即依次进入 1 级、2 级、3 级迁移进程，总以前一层级为基础向后一层级推进。①在这一推进过程中，梯次推进是递减进行的。根据表 5-2 的数据计算得知，作为最低携眷迁移进程层级的 1 级占全部携眷迁移总量的 65.1%，作为次级携眷迁移进程层级的 2 级占全部携眷迁移总量的 24.3%，作为最高携眷迁移进程层级的 3 级仅占全部携眷迁移总量的 10.6%。这表明西北地区农民工携眷迁移梯次推进呈现递减特征。需要说明的是，在携眷迁移的三个进程中，越是处于低层级，其作为人口城市化的程度就越低，而越是处于高层级，其作为人口城市化的程度就越高。在携眷迁移第 1 层级上，夫妻或兄弟姐妹的携同迁移，通常是半人口城市化半劳动力非农就业化的统一；在携眷迁移的第 2 层级上，夫妻携迁的子女，往往部分在公办学校就学，部分在农民工子女学校就学，多处于半城市化状态；作为携眷迁移的第 3 层级，夫妻携迁父母或夫妻携迁子女且携迁父母，大多数只是一种人口迁移而非劳动力迁移。可见，西北地区农民工携眷迁移中的梯次递减特征，实际上大于数据所表示的程度。②农民工的携眷迁移的梯次递减进程是非平衡的。比较省内迁移农民工群体与跨省迁移农民工群体的梯次携眷迁移，可发现，两个群体实现第 1 层级携眷迁移的比例是非常接近的，前者为 65.2%，后者为 64.9%，但在后两个携眷迁移层级上，两个群体之间出现了较大差距，在第 2 层级，前者比后者低 6.4 个百分点，在第 3 层级，后者比前者高 6.2 个百分点，即西北地区的跨省迁移农民工，会更多地携子女迁移，更少地携父母迁移，而西北地区的省内迁移农民工，会更多地携父母迁移，较少地携子女迁移，呈现出梯次递减携迁的不均衡性。

（三）西北地区农民工携眷迁移进程呈现以近似同步性为主兼有异步性的格局

　　陕西、甘肃、青海三省的农民工的携眷迁移进程在空间上呈现出同步性（表 5-4），其表现是，三省的总携眷迁移率均与西北地区农民工的总携眷迁移率 33.8% 较为接近，分别为 32.4%、34.2%、30.9%，同时，三省农民工进入第 1 层级携眷迁移的比例也与西北地区农民工进入第 1 层级携眷迁移的比例接近，分别为 24.0%、20.4%、18.5%。三省农民工携眷迁移进程的同步性是近似的或是有差距的，一是三省进入第 2 层级携眷迁移的比例之间有明显差距，其中陕西较青海低 4.3 个百分点，甘肃较青海低 3.3 个百分点；二是进入第 3 层级携眷迁移的比例之间有明显差距，其中青海较甘肃低 4.7 个百分点，陕西较青海低 4.4 个百分点。

表 5-4　西北地区五省份农民工携眷迁移进程　　（单位：%）

地区	0	1	2	3	总携眷迁移率
陕西	67.6	24.0	5.6	2.8	32.4
甘肃	65.8	20.4	6.6	7.2	34.2
青海	69.1	18.5	9.9	2.5	30.9
宁夏	58.7	16.5	22.4	2.4	41.3
新疆	72.0	12.0	12.0	4.0	28.0

数据来源：同表 4-1。

注：全部样本数 872，陕西 500，甘肃 181，青海 81，宁夏 85，新疆 25。

　　在农民工携眷迁移进程上，宁夏、新疆与陕西、甘肃、青海相比较及在两个省份相互之间，同时呈现出明显的异步性。在总携眷迁移率方面，陕西等三省的总携眷迁移率与西北地区平均值接近，宁夏、新疆的总携眷迁移率与西北地区平均水平均有较大差距，宁夏比西北地区平均值高 7.5 个百分点，新疆比西北地区平均值低 5.8 个百分点，宁夏与新疆之间的差距更大，新疆比宁夏低 13.3 个百分点。另外，宁夏、新疆两省份进入第 1 层级与第 2 层级携眷迁移的比例与陕西等省有较大差距，宁夏进入第 1 层级携眷迁移的比例分别比陕西、甘肃低 7.5 个、3.9 个百分点，进入第 2 层级携眷迁移的比例分别比陕西、甘肃、青海高 16.8 个、15.8 个、12.5 个百分点；新疆进入第 1 层级携眷迁移的比例分别比陕西、甘肃、青海低 12.0 个、8.4 个、6.5 个百分点，进入第 2 层级携眷迁移的比例分别比陕西、甘肃高 6.4 个、5.4 个百分点。

如第三章所述，陕西与甘肃是西北地区农民工迁移最主要的省份，也是净迁出省份，青海、宁夏、新疆三省份农民工的迁移规模相对较小，同时还是净迁入省份，据此可以认为，西北地区农民工携眷迁移进程的空间特征，实际上具有以近似同步性为主，兼有异步性进程的特点。

（四）西北地区农民工的携眷迁移进程呈现出女胜于男的特征

在西北地区农民工的携眷迁移进程中，女性胜于男性的表现非常明显。①与男性相比，在全体农民工群体中，女性农民工的总携眷迁移率、进入第 1 层级与第 2 层级携眷迁移进程的比例均明显高于男性农民工。根据表 5-5 的数据计算，在总携眷迁移率、进入第 1 层级携眷迁移进程的比例、进入第 2 层级携眷迁移进程的比例三个指标上，女性农民工分别比男性农民工高 11.2 个、7.1 个、4.4 个百分点。②从省内迁移群体与跨省迁移群体两个群体的比较看，在离家乡距离较远的跨省迁移中，女性农民工携眷迁移优势更为突出。在省内迁移群体中，女性农民工的总携眷迁移率、进入第 1 层级携眷迁移进程的比例、进入第 2 层级携眷迁移进程的比例，分别比男性农民工高 5.0 个、2.4 个、2.9 个百分点；在跨省迁移群体中，分别高出 24.7 个、16.7 个、8.8 个百分点。后者比前者高许多，充分表明在跨省迁移中，女性有着更突出的携眷迁移效果。③西北地区内与西北地区外相比较，西北地区内男性农民工的携眷迁移率与西北地区外男性农民工的携眷迁移率的差距较大，而西北地区内女性农民工的携眷迁移率与西北地区外女性农民工的携眷迁移率的差距相对较小，省内迁移、跨省迁移、全部人员三个序列中，两个区域男性农民工的携眷迁移率差距分别为 -17.4 个、-15.7 个、-16.4 个百分点，女性农民工的携眷迁移率差距分别为 -11.0 个、-9.0 个、-12.1 个百分点，直观地表明了这点。从反映性别间比较携迁效果的指标—（—携眷迁移比例/性别比例—）—来看，在三个迁移群体中，西北地区女性农民工这一指标值分别为 1.1、1.61、1.43，不仅均在较大幅度上高于西北地区男性农民工的 0.96、0.81、0.87，也均明显高于西北地区外女性农民工的 0.98、1.36、1.21，这表明，西北地区女性农民工在携眷迁移上同时具有相对本地区男性农民工与外地区女性农民工的比较优势。

　　不可否认的是，在农民工携眷迁移的最高层级，即第 3 层级携眷迁移进程上，西北地区女性农民工的携眷迁移比例均低于男性农民工，特别是在跨省迁移群体中，两者相差较多。但要看到的是，在三个迁移群体中，女性农民工的携眷迁移比例仅分别比男性农民工低 0.3 个、0.8 个、0.3 个百分点，差距很小，因此，这一地区女性农民工携眷迁移进程效果胜于男性农民工的结论是成立的。

表 5-5　西北地区与西北地区外农民工携眷迁移的性别差异　　（单位：%）

类别		0		1		2		3		总携眷迁移率		携眷迁移比例/性别比例	
		西北	西北外	西北	西北外	西北	西北外	西北	西北外	西北	西北外	西北	西北外
省内迁移	男	65.7	48.3	22.6	31.9	7.1	13.2	4.6	6.6	34.3	51.7	0.96	1.01
	女	60.7	49.7	25.0	28.2	10.0	11.4	4.3	10.7	39.3	50.3	1.10	0.98
跨省迁移	男	75.4	59.7	15.7	28.4	6.7	7.7	2.2	4.2	24.6	40.3	0.81	0.85
	女	50.7	41.7	32.4	41.7	15.5	8.3	1.4	8.3	49.3	58.3	1.61	1.36
全部人员	男	69.6	53.2	19.7	30.1	6.9	11.1	3.8	5.6	30.4	46.8	0.87	0.92
	女	58.4	46.3	26.8	34.2	11.3	10.3	3.5	9.2	41.6	53.7	1.43	1.21

　　数据来源：同表 4-1。

　　注：1. 携眷迁移比例/性别比例为同性别农民工实现三个等级携眷迁移数占全部携眷迁移农民工数的比例与同性别农民工数占该地区全部迁移农民工数的比例之比；

　　　　2. 西北地区样本数 872，西北地区外样本数 867。

三、西北地区农民工城市融入的进度水平

　　尽管本节第一部分曾经指出，农民工的城市融入反映在经济融入等四种融入的许多二级指标上，但考虑到本节的分析仅在于勾画西北地区农民工城市融入的大体框架，只涉及主要特点，因此本节仅通过前述部分二级指标进行论述。

（一）西北地区迁移农民工在就业方面总体处于半融入状态

　　根据所反映的就业稳定性与就业质量，可将表 5-6 所列农民工的 7 种就业状态归为三类，长期劳动合同与自我雇用为一类，反映了农民工在城市就业的完全融入状态；短期劳动合同为一类，反映了农民工在城市就业的半融入状态；无劳动合同与临时工为一类，反映了农民工在城市就业的未融入状态。无酬家庭劳动与其他不能有效反映农民工在城市就业的融入状态，可不分析。

　　表 5-6 罗列了处于携眷迁移进程中的农民工的就业状况，从中可看出以下内容。①在所有进入携眷迁移进程的西北农民工群体中，农民工在城市处于就业完全融入状态、半融入状态、未融入状态的比例分别为 36.1%、31.7%、32.2%，在时间序列

中，这三种就业呈基本平均状态，是携眷迁移进程中农民工就业处于半融入状态的直接反映。②虽然西北地区农民工就业完全融入比例的上升与就业未融入比例的下降具有不彻底性，但毕竟呈现出了这种趋势。从表5-6第8列与第9列可看出，随着农民工携眷迁移进程由第0层级先后进入第1层级与第2层级，其就业完全融入的比例由18.7%先上升到了31.2%，后又上升到了47.2%；其就业未融入的比例由44.4%先下降到了36.0%，又下降到了22.9%。造成前者上升的原因主要是随着携眷迁移层级上升，农民工通过创业自我雇佣比例的不断上升；造成后者下降的原因，主要是在这一进程中作为临时工的迁移农民工比例的不断下降。一升一降，均反映了农民工在城市就业条件的改善与融入程度的加深。③与西北地区外相比较，在就业的城市融入上，携眷迁移进程中的西北地区农民工仅有很小的滞后。两个区域农民工的就业完全融入比例持平，只是在就业半融入比例上，西北地区携眷农民工比西北地区外携眷农民工低4.1个百分点，在就业未融入比例上，前者比后者高4.1个百分点。另外，随着农民工携眷迁移层级的提升，西北地区外携眷农民工就业完全融入比例的上升与就业未融入比例的下降是彻底的，这在表5-6第8列与第9列显示得是非常清楚的，西北地区携眷农民工在这方面存在不足。

表5-6　西北地区与西北地区外携眷迁移进程不同农民工的就业状况比较（单位：%）

携眷迁移进程		1	2	3	4	5	1+4	3+5
0	西北	12.6	36.9	22.3	6.1	22.1	18.7	44.4
	西北外	16.3	40.6	17.2	7.5	18.4	23.8	35.6
1	西北	15.3	32.8	15.9	15.9	20.1	31.2	36.0
	西北外	18.5	38.0	16.6	14.4	12.5	32.9	29.1
2	西北	14.3	29.9	8.6	32.9	14.3	47.2	22.9
	西北外	14.9	27.7	14.9	25.5	17.0	40.4	31.9
3	西北	12.5	28.2	15.6	28.1	15.6	40.6	31.2
	西北外	29.3	38.0	8.6	15.5	8.6	44.8	17.2
携眷	西北	14.8	31.7	14.1	21.3	18.1	36.1	32.2
	西北外	19.1	35.8	15.1	17.0	13.0	36.1	28.1
A	西北	13.3	35.1	19.6	11.2	20.8	24.5	40.4
	西北外	17.7	38.2	16.6	12.2	15.7	29.9	31.9

数据来源：同表4-1。

注：1. 表中横栏表示就业状态，其中1为长期劳动合同，2为短期劳动合同，3为无劳动合同，4为自我雇用，5为临时工；

2. 表中纵栏表示携眷程度，0，1，2，3表示携眷迁移第0、第1、第2、第3梯级（具体含义见表5-1），"携眷"指前三梯级加总的携眷总量，"A"同类就业人数/总迁移人数；

3. 西北地区样本数869，西北地区外样本数864。

　　将表 5-6 第 6 列与第 7 列西北地区、西北地区外的携眷数据与 A 值相除,可得出携眷迁移农民工相对同类就业农民工的城市就业融入相对数。计算得知,就业完全融入相对数,西北地区为 1.47,西北地区外为 1.21;就业未融入相对数,两地区分别为 0.8 与 0.88。就业完全融入相对数的含义是,携眷迁移农民工在 1+4 类职业上就业比例相对于所有迁移农民工在该职业上就业比例的倍数;就业未融入相对数的含义是,携眷迁移农民工在 3+5 类职业上就业比例相对于所有迁移农民工在该职业上就业比例的倍数。西北地区相对西北地区外,在就业完全融入相对数与就业未融入相对数上前高后低,表明西北地区同等程度的携眷迁移,农民工的就业融入程度要略高。

(二)西北地区携眷迁移农民工在消费水平方面尚处于初级融入阶段

　　对于农民工在生活消费上的城市融入,周蕾等依据"农民工的城镇生活能力主要取决于其负担城镇生活与居住消费的能力"的判断,比较了 2009 年上海、南京等 9 个城市的城镇居民消费性支出与农民工人均收入水平,得出有 48.2%(温州)~93.1%(绍兴)的农民工达到市民城市消费能力,其中上海、南京分别有 52.8%、68.9%的农民工达到这一能力[①]。这一数据大大高于本节前述表 5-2 与表 5-3 中西北地区与西北地区外农民工的总携眷迁移率,而通常第 1 层级携眷在本质上往往是携劳,真正的农民工市民化率,也就是达到城市居民消费水平的农民工所占比例,会大大低于农民工的总携眷迁移率,周蕾等的计算结果很不可靠。造成这种状况的原因在于,周蕾等没有考虑农民工的家庭消费需要。实际上,只有当农民工及其家庭成员的消费水平达到与超过城市居民的人均最低消费水平,或者达到与超过城市居民的中等人均消费水平时,他们才能在生活消费上实现城市融入。农民工人均收入必须除以人口负担系数,才是他们在城市的人均可支配收入,当他们的人均可支配收入等于、大于城市居民的人均最低消费水平或中等人均消费水平时,他们才分别在最低限度与平均限度上实现了生活消费上的城市融入。

　　考虑到本节有关农民工的数据实际上是 2012 年的(2013 年 1~2 月调查所得),作为对比分析的需要,同样选取 2012 年城镇居民最低收入户(10%)与城镇居民中等收入户(20%)的人均现金消费支出两个指标作为参照,2012 年,我国这两个指标的数值分别为 608.5 元/月、1310 元/月。尽管在城镇居民的人均现金消费支出指标中包含了住房消费,但考虑到城市居民与携眷迁移农民工在住房获得途径上存在巨大差异,前者的住房来源中包含了很大比例的自有房与保障房,

① 周蕾,谢勇,李放. 农民工城镇化的分层路径:基于意愿与能力匹配的研究. 中国农村经济, 2012(9):50-60.

住房的现金支出很少，而携眷迁移农民工通常主要通过市场获得住房，选取 2013 年住房租金水平前 100 名中的第 50 名（无锡）的租金水平作为农民工获得住房的租金，并假定达到城市最低生活水平需要的住房面积为 20 平方米/人，这样农民工的月房租大约为 400 元。加上住房消费，可得知，农民工及其家庭成员，要达到城镇居民的最低消费水平与中等消费水平，其人均现金消费支出应分别达到 1008.5 元/月与 1710 元/月。2012 年前后，我国农村劳动力的人口负担率约为 1.5，据此可知，当农民工的人均消费支出分别达到或超过 1512.8 元/月与 2565 元/月时，在生活消费上，他们就在最低限度与中等限度上融入了城市。取表 5-7 中农民工每个消费水平区段的中位数进行比较，可知，表中 5-7 中 4 级消费水平为农民工达到城市最低消费水平的界限，6 级消费水平为农民工达到城市中等消费水平的界限，进而，可计算出进入携眷迁移进程不同阶段农民工群体达到城市最低消费水平与达到城市中等消费水平所占比例，如表 5-7 最后两列所示。

从表 5-7 可看出以下信息。①西北地区携眷迁移农民工及其家庭成员在消费上达到城市最低消费水平与城市中等消费水平的比例，分别为 30.1% 与 8.5%，这表明，他们当中几乎 70% 的人的消费水平尚处于城市居民最低消费水平之下，91% 以上的人的消费水平尚处于城市居民中等消费水平之下，大多数农民工及其家庭成员过的是省吃俭用的城市生活，他们在消费水平方面尚处于初级融入阶段。②在生活消费上，西北地区携眷迁移农民工及其家庭成员的水平不仅高于这一地区所有农民工群体的水平，而且还随着携眷迁移进程在不断提高。就前者论，携眷迁移农民工比所有农民工群体，达到城市居民最低消费水平与城市居民中等消费水平的比例，分别高 9.8 个与 3.1 个百分点；就后者而论，随着进入第 1 层级与第 2 层级携眷迁移，达到城市居民最低消费水平的比例依次提高了 10.8 个与 14.3 个百分点，达到城市居民中等消费水平的比例依次提高了 1.6 个与 9.0 个百分点。③西北地区农民工及其家庭成员在消费方面的城市融入上呈现出一定的领先性。携眷迁移农民工及其家庭成员进入城市居民最低消费水平的比例，与西北地区外相比，西北地区领先了 3.7 个百分点，携眷迁移农民工及其家庭成员进入城市居民中等消费水平的比例，西北地区领先了 1 个百分点。另外，如表 5-7 最后两列的数据所示，在第 2 层级与第 3 层级携眷迁移进程中，西北地区农民工的消费水平也处于领先地位。

表 5-7 西北地区与西北地区外携眷迁移进程不同农民工的消费水平比较（单位：%）

携眷迁移进程		1	2	3	4	5	6	7	4+5+6+7	6+7
0	西北	8.8	47.2	28.6	10.0	1.6	1.8	2.0	15.4	3.8
	西北外	11.3	39.7	29.5	10.7	4.4	3.2	1.2	19.5	4.4

续表

携眷迁移进程		1	2	3	4	5	6	7	4+5+6+7	6+7
1	西北	6.5	30.1	37.2	12.6	8.2	2.7	2.7	26.2	5.4
	西北外	12.5	32.2	27.7	14.6	6.7	3.7	2.6	27.6	6.3
2	西北	8.7	18.8	32.0	17.4	8.7	10.1	4.3	40.5	14.4
	西北外	9.0	31.1	28.9	13.3	8.9	4.4	4.4	31	8.8
3	西北	9.6	22.6	38.7	6.5	9.7	9.7	3.2	29.1	12.9
	西北外	18.2	34.5	34.5	1.8	0	5.5	5.5	12.8	11
携眷	西北	7.4	26.5	36.0	13.1	8.5	5.3	3.2	30.1	8.5
	西北外	12.4	32.3	28.9	12.6	6.3	4.1	3.4	26.4	7.5
B	西北	8.3	40.3	31.1	11.0	3.9	3.0	2.4	20.3	5.4
	西北外	11.8	36.1	29.2	11.6	5.3	3.7	2.3	22.9	6

数据来源:同表 4-1。

注: 1. 最上一行表示农民工月消费水平所在区间,1 为 600 元及以内,2 为 600~1000 元,3 为 1000~1500 元,4 为 1500~2000 元,5 为 2000~2500 元,6 为 2500~3000 元,7 为 3000 以上;

2. 携眷迁移进程纵栏中 0、1、2、3,携眷含义同表 5-6,B=同一消费水平的农民工数/迁移农民工总数;

3. 西北地区样本数 842,西北地区外样本数 843。

(三)西北地区携眷迁移农民工在居住方面的城市融入相对较快,且处于持续改善之中

相对其他居住方式,购买商品房居住、租住城镇小区单元房、自建房屋居住三种居住状况是最接近城市居民的居住方式(表 5-8)。①与表 5-6、表 5-7 中代表西北地区携眷迁移农民工在城市完全融入的就业水平与消费水平相比较,他们在住房方面的融入程度明显要高,达到第 4 住房层级的人数占到了 42.8%,比他们在就业方面的城市融入水平高 6.7 个百分点,比他们在最低消费方面的城市融水平高 12.7 个百分点,比这一地区全部迁移农民工进入第 4 住房层级的人数的比例高 17.3 个百分点,显示出住房对于农民工及其家庭成员融入城市的基础性条件作用。②随着携眷迁移由第 0 层级提升到第 3 层级,西北地区携眷迁移农民工进入第 4 住房层级的比例持续提高,由未携眷迁移前的 16.7%先后提升到了 36.2%、53.6%、58.1%,其中携眷迁移由第 0 层级提升到第 1 层级与第 2 层级,进入第 4 住房层级人数的比例分别提升了 19.5 个与 17.4 个百分点,提升速度很快。与此同时,处于第 1 层级、第 3 层级两种居住不稳定层级人数所占比例持续下降,这充

分说明，西北地区农民工携眷迁移的进程，就是他们住房条件改善与城市融入程度加深的过程。③与西北地区外相比，西北地区携眷迁移农民工在住房方面的城市融入要略快一些。尽管所有携眷迁移农民工进入第 4 住房层级人数的比例，西北地区比西北地区外仅高 0.9 个百分点，但第 3 层级携眷迁移农民工进入第 4 住房层级人数的比例，西北地区比西北地区外却高 8.1 个百分点，这在一定程度上，抵消了西北地区第 2 层级携眷迁移农民工进入第 4 住房层级人数比例略低于西北以地区外的不足。

表 5-8　西北地区与西北地区外携眷迁移进程不同农民工的住房状况比较（单位：%）

携眷迁移进程		1	2	3	4
0	西北	22.5	29.4	31.4	16.7
	西北外	16.4	28.4	42.1	13.3
1	西北	17.8	34.1	11.9	36.2
	西北外	11.3	36.5	16.5	35.7
2	西北	7.3	20.3	18.8	53.6
	西北外	8.7	24.7	11.8	54.8
3	西北	12.9	12.9	16.1	58.1
	西北外	21.5	21.4	7.1	50.0
携眷	西北	14.8	28.4	14.0	42.8
	西北外	12.1	31.8	14.2	41.9
C	西北	19.9	29.1	25.5	25.5
	西北外	14.2	30.1	28.4	27.3

数据来源：同表 4-1。

注：1. 携眷迁移进程中竖栏 0，1，2，3，携眷含义同表 5-6，C=居住在同类住房的农民工数/迁移农民工总数；

2. 第一行中：1 为借住在亲友家、住雇主家中、无固定住所、其他等居住状态，2 为与他人合租、租城中村房子居住，3 为居住在工作单位的宿舍里，4 为购买商品房居住、租住城镇小区的单元房、自建房屋居住三种居住状况；

3. 西北地区样本数 842，西北地区外样本数 845。

需要说明的是，在表 5-8 的住房层级划分中，由于把拥有自建房的农民工计算入了第 4 层级，未能减掉城市郊区农民工居住在自有住房中的人数，导致拥有第 4 住房层级农民工的比例略微增大，可能夸大了携眷迁移农民工的住房质量状况。然而，即使如此，也不能否定表 5-8 所蕴涵的意义，因为随着携眷迁移农民工携眷层级的提高，他们的住房状况必然同步改善，对表 5-8 的解读是符合实际的。

（四）西北地区携眷迁移农民工在社会关系上的城市融入仅有较小发展

农民工在打工地拥有的社会关系，如果完全为传统关系，那么他们大多数是单纯的体力劳动者，或在就业地相对封闭的建筑等行业中就业；如果为以传统关系为主兼有业缘关系，那么他们一般在制造业或服务业等行业中就业，职业会为他们建立新的社会关系提供平台与机遇，也会为他们的职业发展提供条件；如果为以业缘关系为主，那么他们通常是自主创业者，或是拥有管理能力与技术知识的精英农民工。社会关系完全为传统关系的农民工基本与城市主流社会隔绝，社会关系为以传统关系为主兼有业缘关系的农民工处于尝试融入城市主流社会的阶段，只有社会关系为以业缘关系为主的农民工才基本融入了城市社会当中。在同等条件下，农民工在社会关系方面的状态所反映的城市融入水平相对较低，其主要原因在于，迄今为止，我国各级城市仍然是政治权力中心，城市的主体性结构仍然是由政府权力所派生的各种正规组织构架，通过市场关系或私人关系建立的以业缘关系为主的社会关系是城市社会关系的基本类型，农民工即使进入到了城市的正规组织当中，一般也不能支配这种正规组织的资源。也就是说，农民工身份对精英农民工的城市融入仍发挥着体制壁垒作用，因此，建立了以业缘关系为主的农民工只是基本融入了城市社会中，而不是完全融入了城市社会中。

据此解读表 5-9，可发现以下特点。①西北地区携眷迁移农民工在社会关系方面仅有较小发展。作为对携眷迁移进程中仅拥有传统关系农民工比例下降 5.4 个百分点的替代，拥有以传统关系为主兼有业缘关系的农民工比例上升了 4.9 个百分点，而如前所述，建立起这类社会关系对农民工的城市融入一般仅具有初始意义。②西北地区农民工的社会关系建构，没有与他们的携眷迁移进程同步，呈现明显发展滞后态势。携眷迁移进入第 1 层级、第 3 层级时，建立起以业缘关系为主的社会关系的农民工的比例，仅分别提高了 0.5 个与 3.7 个百分点，而以业缘关系为主的社会关系的农民工的比例反而比全部迁移农民工的这一比例低 1.2 个百分点。③相对西北地区外，西北地区携眷迁移农民工在社会关系方面的城市融入也相对滞后。进入第 3 层级社会关系状态的携眷迁移农民工比例，西北地区比西北地区外低 2.6 个百分点，直接原因可能是，前一地区比后一地区迁移农民工全体进入第 3 层级社会关系的比例相对低 3.3 个百分点。

表 5-9　西北地区与西北地区外携眷迁移进程不同农民工的社会关系状况比较（单位：%）

携眷迁移进程		1	2	3
0	西北	34.6	44.6	20.8
	西北外	22.9	51.7	25.4
1	西北	29.2	49.5	21.3
	西北外	23.9	56.0	20.1
2	西北	14.3	75.7	10.0
	西北外	16.1	55.9	28.0
3	西北	37.5	37.5	25.0
	西北外	33.9	48.2	17.9
携眷	西北	26.5	54.5	19.0
	西北外	23.5	54.9	21.6
D	西北	31.9	47.9	20.2
	西北外	23.2	53.3	23.5

数据来源：同表 4-1。

注：1. 携眷迁移进程竖栏中 0, 1, 2, 3, 携眷的含义同表 5-6，D=拥有同类社会关系的农民工数/迁移农民工总数；

2. 1 为完全的传统关系，2 为以传统关系为主兼有业缘关系，3 为以业缘关系为主；

3. 西北地区样本数 868，西北地区外样本数 839。

（五）西北地区携眷迁移农民工在社会保障的城市融入上处起步阶段

根据《2012 年全国农民工监测调查报告》，2012 年农民工参加社会保险的情况为：24%、16.9%、14.3%、8.4%、6.1%的人分别参加了工伤保险、医疗保险、养老保险、失业保险、生育保险。考虑到失业与生育不是大多数农民工遇到的经常性问题，2004 年全国性"民工荒"出现后，失业更是如此，因此，可以认为，参加三种及以上的社会保险，就基本上可以保障农民工在城市的生活安全。在这方面他们基本上没有实现城市融入（表 5-10）。①在西北地区，仅有 6.7%的携眷迁移农民工参加了三种及以上的社会保险，参加社会保险为一种及以下的携眷迁移农民工所占比例达到 82.8%，其中没有参加社会保险的占到 47.7%，这部分农民工在城市的稳定生活没有保障，因而，在总体上，西北地区携眷迁移农民工在参加社会保险方面的城市融入尚处于起步阶段。②携眷迁移进程对带动西北地区农民工参加社会保险的作用不明显。当携眷迁移进入 1 级、2 级、3 级时，参加三种及以上的社会保险农民工的比例由 7.6%先下降到 4.3%，后又上升到 6.3%，所有携眷迁移农民工参加三种及以上的社会保险的比例，仅比全部迁移农民工的这一比例高 1.6 个百分点，呈现徘徊变化局面，实质上反映的是农民工参保进程的停滞状况。③在携眷迁移农民工参加社会保险方面，西北地区外明显快于西北地区。与所有携眷迁移农民工比较，参加三种及以上社会保险的比例，西北地区外比西北地区快 1.6 个百分点；与进入第 2 层级、第 3 层级携眷迁移进程农民工比较，参加三种及以上社会保险的比例，西北地区外比西北地区分别快了 9 个、3 个百分点；反过来看，西北地区携眷迁移农民工在这方面的城市融入则显得相对缓慢与相对停滞。

表 5-10　西北地区与西北地区外携眷迁移进程不同农民工参加社保状况比较（单位：%）

携眷迁移进程		0	1	2	3	4	3+4
0	西北	55.8	30.9	9.0	2.7	1.6	4.3
	西北外	47.9	33.3	12.5	3.5	2.8	6.3
1	西北	51.0	33.2	8.2	3.8	3.8	7.6
	西北外	42.8	33.5	17.3	4.5	1.9	6.4
2	西北	43.6	36.2	15.9	2.9	1.4	4.3
	西北外	42.4	35.9	8.7	6.5	6.5	13
3	西北	37.4	43.8	12.5	6.3	0	6.3
	西北外	18.5	42.6	29.6	5.6	3.7	9.3
携眷	西北	47.7	35.1	10.5	3.9	2.8	6.7
	西北外	39.5	35.2	17.0	5.1	3.2	8.3
E	西北	53.1	32.3	9.5	3.1	2.0	5.1
	西北外	43.7	34.3	14.7	4.3	3.0	7.3

数据来源：同表 4-1。

注：1. 携眷迁移进程竖栏中 0，1，2，3，携眷的含义与表 5-6 相同，E=参加同类社会保险的农民工数/迁移农民工总数；

2. 横栏中 0 为未参加社会保障，1 为参加了一种社会保险，2 为参加了两种社会保险，3 为参加了三种社会保险，4 为参加了三种以上的社会保险；

3. 西北地区样本数 849，西北地区外样本数 835。

（六）西北地区携眷迁移农民工子女接受义务教育的城市融入水平很低

自从 2001 年我国实行针对农民工子女教育的"两为主"政策，农民工子女接受义务教育的保障状况有了一定改善。然而，如果从农民工及其家庭成员的市民化视角考察这一问题，会发现，农民工子女接受义务教育有保障，其实是接受农村义务教育有保障，农民工子女在城市接受义务教育的比例仍很低。如果以在打工城镇公办学校上学或在打工地私立学校上学，表示农民工子女在接受义务教育方面融入了城市，以在老家上学、在打工城镇民工学校上学、已经辍学表示他们没有融入城市或被隔离在城市之外，那么，从表5-11可发现以下现象。①西北地区携眷迁移农民工子女在接受义务教育方面融入城市的水平还很低。在打工城镇公办学校与私立学校上学的西北地区携眷迁移农民工子女勉强占到1/4，但被隔离在城市之外的人数却占到了 61.4%。②西北地区携眷迁移农民工子女接受义务教育方面的城市融入发展较快。相较全部迁移农民工子女接受城市公办与私立学校教育的比例，全部携眷迁移农民工子女接受城市公办与私立学校教育的比例高出11.8 个百分点。随着农民工携眷迁移由 0 级进入第 1 层级与第 3 层级，携眷迁移农民工子女接受城市公办与私立学校教育的比例分别提高了12.2个与25.7个百分点。虽然进入携眷迁移第 3 层级出现了反向变化，但考虑到第 3 层级携眷迁移是携子女之后的迁移，因此，并不影响这里所得出的——随着携眷迁移进程，农民工子女城市教育发展较快的结论的成立。③相对西北地区外，西北地区携眷迁移农民工在子女教育方面融入城市较快，就接受城市公办与私立学校教育的比例看，西北地区比西北地区外高6.1 个百分点。

表 5-11　西北地区与西北地区外携眷迁移进程不同农民工义务教育阶段子女上学情况比较

（单位：%）

携眷迁移进程		1	2	3	4	5	6	1+3+5	2+4
0	西北	75.5	4.5	0.3	1.0	4.8	13.9	80.6	5.5
	西北外	66.2	6.1	0.9	0.9	2.2	23.7	69.3	7
1	西北	54.6	14.6	6.2	3.1	3.8	17.7	64.6	17.7
	西北外	65.0	9.9	4.4	3.9	1.0	15.8	70.4	13.8
2	西北	39.6	34.0	9.4	9.4	1.9	5.7	50.9	43.4
	西北外	51.3	20.0	12.5	7.5	2.5	6.2	66.3	27.5
3	西北	50.0	18.2	9.1	4.5	9.1	9.1	68.2	22.7
	西北外	38.5	23.1	7.7	7.7	0	23.0	46.2	30.8
携眷	西北	50.2	20.0	7.3	4.9	3.9	13.7	61.4	24.9
	西北外	59.2	13.6	6.8	5.2	1.3	13.9	67.3	18.8
F	西北	65.5	10.6	3.1	2.5	4.4	13.9	73	13.1
	西北外	62.0	10.4	4.3	3.4	1.7	18.2	68	13.8

数据来源：同表4-1。

注：1. 携眷迁移进程竖栏中 0，1，2，3 的含义同表 5-6，F＝子女接受教育状况相同的农民工数/迁移民工总数；

2. 横栏中 1 为在老家上学，2 为在打工城镇公办学校上学，3 为在打工城镇民工学校上学，4 为在打工地私立学校上学，5 为已经辍学，6 为其他（没到上学时间、上大学、没孩子等）；

3. 西北地区样本数 519，西北地区外样本数 537。

四、西北地区农民工市民化进程存在的问题

（一）西北地区农民工携眷迁移进程中的不足

西北地区农民工携眷迁移进程中主要的不足，除表 5-2 与表 5-3 数据对比所显示的，这一进程存在相对滞后问题，还有以下不足。

（1）西北地区农民工延长打工年限的携眷迁移效应有限。从表 5-12 可看出，以携迁群体比例/打工年限群体比例表示的打工年限的携眷迁移效应存在拐点，当打工年限由 1～3 年提升到 10～12 年，再进而延长到 20 年以上时，西北地区农民工的这一指标，由 0.61 增长到 1.56，最终下降到 0.92，在打工年限到 10～12 年时明显形成一个携眷迁移效应的拐点。即使延长打工年限产生了携眷迁移效应，这种效应也主要是低级携眷迁移（第 1 层级）效应，以打工年限为 10～12 年为例，在这一打工年限时段上，对应的第 1 层级、第 2 层级、第 3 层级携眷迁移农民工比例分别为 37.4%、11.5%、3.1%，第 1 层级携眷迁移农民工比例远大于后两者。另外，在第 0 层级即无携眷迁移层级上，西北地区迁移农民工的比例大于西北地区外，并且，打工年限越长，两者的差距就越大，这意味着，打工年限越长，西北地区农民工的携眷迁移效应相对越低。计算表明，打工时间阶段由 1～3 年延长到 10～12 年，西北地区农民工的携眷迁移比例与西北地区外的差距，由 12.1 个百分点下降到 7.4 个百分点，但当时间段继续延长到 16 年以上时，前者低于后者的差距反而上升到了 30 个百分点以上。

表 5-12　西北地区与西北地区外外出打工不同年限农民工携眷迁移状况的比较（单位：%）

外出打工年限	0		1		2		3		携迁群体比例/打工年限群体比例	
	西北	西北外	西北	西北外	西北	西北外	西北	西北外	西北	西北外
1～3 年	79.8	67.7	12.6	19.4	3.8	3.2	3.8	9.7	0.61	0.66
4～6 年	71.5	51.8	17.6	30.7	7.3	9.0	3.6	8.5	0.85	0.98
7～9 年	56.4	47.8	27.8	38.8	10.2	9.7	5.6	3.7	1.30	1.06
10～12 年	48	40.6	37.4	38.2	11.5	17.1	3.1	4.1	1.56	1.22
13～15 年	64.5	39.3	21.5	40.5	10.8	13.9	3.2	6.3	1.06	1.24
16～20 年	68.5	36.1	20.0	33.3	8.6	25.0	2.9	5.6	0.94	1.31
20 年以上	69	38.5	21.8	34.6	6.9	25.0	2.3	1.9	0.92	1.26

数据来源：同表 4-1。

注：1. 携迁群体比例/打工年限群体比例=外出打工年限相同农民工实现三个等级携眷迁移数占全部携眷迁移农民工数的比例与外出打工年限相同农民工数占该地区全部迁移农民工数的比例之比；

2. 西北地区样本数 865，西北地区外样本数 852。

（2）职业等级上升对携眷迁移的推动作用不足。通常认为，职业等级上升通过对其收入水平等条件的改善带动作用，会直接推动农民工携眷迁移的发展。然而，调查数据并不充分支持这一推论。从表 5-13 可发现，即使职业等级进入到了最高的第 4 层级，仍有 54.5% 的西北地区农民工没有进入携眷进程，他们职位提升的携眷迁移效应为 0。在第 2、第 3 职业等级上，西北地区农民工的携迁群体比例/就业状况不同群体比例分别为 0.89、0.79，数据均小于 1，也表明，在这两个职业层次上，职位提升没有真正产生携眷迁移效应。在第 4 职业等级上，西北地区农民工的携迁群体比例/就业状况不同群体比例为 1.36，数据大于 1，说明职位提升产生了携眷迁移效应，但是，这种携眷迁移效应的分布是一种梯度递减分布，与第 4 职业等级对应的第 1 层级、第 2 层级、第 3 层级携眷迁移农民工的比例分别为 26%、13%、6.5%，主要为低层级携眷迁移。从第 1 到第 4 职业等级，西北地区处于 0 级携眷迁移状态农民工的比例，比西北地区外这一比例分别高 13.8 个到 15.1 个百分点，也就是说，同等的职位上升幅度下，西北地区进入携眷迁移状态农民工的比例比西北地区外这一比例，分别低 13.8 个到 15.1 个百分点，西北地区农民工职业等级上升对携眷迁移的推动作用，不仅在绝对意义上不足，也在相对意义上不足。

表 5-13　西北地区与西北地区外职业等级不同农民工外携眷迁移状况的比较（单位：%）

职业等级	0		1		2		3		携迁群体比例/就业状况不同群体比例	
	西北	西北外	西北	西北外	西北	西北外	西北	西北外	西北	西北外
0	82.9	44.4	11.4	55.6	5.7	0	0	0	0.51	1.09
1	65.3	50.8	22.1	33.4	8.8	10.8	3.8	5.0	1.03	1.01
2	69.9	56.1	21.6	27.3	5.2	7.2	3.3	9.4	0.89	0.90
3	73.2	58.9	24.4	23.5	2.4	3.9	0	13.7	0.79	0.83
4	54.5	39.4	26.0	26.8	13.0	22.5	6.5	11.3	1.36	1.24

数据来源：同表 4-1。

注：1. 携迁群体比例/就业状况不同群体比例=同职业等级中携眷迁移农民工占全部携眷迁移农民工数的比例/同职业等级农民工数占该地区全部迁移农民工数的比例；

2. 横栏中 0，1，2，3 的含义同表 5-6 中携眷迁移进程一栏；

3. 西北地区样本数 853，西北地区外样本数 851。

（3）收入水平提高对农民工携眷迁移的推动作用有限。在理论上，收入水平上升会直接推动农民工携眷迁移的发展，但调查数据不完全支持这一推论。观察表 5-14 可发现，尽管在总体上，收入水平上升推动了农民工的携眷迁移，在西北地区，进入第 1 层级、第 2 层级、第 3 层级携眷迁移进程的比例，收入水平≥3000

元的农民工分别为 63.2%、70.1%、55.2%，而收入水平小于 3000 元的农民工分别为 36.8%、29.9%、44.8%；但是，在所有收入层级的收入水平上，西北地区处于第 0 层级携眷迁移状态农民工的比例都大于 55%，即使收入水平达到 4000 元以上的最高水平，仍有 62.4%的农民工没有携眷迁移。而且，在收入水平提升过程中，西北地区进入第 1 层级、第 2 层级、第 3 层级携眷迁移农民工的比例也呈现递减分布，相较西北地区外，西北地区处于第 0 层级携眷迁移状态农民工的比例高 4.1 个到 30.8 个百分点。另外，西北地区农民工的携迁群体比例/收入水平不同群体比例这一指标，时高时低，在五个收入水平上大于 1，在三个收入水平上小于 1，很不稳定。这些都表明，收入水平上升对西北地区农民工携眷迁移的推动作用绝对有限与相对有限。

表 5-14　西北地区与西北地区外不同收入水平农民工外携眷迁移状况的比较（单位：%）

收入水平	0		1		2		3		携迁群体比例/收入水平不同群体比例	
	西北	西北外	西北	西北外	西北	西北外	西北	西北外	西北	西北外
≤1000 元	63.2	59	23.7	23.1	10.5	5.1	2.6	12.8	1.06	0.85
1001～1500 元	56.7	52.6	26.4	38.6	9.4	5.3	7.5	3.5	1.28	0.97
1501～2000 元	78.2	47.4	13.2	32.2	4.6	11.2	4.0	9.2	0.64	1.09
2001～2500 元	65.1	54.5	27.9	33.3	4.7	7.8	2.3	4.4	1.03	0.94
2501～3000 元	60.3	53.1	27.2	31.6	10.5	9.5	2.2	5.8	1.17	0.97
3001～3500 元	70	58.3	20.0	25.0	6.0	6.7	4.0	10.0	0.89	0.86
3501～4000 元	68.5	54.7	23.6	30.2	7.9	9.3	0.0	5.8	0.93	0.93
4000 元以上	62.4	44.4	20.6	32.3	10.9	19.4	6.1	3.9	1.10	1.14
<3000 元	42.4	40.8	36.8	42.1	29.9	32.6	44.8	47.2	0.90	1.00
≥3000 元	57.6	59.2	63.2	57.9	70.1	67.4	55.2	52.8	1.07	1.00

数据来源：同表 4-1。

注：1. 表中携迁群体比例/收入水平不同群体比例是收入水平相同农民工实现三个等级携眷迁移数占全部携眷迁移农民工数的比例与收入水平相同农民工数占该地区全部迁移农民工数的比例之比；

2. 横栏中 0，1，2，3 的含义同表 5-6 中携眷迁移进程一栏；

3. 西北地区样本数 816，西北地区外样本数 829。

延长打工年限、职业等级上升、收入水平提高的携眷迁移效应或作用有限，可能表明，即使提升人力资本是带动农民工携眷迁移的重要途径，这种途径也并不适合所有农民工。对于另外一半以上的农民工为何在携眷迁移上停滞不前，还需要专门的探讨，即使对于那些人力资本提升的携眷迁移效应明显的农民工，他们的携眷迁移进程是否需要借力其他因素或条件，也需要加以分析。

（二）西北地区农民工城市融入进程中的缺陷

对照本节第三部分关于西北地区携眷迁移农民工城市融入六个方面的表现，可发现，就业状况、生活消费水平、住房状况属于一类，社会关系状况、参加社会保险水平，子女受教育状况属于另一类。对照分析可发现两点。

（1）西北地区农民工的城市融入总体水平较低。这一地区携眷迁移农民工在六个方面的城市融入水平都不高，住房方面的城市融入程度最高，但也只有42.8%；就业方面的城市融入程度次高，为 36.1%；其他四个方面的城市融入程度都在 31%以下。如果在所述六个方面实现城市融入的农民工是同样一批人，那么，在六个方面中城市融入水平的最低项，即参加三项以上社会保险携眷迁移农民工的比例 6.7%，也就是这一地区携眷迁移农民工在六个方面完全实现城市融入的比例。考虑到对于高收入或较高收入农民工，即使不参加某些社会保险项目，他们也可通过市场途径获得替代生活保障，以参加三项以上社会保险携眷迁移农民工的比例衡量全部携眷迁移农民工的城市融入状况，存在不够准确的问题。为此，可使用另一替代指标，即以已经建立业缘关系为主的社会关系的携眷迁移农民工的比例表示全部携眷迁移农民工的城市融入状况，西北地区该指标为 19%，表明仅有不足 1/5 的携眷迁移农民工实现了完全的城市融入。

（2）西北地区农民工的城市融入进程不够平衡。就携眷迁移农民工城市融入两类指标表征看，第一类其实是农民工及其家庭成员在城市长期稳定居住生活的物质基础，是他们实现市民化的核心硬件，缺乏这种硬件，农民工便不能在城市立足；第二类是农民工及其家庭成员实现市民化的保障条件，不能齐备这三个条件，农民工及其家庭成员便无法在城市居住生活得安稳。然而，在总体上，西北地区农民工在这两类城市融入上的进展却呈非平衡推进状态，表现是：第一类表征的城市融入程度都在 30%以上，第二类表征的城市融入程度都在 25%以下。进一步分析发现，在第一类城市融入中，携眷迁移农民工依凭的基本上都是人力资本，具有较高的自控度，实现城市融入的途径基本上都是市场；在第二类城市融入中，融入追求者都需要更多地依凭权利资本与外部社会环境条件，归根到底，是国民收入再分配体制决定农民工可以获得多少依凭，而这正是农民工所缺乏的或不能控制的。携眷迁移农民工城市融入进程的非均衡发展特征，反映了农民工依凭自身力量可实现城市融入的内在限度，也说明推进城市体制改革对于农民工城市融入有着重要意义。

第二节　西北地区农民工的家庭化迁移机制分析

一、西北地区农民工家庭化迁移机制的分析框架与假说

关于农民工及其家庭成员向城市的迁移机制问题，王志理和王如松认为，现居住地支出与回寄收入是制约农民工携带家眷的最主要因素，流入地与流出地之间的收入差距是重要制约因素[①]。肖云和林子琪发现，当在城市的生活成本较低、工作的收入较高、享有较好的社会保障、社会资本更丰富、子女享受与城市居民孩子相同教育机会时，农民工更易城市化[②]。张玮等基于上海调查数据的实证发现，来到上海的时间越久、年龄越大、收入越高、受教育程度越高，流动人口的带动迁移率越高[③]。刘小年通过深度访谈发现，现实中的农民工人口市民化进度是由其职业发展决定的[④]。这些研究基本上覆盖了有关农民工携眷迁移的主要因素，为进一步研究提供了良好基础，然而，对比这些研究所列的影响因素发现，这些因素并非并列性的因素，而是存在于不同的层次中的。例如，在刘小年的研究中，职业发展是农民工人口市民化进度的决定性因素；在王志理和王如松的研究中，现居住地支出与回寄收入是最主要因素；在张玮等的研究中，与收入并列的是受教育程度；在肖云和林子琪的研究中，社会资本是决定职业发展或收入的更基础性的因素。农民工携眷迁移的一般机制是：受教育水平等人力资本、社会资本等水平提高—职业发展—收入增长—携眷迁移率提高。既有研究对各影响因素之间的层次关系似乎缺乏考虑，通常只是单一层次分析。既有研究存在的另一个问题是：所有研究均假定，推动农民工携眷迁移的力量主要来自携眷迁移进程之外，也就是主要来自农民工迁移前拥有的与迁移中积累的人力资本或社会资本，实际上忽视了携眷迁移的内部效应，即忽视了"携眷迁移决定携眷迁移"机制。本来，农民工携眷迁移进程是人力资本等基础性因素与携眷迁移内部效应共同作用的结果，仅分析前者的携眷迁移效应，

① 王志理，王如松. 中国流动人口带眷系数及其影响因素. 人口与经济，2011（6）：9-16.

② 肖云，林子琪. 农民工城市化影响因素及公共政策. 重庆大学学报（自然科学版），2006（4）：142-146.

③ 张玮，缪艳萍，严士清. 大城市郊区流动人口"带眷迁移"特征研究——基于上海市闵行区流动人口状况调查. 人文地理，2009（5）：36-41.

④ 刘小年. 农民工市民化：路径，问题与突破——来自中部某省农民进城的深度访谈. 经济问题探索，2009（9）：57-61.

可能会导致分析的准确性打了折扣。在既有上述两个方面的不足中，第二种更为严重，因此，本节在展开实证分析前，先行说明"携眷迁移决定携眷迁移"机制。

相较个人迁移，家庭化迁移可给农民工带来家庭经济增长效应与生活福利改善效应。这种效应的获得是通过"携眷迁移决定携眷迁移"机制实现的，这种家庭化迁移机制包含三种具体机制，即夫妻分工协同机制、工作—家庭互相支持与协同机制、人力资本生产与跨代人力资本再生产协同机制。其中，夫妻分工协同机制包括工作分工协同与工作生活分工协同，前者指在商业服务业、装修业等行业中，夫妻在劳动力中相互分工，从而提高家庭劳动力的总体利用率与收入水平，后者指通过夫妻携迁，实现夫妻在工作与生活上的分工，实现了家庭生活成本的内部化，节约了家庭消费性支出。工作—家庭互相支持与协同机制，指个体作为一个角色的经历能提高其作为另一个角色的质量[①]，包括工作对家庭产生的促进与家庭对工作产生的促进两种可相互转化的方面。调查表明，如果城乡之间的制度差异能逐步消除，农民工能够在城市稳定地居住与生活，平均每个劳动力能增加将近 2 个月的有效劳动供给[②]。而劳动供给增加又会通过带动家庭收入水平提高，对农民工家庭人口迁移产生推动作用。对许多第一代农民工来说，他们流动的主要目的之一是为第二代创造更好的融入条件[③]，以便使他们接受相对优质的教育。对其家庭来讲，第一代的人力资本生产与跨代人力资本再生产协同机制就发生了。三种机制发挥作用的条件是：家庭经济活动空间与消费活动空间完全一致，家庭所有成员齐聚于一个统一的生活空间中，农民工携眷迁移从第 0 层级上升到夫妻携迁的第 1 层级，再上升到子女被携迁的过程，也就是条件不断积累与具备的过程。在这一过程中，实现夫妻携迁是关键，三个机制效能的发挥，明显都是以夫妻的携迁得以实现为条件的，或都建立在夫妻携迁实现的基础上。以夫妻形式外出的携眷系数最大，夫妻一方外出与离婚、丧偶者外出的携眷系数相比更小[④]。部分地表明了这点。

从夫妻携迁算起，随着农民工家庭人口在城市的聚集，上一层级携迁本身成为影响下一层级携迁的一个因素，也就是说，从高层级携迁来看，高一层级迁移通常与次低层级迁移者是同一批农民工，或者说，实现了低层级迁移者相对未实现这种迁移者，在实现高层级迁移上，有更高概率。前期迁移与否成为决定后期

① 钱文荣，张黎莉. 农民工的工作—家庭关系及其对工作满意度的影响——基于家庭式迁移至杭州、宁波、温州三地农民工的实证研究. 中国农村经济，2009（5）：70-78.

② 都阳. 农村劳动力流动：转折时期的政策选择. 经济社会体制比较，2010（5）：90-97.

③ 杨菊花. 从隔离、选择融入到融合：流动人口社会融入问题的理论思考. 人口研究，2009（1）：17-29.

④ 王志理，王如松. 中国流动人口带眷系数及其影响因素. 人口与经济，2011（6）：9-16.

迁移与否的一个自变量。

由此可知，农民工的家庭化迁移的实现过程，实际上是"携眷迁移决定携眷迁移"、就业职位提升决定携眷迁移推进、人力资本与社会资本状况决定携眷迁移三种逻辑的统一，据此，本节提出有关西北地区农民工家庭人口城市化机制的假设。

假设一：农民工就业职位越高，其携眷迁移层级越高。

假设二：农民工携眷迁移层级越高，越容易实现下一层级的携眷迁移。

假设三：农民工人力资本水平越高（受教育年限、培训、迁移入城市的年限），实现携眷迁移的层级越高。

假设四：农民工社会资本水平越高，实现携眷迁移的层级越高。

二、西北地区农民工家庭化迁移机制的实证分析

（一）变量选取与赋值

本节研究的基础数据，与第四章所使用数据相同，也来源于本课题组 2013 年 1～2 月组织的"进入城镇打工农民就业变化与市民化调查"问卷。在打工者流出地为西北地区的 899 份样本中，剔除与本研究相关的重要变量缺失的问卷后，整理出有效研究问卷共 713 份，有效率为 79.3%。

1. 因变量

因变量为目前携眷迁移层级（y）。根据问卷中婚姻状况及"目前在打工地与哪些人住在一起"的回答，归类整理出农民工携眷迁移的基本类型。在此基础上对携眷迁移层级变量赋值，"单独一人"未发生梯级迁移，赋值为"0"；夫妻相携或携兄弟姐妹为第 1 层级、夫妻携子女为第 2 层级、夫妻携子女老人或夫妻携老人（没有孩子或孩子已成人）为第 3 层级，依次赋值为"1""2""3"。

2. 自变量

自变量为就业职位等级、首次携眷迁移层级、人力资本、社会资本。

就业职位等级（x_1），根据第四章第二节对职业发展等级的划分，从低到高依次赋值"1""2""3""4"。

首次携眷迁移层级（x_2），根据问卷中第一次外出打工时婚姻状况及"第一次外出打工时在打工地与哪些人住在一起"的回答，归类和赋值方式与目前携眷迁

移层级相同，由于"3""4"的个案偏少，进行了合并，赋值为"3"。

人力资本包括学历（x_3）、打工前培训（x_4）、打工期间培训（x_5）、打工时间（x_6）、更换工作次数（x_7）、健康状况（x_8）6 个变量。打工前培训、打工期间培训和健康状况为二分类变量，参加培训赋值为"0"，否则为"1"；健康很好、好、一般赋值"0"，较差、差赋值"1"。学历为四分类有序变量，小学及以下、初中、高中/中专、大专及以上依次赋值"1""2""3""4"。打工时间转化为分组数据，每三年为一组，从低到高依次赋值"1""2""3""4""5""6""7"，最低组为 3年及以下，最高组为 18 年以上。更换工作次数为计数变量，其中"0"为没有更换过工作，"4"为更换工作三次以上。

社会资本包括进入城市后社会关系（x_9）、打工城市拥有家属与亲朋数量（x_{10}）、拥有业缘朋友的数量与等级（x_{11}）3 个变量。根据"您在打工地经常交往的朋友是谁"划分完全的传统关系、以业缘关系为主、以传统关系为主兼有业缘关系三类，依次赋值"1""2""3"，其余两个为定距变量。拥有业缘朋友的数量与等级为数量与等级的综合变量，通过问卷中打工城市拥有朋友的数量及朋友的职位加权求和而得，相应权值为：普通工人与服务人员/个体工商者=1，企业技术员=2，企业管理者=3。

3. 控制变量

选取性别（x_{12}）、年龄（x_{13}）、婚姻（x_{14}）、前往城市等级（x_{15}）、所在行业（x_{16}）、跨省迁移与省内迁移（x_{17}）6 个控制变量。女性"1"，男性"0"。以出生年 1980年为分界点，年龄分为两类，1980 年之前赋值"1"，为传统农民工，1980 年之后赋值为"0"，为新生代农民工。离异、已婚、单身依次赋值"1""2""3"。迁往城市等级从低到高依次分为小城市或建制镇、中等城市、大城市、特大城市四类，赋值"1""2""3""4"。所在行业变量，根据问卷"目前从事的职业属于哪种行业"赋值，按三次产业划分转换回答，归类林果花卉业及畜牧业为第一产业，工业建筑业为第二产业，政府事业、交通运输及商业餐饮服务业为第三产业，为了能更直接地获得第二产业与第一产业及第三产业的比较结果，第二产业赋值为"3"，第一产业和第三产业赋值为"1"和"2"。省内迁移赋值"0"，跨省迁移赋值"1"。

（二）研究方法

本节研究的被解释变量"携眷迁移层级"为多分类有序变量。有学者指出，对于此种多分类有序反应资料，如果采用普通的二分类 logistic 回归分析，而不是有序等级回归分析,只能获得 50%~75%的检验效能,往往会导致大量信息丢失[1],因此,研究尝试运用有序回归(ordinal regression)分析方法,检验家庭化迁移机制的影响因素。

有序回归模型,是多因素离散选择模型的一种,又称为等级回归模型,运用此类回归可以将因变量的种类序数化,以估计每种情况的累计概率。以有序取值水平的累计概率(cumulative probability)为反应变量,需拟合反应变量数减去 1个有序等级回归模型[2]。有序回归模型的广义形式设计如下[3]:

$$\text{link}[Y_j(x)] = \theta_j - \beta^T x = \theta_j - [\beta_1 x_1 + \beta_2 x_2 + \cdots + \beta_m x_m] \quad (5\text{-}1)$$

式(5-1)又称为有序回归的位置模型,$\sum \beta_i x_i$ 称为模型中的位置成分(location component),也是模型的"实质(meat)"。其中,link()为联接函数,即对模型估计的累积概率的转换函数;$Y_j(x)$ 为第 j 分类的累计概率;β^T 为矩阵 β 的转置矩阵。设 Y(有序多项分类变量)含有 K 项分类,各项分类对应的概率为 $\pi_1(x), \pi_2(x), \cdots \pi_k(x)$,$\sum \pi_j(x) = 1$,则

$$Y_j(x) = p(y \leqslant j \mid x) = \pi_1(x) + \pi_2(x) + \cdots + \pi_j(x) \quad (j < k) \quad (5\text{-}2)$$

式中,$\beta_1, \cdots, \beta_m$ 为回归系数;p 为概率;x_i 为解释变量;θ_j 为第 j 分类的常数。

有序回归的连接函数有多种形式,从本次西北地区家庭化迁移进程调查数据来看,无论是西北地区总体,还是西北地区各省份,携眷迁移层级越高,分布人数越少,迁移等级与相应频数呈递减分布(表 5-15),因此选择负对数-对数(negative log-log)为连接函数。

表 5-15　西北地区家庭化迁移进程　　　　　　　(单位:%)

地区	携眷迁移层级				地区	携眷迁移层级			
	0	1	2	3		0	1	2	3
陕西	67.6	24.0	5.6	2.8	青海	69.1	18.5	9.9	2.5
甘肃	65.7	20.4	6.6	7.2	新疆	72.0	12.0	12.0	4.0
宁夏	58.8	16.5	22.4	2.4	西北地区	66.6	21.7	8.0	3.7

数据来源:同表 4-1。

模型具体形式为

$$-\log\{-\log[Y_j(x)]\} = \theta_j - \sum_{i=1}^{k} \beta_i x_i \quad (j = 1, 2, \cdots, j-1) \quad (5\text{-}3)$$

① Ananth C V, Kleinbaum D G. Regression models for ordinal responses: review of methods and applications. International Journal of Epidemiology, 1997, 26(6): 1323-1333.

② 张文彤. 世界优秀统计工具 SPSS11 统计分析教程: 高级篇. 北京: 希望电子出版社, 2002: 115-119.

③ 杜强, 贾丽艳. spss 从入门到精通. 北京: 人民邮电出版社, 2009: 57.

$$Y_j(x) = p(y \leq j \mid x) = \exp(-\{\exp[-(\theta_j - \sum_{j=1}^{m}\beta_i x_i)]\}) \tag{5-4}$$

当 β_i=0 时，表示预报因子 x_i 与预报对象 Y 独立，即 x_i 对于 Y 的贡献无统计学意义；当 β_i>0 时，表示随着 x_i 的增加，Y 取值更可能趋向于有序分类值更大的一端；当 β_i<0 时，表示随着 x_i 的增加，Y 取值更可能趋向于有序分类值更小的一端。

各解释变量的符号及取值定义如下。

（三）计量分析结果与解释

使用 SPSS20.0 统计软件对调查数据进行统计学处理与分析。首先采用卡方检验和 Fisher 的精确检验进行单因素分析，然后选择单因素分析中显著性水平 α<0.1 的因素纳入有序回归分析，结合平行性检验，逐次删减显著水平 α>0.05 中 α 最大的因素，重新拟合模型，多次拟合后，最终拟合模型中保留所有通过 0.05 显著性水平的因素。对西北地区各省份回归分析中，考虑到个别省份存在少数变量在某一分组上分布较少，可能会影响模型拟合效果，适当对分组进行合并（表 5-17）。回归过程中，分类变量都以最高赋值作为参照组。通过对西北地区和西北地区各省份数据的分析，最终建立模型 1（西北地区）、模型 1.1（陕西）、模型 1.2（甘肃）、模型 1.3（宁夏）、模型 1.4（青海）、模型 1.5（新疆）六组有序回归模型。各模型的检验结果如下。

表 5-16 给出了西北地区及各省份模型总体拟合结果。模型拟合信息显示，六个模型的-2 对数似然值的卡方检验的 P=0.000，说明最终模型要优于只含截距的模型，即最终模型显著成立。经拟合优度检验，六个模型 Pearson 和 Deviance 两个准则的 P 值均大于 0.05，说明模型拟合较好。平行线检验结果显示，西北地区 χ^2=16.539，P=0.141；陕西 χ^2=24.268，P=0.835；甘肃 χ^2=58.418，P=0.239；宁夏 χ^2=17.554，P=0.094；青海 χ^2=6.062，P=0.416；新疆 χ^2=26.025，P=0.099；表明六个模型的斜率系数在各个相应类别中都是相等的，模型应用成立。将数据代入各有序回归模型进行预测响应值检验，考察模型预测准确率，结果表明：西北地区为 68.6%，陕西为 72.64%，甘肃为 69%，宁夏为 77%，青海为 72.8%，新疆为 100%。

表 5-16 各模型总体拟合结果

地区	模型拟合信息				拟合度			平行线检验			
	模型	-2 对数似然值	卡方	显著性		卡方	显著性	模型	-2 对数似然值	卡方	显著性
西北地区	仅截距	885.380			Pearson	893.570	0.078	零假设	722.966		
	最终	722.966	162.415	0.000	偏差	511.733	0.981	广义	706.427	16.539	0.141

续表

| 地区 | 模型拟合信息 | | | | 拟合度 | | 平行线检验 | | | |
	模型	−2 对数似然值	卡方	显著性		卡方	显著性	模型	−2 对数似然值	卡方	显著性
陕西	仅截距	595.905			Pearson	839.408	0.053	零假设	521.857		
	最终	470.544	125.361	0.000	偏差	377.957	0.762	广义	497.590[b]	24.268[c]	0.835
甘肃	仅截距	144.479			Pearson	65.255	0.756	零假设	116.852		
	最终	116.852	27.627	0.000	偏差	61.451	0.851	广义	58.434[b]	58.418[c]	0.239
宁夏	仅截距	137.268			Pearson	626.094	0.102	零假设	91.010		
	最终	91.010	46.258	0.000	偏差	88.238	0.624	广义	73.456[b]	17.554	0.094
青海	仅截距	102.313			Pearson	77.351	0.082	零假设	78.191		
	最终	78.191	24.122	0.000	偏差	57.077	0.229	广义	72.129[b]	6.062[c]	0.416
新疆	仅截距	30.288			Pearson	0.990	1.000	零假设	26.025		
	最终	0.000	30.288	0.000	偏差	1.847	1.000	广义	0.000[b]	26.025	0.099

表 5-17 是各模型参数估计结果。整体来看，六个模型中 x_3（学历）和 x_8（健康状况）在 5%的显著性水平上影响均不显著。x_7（更换工作次数）仅在陕西影响显著，但当以更换工作三次以上为参照时，β 值有正有负，说明更换工作次数的影响并不是单调的，可能存在拐点，通过观察 β 值，设更换工作一次为参照组，检验结果显示，β 均为负值，且在 $x_7=0$ 和 $x_7=2$ 上有显著影响，说明频繁地更换工作无助于陕西携眷迁移水平的提高，但适当的工作流动可增大高层级携眷迁移的可能，陕西地区的最有效流动次数为一次。x_2（首次携眷迁移层级）在除新疆外的模型中影响均显著，且 β 均为负数，$\beta_2(x_2=0)<\beta_2(x_2=1)$，陕西和青海 $\beta_2(x_2=0)$ 显著，说明随着首次携眷迁移层级的增加，农民工实现高层级携眷迁移的概率增加，西北地区及各省份（除新疆）首次携眷迁移层级越高，越容易实现下一层级的携眷迁移。其余变量在 1%或 5%显著性水平上对不同模型影响有差异。

另外发现，各模型中 x_6（打工时间）在七分类分组数据时，各分组 β 值符号不一致，意味着打工时间影响可能存在拐点，为了更好地揭示打工时间在各地区的变化规律，结合 x_6 中未通过 5%显著性水平的分组状况，适当合并了分组，重新编码，并将各模型可能出现的拐点设置为参考组（表 5-17）。结果显示 x_6 在西北地区、陕西及宁夏有显著影响，三个模型中 β 均为负数，打工时间呈倒"U"作用，拐点区间：西北地区为 10～12 年、陕西为 7～12 年、宁夏为 10～15 年。

西北地区总体看，除 x_2、x_6 影响显著外，x_1、x_9、x_{12}、x_{13}、x_{14}、x_{16} 有显著影响。β_2 为负，且 $\beta_1(x_1=1)<\beta_1(x_1=2)<\beta_1(x_1=3)$，表明随着就业职位的提高，高层级

携眷迁移的概率增加，就业职位越高，携眷迁移层级越高。β_9 都为负，进入城市后社会关系中，以传统关系为主兼有业缘关系，比完全的传统关系和以业缘关系为主的社会关系，获得高层级携眷迁移的概率大。β_{12} 为负、β_{13} 为正、β_{14} 为正，女性比男性、新生代农民工比传统农民工获得高层级携眷迁移的可能性大。从婚姻状况看，$x_{14}=2$ 影响显著，且 $\beta_{14}=2.072>0$，说明已婚者比单身携眷迁移层级高的可能性大。x_{16} 的 β 值为正，说明从事第一产业和第三产业的农民工携眷迁移水平要高于从事第二产业的，特别是从事第三产业的农民工。

表 5-17　西北地区农民工家庭化迁移影响因素（机制）的有序回归模型参数估计结果

变量阈值		西北	陕西	甘肃	宁夏	青海	新疆
		估计	估计	估计	估计	估计	估计
y	$y=0$	0.961***	2.754***	0.617	2.941**	3.100***	−54.185**
	$y=1$	2.289***	4.503***	1.720***	3.798***	4.306***	−51.050**
	$y=2$	3.512***	5.681***	2.474***	6.630***		
x_1 （4/3/2）	$x_1=1$	−0.804**		−0.782**			30.041**
	$x_1=2$	−0.756***		−0.586			
	$x_1=3$	−0.627***		−1.004			
x_2 （2）	$x_2=0$	−2.483***	−1.397**	−3.519***	−3.487***	−2.120***	
	$x_2=1$	−1.447**	−0.748	−2.890***	−3.254***	−0.996	
x_4 （否）	$x_4=0$		0.376**		−1.763***		
x_5 （否）	$x_5=0$						11.494**
x_6 （各模型可能的拐点为参照）	$x_6=1$	−0.348**	−0.550**		−1.028		
	$x_6=2$	−0.473**	−0.251		−0.038**		
	$x_6=3$				−2.304***		
▲参照组		10～12 年	7～12 年		10～15 年		
x_7 （1）	$x_7=0$		−0.542**				
	$x_7=2$		−0.200				
	$x_7=3$		−0.577**				
	$x_7=4$		−0.333				
x_9 （传统为主兼业缘3/2）	$x_9=1$	−0.353***	−0.519***		−1.833***		−23.190**
	$x_9=2$	−0.309**	−0.234		−0.205		
	$x_9=3$						−27.155**
x_{10}			0.715**				
x_{11}					0.575***		−22.544***
x_{12} （女）	$x_{12}=0$	−0.663***	−0.558***	−1.018***		−1.130***	

续表

变量阈值		西北	陕西	甘肃	宁夏	青海	新疆
		估计	估计	估计	估计	估计	估计
x_{13}（传统）	$x_{13}=0$	0.324**	0.586***			1.160**	−64.564**
x_{14}（单身）	$x_{14}=1$	1.079**	2.242***	−18.447			
	$x_{14}=2$	2.072***	2.784***	1.020***		1.903***	
x_{15}（特大城市）	$x_{15}=1$				−1.794***		−49.699**
	$x_{15}=2$				−1.825***		−37.401**
	$x_{15}=3$				−0.506		−64.272**
x_{16}（第二产业）	$x_{16}=1$	0.410	−0.179		−0.058		
	$x_{16}=2$	0.355***	0.398**		0.976**		
x_{17}（跨省）	$x_{17}=0$			0.592**			

** 表示变量在 0.05 的统计水平上显著。

*** 表示变量在 0.01 的统计水平上显著。

从西北各省份看，x_1（就业职位等级）对甘肃和新疆有显著影响，但对甘肃是负向影响，$\beta_1(x_1=1)=-0.782$，就业职位 4 级者比 1 级者实现高层级携眷迁移的概率大；对新疆是正向影响，$\beta_1(x_1=1)=30.041$，表明新疆就业职位 1 级者比其他等级更可能实现高层级携眷迁移。

各省人力资本中，x_4（打工前培训）对陕西和宁夏有显著影响，但对陕西是正向影响，而对宁夏是负向影响，陕西打工前参加培训的农民工获得高层级迁移的可能性更大，而宁夏相反。x_5（打工期间培训）对新疆有显著正向影响，打工期间参加过培训的农民工获得高层级迁移的可能性更大，其他地区打工培训的影响不显著。

各省份社会资本中，x_9（进入城市后社会关系）在西北地区的大部分省份都有显著影响。陕西和宁夏以传统关系为主兼有业缘关系为参照组时，β_9 为负，且 $x_9=1$ 影响显著，说明这两省份进入城市后社会关系中以传统关系为主兼有业缘关系的社会资本比完全的传统关系、以业缘关系为主社会资本获得高层级携眷迁移的概率大，尤其是与完全的传统关系相比。而新疆以业缘关系为主城市社会关系获得高层级携眷迁移的概率比其他两类更大，且影响显著。x_{10} 对陕西有显著影响，β_{10} 为正，陕西省农民工在打工城市拥有家属与亲朋数量越多，携眷迁移水平越高。x_{11} 对宁夏和新疆有显著影响，但对宁夏是正向影响，对新疆是负向影响，表明宁夏打工城市拥有业缘朋友的数量与等级越高，携眷迁移水平越高，但在新疆业缘关系的强化似乎阻碍了其携眷迁移水平的提高。

各省份控制变量中，x_{12} 对陕西、甘肃和青海有显著影响，β_{12} 为负，表明这三个省份女性比男性的携眷迁移水平高。x_{13} 对陕西、青海和新疆有显著影响，但对陕西、青海为正向影响，对新疆为负向影响，陕西、青海新生代农工更可能获得较高的携眷迁移水平，而新疆传统农民工更可能获得较高的携眷迁移水平。从婚姻状况看（x_{14}），陕西、甘肃和青海的$\beta_{14}(x_{14}=2)>0$，且有显著影响，说明这三省农民工已婚者比单身更可能获得较高的携眷迁移水平。另外，陕西和青海的离异者与单身相比也更可能获得较高的携眷迁移水平，甘肃离异者与已婚者携眷迁移水平没有显著差异。x_{15}（迁往城市等级）对宁夏和新疆有显著影响，β_{15}都为负，表明两省迁往特大城市的农民工比迁往其他等级城市的农民工更可能获得较高的携眷迁移水平。宁夏$\beta_{15}(x_{15}=1)>\beta_{15}(x_{15}=2)$，而新疆$\beta_{15}(x_{15}=2)>\beta_{15}(x_{15}=1)>\beta_{15}(x_{15}=3)$，意味着宁夏迁往小城市或建制镇比中等城市更可能获得较高的携眷迁移水平，而新疆迁往中等城市比迁往小城市或建制镇更可能获得较高的携眷迁移水平，进一步，以小城市或建制镇为参照组检验，结果显示二者有显著差异。在陕西和宁夏$\beta_{16}(x_{16}=2)>0$，且影响显著，表明目前从事第三产业者比从事第二产业者更可能获得较高的携眷迁移水平，但从事第一产业者与从事第二产业者之间没有显著差异。x_{17}（跨省迁移与省内迁移）仅在甘肃影响显著，$\beta_{17}>0$，表明甘肃的省内迁移比跨省迁移更可能获得较高的携眷迁移水平。

三、分析结论

总体来看，实证结果支持了前面提出的大部分研究假设。西北地区农民工携眷迁移层级越高，他们实现城市经济融入的水平越高，西北地区总体及各省份（除新疆），首次携眷迁移层级在各模型中均有负向显著影响。西北地区总体农民工的就业职位层级越高，获得高层级携眷迁移概率越大，他们实现城市经济融入的水平越高，分省份看，就业职位的这种效应显著表现在甘肃。学历和健康状况对西北地区及各省份没有显著影响，其他变量在西北地区各省份的作用有明显差异。

西北地区家庭化迁移主要通过就业职位等级、首次携眷迁移层级、地区打工时间、进入城市后社会关系、性别、年龄、婚姻和所在行业的影响机制发生作用。打工时间的作用有上限，为10～12年，进入城市后以传统关系为主兼有业缘关系比完全的传统关系和业缘关系为主，更可能实现高水平的携眷迁移，这一方面，暗示着西北地区农民工社会关系网络逐渐由内聚式团体网络向开放式团体网络转变，并在携眷迁移中发挥着积极影响，另一方面也反映出以业缘关系为纽带的生活圈子还很弱小。女性比男性、新生代农民工比传统农民工、已婚者比单身获得高层级携眷迁移水平的可能性大，这可能归因于新生代女性农民工较男性更可能会以婚姻的形式进入迁移家庭，进而促进家庭化迁移水平发展。西北地区从事第三产业的农民工更可能获得较高的携眷迁移水平，特别显著地表现在与从事第二的产业比照上，可能是因为农民工性别及行业的空间聚集性，使得农民工携眷就业渠道受限，相比第二产业农民工眷属，从事第三产业的农民工眷属较容易找到合适的工作，减少了迁移压力，从而提高了家庭化迁移水平。西北地区地区样本数据也显示，西北地区农民工有 63.2%的男性从事第二产业，仅有 32.7%的男性从事第三产业，而在第二产业中大部分男性都从事建筑业，比例达到 64.0%，这使得大部分眷属（女性或其父母）很难借助他们的就业空间找到合适的工作。

陕西家庭化迁移主要通过首次携眷迁移层级、打工前培训、打工时间、更换工作次数、进入城市后的社会关系及在打工城市拥有家属与亲朋数量、性别、年龄、婚姻和所在行业的影响机制发生作用。打工前接受过非农技术培训或岗前培训的农民工，比没有参加过培训的农民工获得高层级携眷迁移水平的可能性大。打工时间的作用有上限，为 7～12 年，比西北地区总体拐点提前 3 年，且影响时间段变长。更换工作次数仅在陕西影响显著，但频繁地更换工作反而会阻碍携眷迁移水平提高，有效流动次数为一次。社会资本中除了进入城市后以传统关系为主兼有业缘关系比完全的传统关系和业缘关系为主，更可能实现高水平的携眷迁移，打工城市拥有家属与亲朋数量也有显著的正向影响，说明家庭强社会关系在陕西携眷迁移中仍发挥着重要作用，而这一变量在西北地区其他省份没有影响。性别、年龄、婚姻和所在行业影响与西北地区总体一致。

甘肃家庭化迁移主要通过就业职位等级、首次携眷迁移层级、性别、婚姻和跨省迁移与省内迁移影响机制发生作用。人力资本和社会资本在甘肃省携眷迁移中似乎并没有发挥作用，但迁移范围对携眷迁移水平有显著影响，省内迁移比跨省迁移更可能实现高水平的迁移。性别和婚姻与西北地区总体一致。

宁夏家庭化迁移主要通过首次携眷迁移层级、打工前培训、打工时间、进入城市后社会关系、拥有业缘朋友的数量与等级、迁往城市等级和所在行业的影响机制发生作用。打工前培训影响与陕西相反，没有接受过非农技术培训或岗前培训的农民工反而更可能获得高层级携眷迁移水平，这可能与宁夏农民工参加打工前职业培训的内容层次低、形式单一有关。本次调查样本数据显示，打工前参加培训者平均培训时间，宁夏 10.1 个月，陕西 8.9 个月，差别不是很大。但从参加培训内容看，宁夏以电焊、美容美发、缝纫编织、家政服务等行业为主，仅焊工、水电工就占到53.3%，而这一比例在陕西仅为 22.5%；生产急需的实用科技知识、操作技能、服务技能等复杂技术培训及与现代化大工业、制造业相关的技工技能培训较弱，参加汽车维修装配、数控机床、计算机设计、电子机械、化工制造等培训内容者陕西占18.8%，而宁夏仅有 6.6%。从培训费用支付看，政府企业出资比例，陕西也高于宁夏，宁夏有 94.0%是自己出钱，企业出钱占 6.0%；而陕西有 80%自己出钱，13.6%企业出钱，2.4%政府出钱，自己企业共同出钱占 1.6%，自己与政府共同出钱为 0.8%，自愿者组织等其他方式出钱占 1.6%。打工时间的作用上限为 10～15 年，比西北地区总体影响时间段长。社会资本中除进入城市后社会关系外，在打工城市拥有业缘朋友的数量与等级也有显著的正向影响，表明宁夏农民工以血缘为纽带的宗族网络作用趋于弱化，新获得的异质性社会资本作用凸显，而这一变量在西北地区其他省份的影响还没有显现出来。迁往特大城市比迁往其他等级城市（小城市或建制镇、中等城市、大城市）携眷迁移水平高，迁往小城市或建制镇比中等城市携眷迁移水平高。所在行业影响与西北地区总体一致。

青海家庭化迁移主要通过首次携眷迁移层级、性别、年龄、婚姻的影响机制发生作用。人力资本和社会资本没有显著影响，性别、年龄和婚姻与西北地区总体一致。

新疆家庭化迁移主要通过就业职位等级、打工期间培训、进入城市后社会关系、拥有业缘朋友的数量与等级、年龄、迁往城市等级的影响机制发生作用。就业职位等级影响与甘肃相反，低等级职位反而更可能实现高水平携眷迁移，这可能是由样本量偏少或高等级职业中个体经营和自我雇佣者居多引起的，样本中这一比例达 45.0%，这些还待进一步研究。打工期间培训对携眷迁移为正向影响，这一变量在西北地区其他省份没有影响。以业缘关系为主的城市社会关系较其他两种关系更可能获得高层级携眷迁移水平，拥有业缘朋友的数量与等级的作用与宁夏相反，业缘关系的强化对携眷迁移水平提高有一定阻碍。传统农民工比新生代农民工获得高层级携眷迁移的可能性大，与其他省份作用正好相反。迁往特大城市比其他等级城市携眷迁移水平高，迁往中等城市比小城市或建制镇携眷迁移水平高。

第三节　西北地区农民工的事实性城市融入机制分析

一、西北地区农民工事实性城市融入机制的分析框架与假说

关于农民工的城市融入机制，刘建娥认为，影响农民工城市融入的主要因素包括居住、社区、经济、社会资本、人力资本、就业及健康 7 个关键因子，其中人力资本的促进作用最为关键[①]。李培林和田丰认为，人力资本是影响农民工城市融入的重要变量，并且在其中，工作技能水平的影响显著。受教育年限的影响不够显著[②]。金崇芳发现，收入水平对城市融入程度具有一定的正向影响[③]。李树茁等在深圳的调查发现，受过高中及以上教育、平均月收入越高、在深圳年限越长

---

① 刘建娥. 乡—城移民（农民工）社会融入的实证研究——基于五大城市的调查. 人口研究, 2010（4）：62-75.
② 李培林, 田丰. 中国农民工社会融入的代际比较. 社会, 2012（5）：1-24.
③ 金崇芳. 农民工人力资本与城市融入的实证分析——以陕西籍农民工为例. 资源科学, 2011（11）：2131-2137.

的农民工越可能与深圳市民交往[①]。任远和乔楠更多地强调了在打工城市居住时间对农民工城市融入的促进作用，认为"居留决定继续居留"[②]。

对比这些学者的研究，不难发现，学者的分歧其实只是强调影响因素的重点不同，本质上非常接近，他们实际都认为，人力资本是影响农民工城市融入的最为重要的因素，"居留决定继续居留"反映的仍然是人力资本中迁移经历的作用。这些研究存在的不足，一是没有区分城市融入的前期阶段与后期阶段。前期阶段，农民工在城市生活的经济问题没有解决，心理与身份认同不会是他们关注的主要问题；后期阶段，他们在城市生活已经不存在经济约束，心理与身份认同自然成为主要问题。而解决前后两类问题遇到的约束条件或影响因素是不同的。就西北地区农民工的情况来看，绝大多数农民工尚处于城市融入的前期阶段，他们面临的城市融入问题主要是经济问题。二是这些研究通常缺乏一个整体的分析框架，多数是强调人力资本中某个方面因素的作用，而科学研究要求在统一框架下进行较全面的分析。另外，这些研究没有能够明确区分农民工城市融入与农民工及其家庭成员城市化的不同。

西北地区农民工城市融入尚处于城市融入的前期阶段，这意味着，他们面临的经济问题主要包括就业、消费、住房，所谓的农民工城市融入就是城市经济融入，指他们在这三个方面达到城市市民的生活标准。如果城市经济融入指就业稳定化、消费市民化、住房单元化三者的统一，那么，农民工在这三个方面城市融入水平的提高由什么决定呢？三项中每项都由两个方面决定，其中一方面是城市方面的因素，分别是就业岗位供给数量与质量结构、日用消费品及教育医疗产品等的价格、商品房价格及房租水平，这些因素又受经济周期变化、宏观经济调控政策、城市等级或规模等的影响；另一方面是农民工个人方面的因素，包括人力资本、社会资本、金融资产（农村房产变现能力等）的影响。经济周期变化、宏观经济调控政策、农村房产变现能力对所有农民工都是一样的，但在我国城乡二元体制基本格局不变，且农民工基本只能通过市场化就业和创业方式在城市生存与发展的前提下，有意愿有能力在经济上融入城市的只是一少部分农民工，或者说，只有一少部分农民工在他们之间的竞争中实现了融入城市的目标。由此可知，决定农民工及其家庭成员城市融入的主要因素有两个。一是城市等级，通常城市等级越高，生活成本越高，越难以在经济上融入这样的城市，反之，城市等级越低，生活成本越低，越易于在经济上融入这样的城市。二是农民工个人的经济素质，也就是人力资本、社会资本条件，特别是前者，在这方面的能力越强，在市场化就业竞争中就越容易实现在城市的职业等级上升与收入增长，就越有条件在上述三个方面融入城市。农民工及其家庭成员的城市融入是由这两方面的交集决定的。

---

① 李树茁, 任义科, 靳小怡, 等. 中国农民工的社会融合及其影响因素研究——基于社会支持网络的分析. 人口与经济, 2008（2）：1-8.

② 任远, 乔楠. 城市流动人口社会融合的过程、测量及影响因素. 人口研究, 2010（2）：11-20.

　　需要说明的是，那种认为"对行为性永久迁移起主要影响作用的人力资本因素，如年龄、文化程度、外出打工时间和迁移成本（有无责任田）在制度性永久迁移解释中完全不起作用"，且"收入越高的农民工反而越不愿意将户口迁入打工所在城市"，子女在城市的上学需要等"制度合法性压力"是农民工选择制度性永久迁移的主要因素①。这种观点与我们的看法并不矛盾，原因是，农民工及其家庭成员的城市融入，可以有三种类型。①单纯制度性融入，指农民工及其家庭成员只是获得了城市户口但生活消费未达到城市的最低水平，也基本上没有经常性地采取市民生活方式，一些城市郊区被征地农民工整体转变为市民后就是如此。②单纯事实性融入，指农民工及其家庭成员没有获得城市户口，但生活消费达到或超过了城市的最低水平，能够经常性地采取市民生活方式，少部分精英农民工在城市的状态就是如此。③事实性融入与制度性融入的统一，农民工及其家庭成员既获得了城市户口，也具备在城市的生活条件，他们和城市原有市民一样在城市生活。通过积分制获得户口的中山市、宁波市等城市的农民工就是如此。

　　本节研究的是农民工及其家庭成员的城市经济融入，即不考虑是否获得城市户口，仅指单纯事实性经济融入。农民工中部分人基于利益最大化考虑，可能并没有获得城市户口的意愿，但即使如此，却不能否定他们已经融入城市生活的事实。明确这点，就可使分析相对简单化，也就是本节只考虑农民工及其家庭成员单纯事实性融入城市的决定机制，暂时不考虑他们是否需要及如何实现在城市的制度性融入。因此，仅将城市等级、农民工的人力资本，社会资本等看作决定其城市融入（单纯事实性融入）的主要因素，就是合理的。另外，由于本书区分了农民工城市融入与其家庭成员城市化迁移进程的不同，因此，后一进程被看作影响其城市融入的一个重要因素。

　　由此提出如下关于西北地区农民工事实性城市融入的假设。

　　假设一：农民工携眷迁移层级越高，他们实现城市经济融入的水平越高。

　　假设二：农民工就业的职位层级越高，他们实现城市经济融入的水平越高。

　　假设三：农民工的人力资本水平越高，他们实现城市经济融入的水平越高。

　　假设四：农民工的社会资本水平越高，他们实现城市经济融入的水平越高。

二、西北地区农民工事实性城市融入机制的实证分析

（一）变量选取与赋值

　　实证基础数据来源于本课题组 2013 年组织的"进入城镇打工农民就业变化与

① 蔡禾，王进. "农民工"永久迁移意愿研究. 社会学研究，2007（6）：86-112.

市民化调查"问卷。在打工者流出地为西北地区的 899 份样本中，剔除与本研究相关的重要变量缺失的问卷后，整理出有效研究问卷共 660 份，有效率为 73.4%。

1. 因变量

城市融入度（y）运用主成分分析法获得城市融入度综合指数来反映。通过三个维度考察：就业融入度（c_1）、消费融入度（c_2）、住房融入度（c_3）。根据问卷中目前就业状态、目前月消费支出、现城镇住房情况三个方面的信息分别反映。

目前就业状态为四分类有序变量，从低到高为无劳动合同（包括临时工和无酬家庭劳动）、短期劳动合同、长期劳动合同、自我雇佣，依次赋值为"1""2""3""4"。目前月消费支出为有序分组变量，组距为 500 元，分别赋值"1~7"，最低组为 500 元以下，赋值为"1"，最高组为 3000 元以上，赋值为"7"。现在城镇住房情况分为四种，单位宿舍（包括与他人合租、借住亲友或雇主家、无固定住所）、城中村租住房、城市住宅小区租住房、购买商品住房（包括自建房居住），依次赋值为"1""2""3""4"。

2. 自变量

自变量包括携眷迁移层级、就业职位等级、稳定的收入、人力资本、社会资本。

稳定的收入（x_3）为定距变量，根据目前职业的月平均水平加权而得，目前职业是长期劳动合同或自我雇佣，权值为 1，是短期劳动合同，权值为 0.8，是无劳动合同，权值为 0.5。

携眷迁移层级（x_1）、就业职位等级（x_2）、人力资本、社会资本及控制变量的获得和定义与本章第二节一致，但变量的赋值与编码有所不同。

人力资本包括学历（x_4）、打工前培训（x_5）、打工期间培训（x_6）、打工时间（x_7）、更换工作次数（x_8）、健康状况（x_9）6 个变量。

社会资本包括进入城市后社会关系（x_{10}）、打工城市拥有家属与亲朋数量（x_{11}）、拥有业缘朋友的数量与等级（x_{12}）3 个变量。

控制变量选取性别（x_{13}）、年龄（x_{14}）、婚姻（x_{15}）、前往城市等级（x_{16}）、所在行业（x_{17}）、跨省迁移与省内迁移（x_{18}）6 个控制变量。

其中二分类虚拟变量有 7 个：打工前培训（参照组：否）、打工期间培训（参照组：否）、健康状况（参照组：差）、性别（参照组：女）、年龄（参照组：传统农民工）、婚姻（参照组：未婚及离异）、跨省迁移与省内迁移（参照组：省内迁移）。

多分类虚拟变量有 4 个：携眷迁移层级（参照组：未发生迁移）、进入城市后社会关系（参照组：完全的传统关系）、前往城市等级（参照组：小城市或建制镇）、所在行业（参照组：第一产业）。各变量的表示符号见表 5-18 与表 5-19。

表 5-18　多分类虚拟变量符号及含义

变量	变量符号	含义	变量	变量符号	含义
携眷迁移层级（x_1）	$x_{1(1)}$	第 1 梯级	前往城市等级 x_{16}	$x_{16(1)}$	中等城市
	$x_{1(2)}$	第 2 梯级		$x_{16(2)}$	大城市
	$x_{1(3)}$	第 3 梯级		$x_{16(3)}$	特大城市
进入城市后社会关系（x_{10}）	$x_{10(1)}$	以传统关系为主兼有业缘关系	所在行业 x_{17}	$x_{17(1)}$	第二产业
	$x_{10(2)}$	以业缘关系为主		$x_{17(2)}$	第三产业

表 5-19　全部变量与代表符号对照表

变量	符号	变量	符号
城市融入度	y	进入城市后社会关系-传统为主兼业缘	$x_{10(1)}$
携眷迁移层级—第 1 梯级	$x_{1(1)}$	进入城市后社会关系-业缘为主	$x_{10(2)}$
携眷迁移层级—第 2 梯级	$x_{1(2)}$	打工城市拥有家属与亲朋的数量	x_{11}
携眷迁移层级—第 3 梯级	$x_{1(3)}$	打工城市拥有业缘朋友的数量与等级	x_{12}
就业职位等级	x_2	性别（女）	x_{13}
稳定的收入	x_3	年龄（传统农民工）	x_{14}
学历	x_4	婚姻（未婚及离异）	x_{15}
打工前培训（否）	x_5	前往城市的等级—中等城市	$x_{16(1)}$
打工期间培训（否）	x_6	前往城市的等级—大城市	$x_{16(2)}$
打工时间	x_7	前往城市的等级—特大城市	$x_{16(3)}$
打工时间平方	x_7^2	所在行业—第二产业	$x_{17(1)}$
更换工作次数	x_8	所在行业—第三产业	$x_{17(2)}$
更换工作次数平方	x_8^2	跨省迁移与省内迁移（省内）	x_{18}
健康状况	x_9		

（二）研究方法与城市融入度综合指数模型

1933 年，Hotelling 提出主成分分析方法，主成分分析的核心思想就是通过降维，把多个指标化为少数几个综合指标，而尽量不改变指标体系对因变量的解释程度。主成分分析设法将原来众多具有一定相关性（如 p 个指标），重新组合成一组新的互相无关的综合指标代替原来的指标。通常数学上的处理就是将原来 p 个指标作线性组合，作为新的综合指标。最经典的做法就是用 F_1（选取的第一个线性组合，即第一个综合指标）的方差来表达，即 $\text{Var}(F_1)$ 越大，表示 F_1 包含的信息越多。因此在所有的线性组合中选取的 F_1 应该是方差最大的，故称 F_1 为第一主成分。如果第一主成分不足以代表原来 p 个指标的信息，再考虑选取 F_2 即选第二个线性组合，为了有效地反映原来信息，F_1 已有的信息就不需要再出现在 F_2 中，用数学语言表达就是要求 $\mathrm{Cov}(F_1, F_2) = 0$，则称 F_2 为第二主成分，以此类推可以构造出第3、第4……第 P 个主成分。

实践中，主成分分析的一个重要应用，就是用于对一个系统的运行情况进行综合评价分析，也就是对反映研究对象运行情况的众多指标先进行主成分分析，按一定规则提取少数几个主成分，并进一步将其综合成为一个综合指标，然后进行评价分析。由所提取的几个主成分综合为一个综合指标用的是加权算术平均的方法，即以各主成分的方差贡献率比例为权数，对各主成分得分进行加权平均，得出最后的综合评价得分。方差贡献率描述了各主成分在反映各个原始指标信息量方面的能力大小，所以，将各主成分的方差贡献率作为各主成分的权重，实际上就是一种客观赋权。

假设有 n 个样本，每个样本共有 p 个变量，构成 $n \times p$ 阶的数据矩阵：

$$C = \begin{bmatrix} c_{11} & a_{12} & \cdots & a_{1p} \\ c_{21} & c_{22} & \cdots & c_{2p} \\ \vdots & \vdots & & \vdots \\ c_{n1} & c_{n2} & \cdots & c_{np} \end{bmatrix}$$

记原变量指标为 $c_1, c_2, \cdots, c_p$，设它们降维处理后的综合指标，即新变量为 $F_1, F_2, \cdots, F_m (m \leqslant p)$，则

$$\begin{cases} F_1 = a_{11}c_1 + a_{12}c_2 + \cdots + a_{1p}c_p \\ F_2 = a_{21}c_1 + a_{22}c_2 + \cdots + a_{2p}c_p \\ \qquad\qquad\qquad \vdots \\ F_m = a_{m1}c_1 + a_{m2}c_2 + \cdots + a_{mp}c_p \end{cases}$$

主成分分析法的主要任务有两点。

（1）确定各主成分 F_i 关于原变量 c_i 的表达式，即系数 a_{ij}，从数学上可以证明，原变量协方差矩阵的特征根是主成分的方差，所以前 m 个较大特征根就代表前 m 个较大的主成分方差值；原变量协方差矩阵前 m 个较大的特征值 λ_i 所对应的特征向量就是相应主成分 F_i 表达式的系数 a_i，为了加以限制，系数 a_i 启用的是 λ_i 对应的单位化的特征向量，即有 $a_i' a_i = 1$。

（2）计算主成分载荷，主成分载荷反映主成分与原变量之间的相互关联程度：

$$p(F_k, c_i) = \sqrt{\lambda_k} a_{ki} \ (i = 1, 2, \cdots, p; k = 1, \cdots, m)。$$

主成分分析法获得综合指数的基本步骤[1]为：①对原始数据（目前就业状态、

① 葛强，雷艳娇. 云南省水资源承载力与可持续利用研究. 人民珠江，2004（1）：29-31.

目前月消费支出、现城镇住房）进行标准化（消除量纲）；②计算标准化后相关系数矩阵；③计算相关系数矩阵的特征值与特征向量；④计算方差贡献率；⑤求主成分权重；⑥计算综合数得分。研究过程中使用 SPSS20.0 软件作为数据分析的技术支持工具。

c_1、c_2、c_3 变量做 KMO 和 Bartlett 球形检验，结果显示（表 5-20），KMO 统计量是 0.716，大于 0.700，Bartlett 球形检验显著性值为 0.000，小于 0.050。说明各指标之间具有较高相关性，适合进行主成分分析。主成分分析时选择提取三个因子，特征值及解释的总方差、成分矩阵如表 5-21。

表 5-20　变量 c_1，c_2，c_3 的 KMO 和 Bartlett 的球形检验结果

取样足够度的 Kaiser-Meyer-Olkin 度量		0.716
Bartlett 的球形度检验	近似卡方	326.117
	df	3.000
	Sig.	0.000

表 5-21　主成分提取汇总表

成分	解释的总方差							成分矩阵		
	初始特征值			提取平方和载入				成分		
	合计	方差的/%	累积/%	合计	方差的/%	累积/%		1	2	3
1	1.537	51.240	51.240	1.537	51.240	51.240	Zc_1	0.711	0.664	0.232
2	0.739	24.629	75.868	0.739	24.629	75.868	Zc_2	0.715	−0.530	0.456
3	0.724	24.132	100.000	0.724	24.132	100.000	Zc_3	0.722	−0.129	−0.680

注：Zc_1、Zc_2、Zc_3 是 c_1、c_2、c_3 的标准化值。

可以看到，三个主成分因子中有两个特征值小于 1，但还是考虑保留。由于考虑到这两个因子方差贡献率差不多，且进行主成分分析的目的不是对变量降维，而是要获得综合值，为了更全面包含指标信息，所以将三个主成分都纳入最终分析。

根据成分矩阵因子载荷数，三个特征值 $\lambda_1 = 1.537$，$\lambda_2 = 0.739$，$\lambda_3 = 0.724$，对应的标准正交化特征向量分别为：$\left(\dfrac{0.711}{\sqrt{\lambda_1}}, \dfrac{0.715}{\sqrt{\lambda_1}}, \dfrac{0.722}{\sqrt{\lambda_1}} \right)$，$\left(\dfrac{0.644}{\sqrt{\lambda_2}}, \dfrac{-0.530}{\sqrt{\lambda_2}}, \dfrac{-0.129}{\sqrt{\lambda_2}} \right)$，$\left(\dfrac{0.232}{\sqrt{\lambda_3}}, \dfrac{0.456}{\sqrt{\lambda_3}}, \dfrac{-0.680}{\sqrt{\lambda_3}} \right)$。进而得到三个主成分线性组合中的系数 a_{ij}。最终以各主成分的方差贡献率比例为权数，对各主成分得分进行加权平均，获得城市融入度综合得分。

城市融入度指数综合得分模型 F 如下：

$$F = 51.24 \times (a_{11}Zc_1 + a_{12}Zc_2 + a_{13}Zc_3)$$
$$+ 24.629 \times (a_{21}Zc_1 + a_{22}Zc_2 + a_{23}Zc_3) + 24.132 \times (a_{31}Zc_1$$
$$+ a_{32}Zc_2 + a_{33}Zc_3)$$
$$= 51.240 \times F_1 + 24.629 \times F_2 + 24.132 \times F_3$$
$$= 54.84Zc_1 + 27.32Zc_2 + 6.82Zc_3 \tag{5-5}$$

通过上述城市融入度综合指数模型计算各样本的城市融入度，由于因变量为连续型数据，所以考虑选择多元线性回归进行实证。基本模型为

$$y = \beta_0 + \beta_1 x_1 + \beta_2 x_2 + \cdots + \beta_{18} x_{18} + \mu \tag{5-6}$$

式中，$\beta_0, \cdots, \beta_{18}$ 为模型参数；μ 为随机扰动项。

（三）计量分析结果与解释

运用 SPSS 20.0 分别对西北地区及西北地区各省份的样本进行检验，为了进一步考查打工时间（x_7）和更换工作次数（x_8）是否存在上限，将 x_7^2 和 x_8^2 一并放入模型进行回归，检验显著性水平 $P = 0.05$。首先用强迫进入法进行回归，然后逐次删除显著性水平值最大变量，多次迭代后最终保留所有通过 5% 显著性水平的变量，建立起模型 1（西北地区）、模型 2（陕西）、模型 3（甘肃）、模型 4（宁夏）、模型 5（青海）、模型 6（新疆）。由模型汇总表（表 5-22）可知西北地区、陕西、甘肃、宁夏、青海及新疆模型总体卡方值的显著性水平 $P = 0.000$，模型总体上有效，模型总体对城市融入度的解释率依次为 32%、35.3%、31.8%、69.5%、67.4%、94%；西北地区、陕西、甘肃、宁夏、青海及新疆各模型的 DW 统计量依次为 1.863、1.945、2.086、2.003、1.825、2.012，说明各模型不存在自相关；六个模型的容差＞0.1，膨胀因子 VIF＜10（除更换工作次数和更换工作次数平方外）（表 5-24～表 5-29），各模型不存在多重共线性，由残差散点图观察，各模型残差分布的随机性较好（图 5-1）。为了更清晰地比较各模型，表 5-23 总结了六个模型通过显著性影响的变量及其影响方向。

表 5-22　各模型汇总

模型		平方和	均方	F	Sig.		
1	回归	116.275	10.570	31.906	0.000[a]	R^2	0.331
	残差	235.221	0.331			调整 R^2	0.320
	总计	351.496				Durbin-Watson	1.863
2	回归	59.170	4.226	16.053	0.000[a]	R^2	0.378
	残差	99.783	0.263			调整 R^2	0.353
	总计	158.953				Durbin-Watson	1.945

续表

模型		平方和	均方	F	Sig.		
3	回归	26.275	4.379	12.786	0.000ᵃ	R²	0.344
	残差	50.002	0.342			调整 R²	0.318
	总计	76.277				Durbin-Watson	2.086
4	回归	37.550	5.364	23.760	0.000ᵃ	R²	0.725
	残差	14.223	0.226			调整 R²	0.695
	总计	51.773				Durbin-Watson	2.003
5	回归	32.626	2.966	15.091	0.000ᵃ	R²	0.722
	残差	12.578	0.197			调整 R²	0.674
	总计	45.204				Durbin-Watson	1.825
6	回归	8.964	1.494	32.423	0.000ᵃ	R²	0.970
	残差	0.276	0.046			调整 R²	0.940
	总计	9.240				Durbin-Watson	2.012

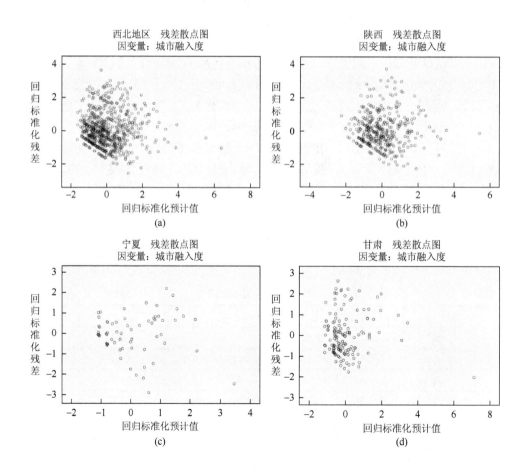

(a) 　(b) 　(c) 　(d)

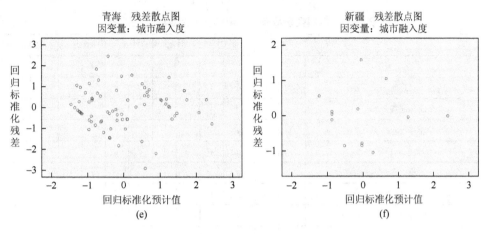

图 5-1 残差散点图

数据显示，健康状况（x_9）、进入城市后社会关系（x_{10}）及跨省迁移与省内迁移（x_{18}）三个变量，对西北地区总体及 5 省份农民工的事实性城市融入（城市经济融入）均没有显著影响，六个模型中均未通过 5%显著性水平检验。携眷迁移层级（x_1）、就业职位等级（x_2）及稳定的收入（x_3）三个变量在大部分模型中都有显著影响，尤其就业职位等级（x_2）在六个模型中都有显著的正向影响，而 x_3 在除宁夏以外的五个模型中均有显著的正向影响，与之前预期的影响方向一致，说明西北地区总体及西北地区各省份农民工就业职位等级越高、稳定的收入越高，城市经济融入度越高，实现事实性城市融入水平越高。结合本章第二节实证，可看到：就业职位在促进农民工家庭化迁移水平提高的基础上，还会进一步推动西北地区农民工城市经济融入的深度发展，在控制其他变量的情况下，就业职位等级在本节的六个模型中都有显著影响。携眷迁移层级对西北地区总体、陕西、宁夏和新疆有显著的正向影响，而对甘肃和青海没有显著影响，表明家庭人口城市化迁移进程是西北地区农民工城市融入的重要因素。从西北地区总体看，携眷迁移层级为第 1 梯级、第 2 梯级和第 3 梯级的农民工的 $\beta_{1(1)}$、$\beta_{1(2)}$、$\beta_{1(3)}$ 依次为 0.236、0.536、0.483，与"单独一人"未发生携眷梯级迁移的农民工相比，第 1 梯级迁移农民工城市融入度指数平均增加 0.236，第 2 梯级迁移农民工城市融入度指数平均增加 0.536，第 3 梯级迁移农民工城市融入度指数平均增加 0.483，且 $\beta_{1(2)} > \beta_{1(1)}$、$\beta_{1(3)} > \beta_{1(1)}$，携眷迁移层级越高，实现城市经济融入的水平越高。携眷迁移层级对各省份的影响：陕西与西北地区总体一致，且 $\beta_{1(3)} > \beta_{1(2)} > \beta_{1(1)}$；宁夏更显著地表现在第 1 梯级和第 2 梯级携眷迁移农民工上，而新疆更显著地表现在第 3 梯级携眷迁移农民工上。其他变量在各省份间影响有较大差异。

表 5-23　各模型系数有显著影响变量及影响方向汇总

变量	西北		陕西		甘肃		宁夏		青海		新疆	
（常量）												
携眷迁移进程—第1梯级	√	+	√	+			√	+			√*	+
携眷迁移层级—第2梯级	√	+	√	+			√	+			√*	−
携眷迁移层级—第3梯级	√	+	√	+			√*	+			√	
就业职位等级	√	+	√	+	√	+	√	+	√	+	√	+
稳定的收入	√	+	√	+			√	+	√	+		
学历			√						√	+		
打工前培训（否）	√	+					√	+				
打工期间培训（否）	√	+							√	+		
打工时间				+								
更换工作次数	√	+	√*	+								
更换工作次数平方	√	−										
健康状况（差）												
进入城市后社会关系—传统为主兼业缘												
进入城市后社会关系-业缘为主												
打工城市拥有家属与亲朋的数量											√	+
打工城市拥有业缘朋友的数量与等级	√	+	√	+	√	+						
性别（女）			√	+					√	−		
年龄（传统农民工）			√	+								
婚姻（未婚及离异）	√	+			√	+			√	+		
前往城市等级—中等城市									√*	−		
前往城市等级—大城市									√	−		
前往城市等级—特大城市									√	−		
所在行业—第二产业			√*	+	√	−	√	−				
所在行业—第三产业			√	+	√*	−	√*	−				
跨省迁移与省内迁移（省内）												

注："（）"中为二分类虚拟变量的参照组，"√"为 5%水平上影响显著的变量，"√*"为 10%水平上影响显著的变量，"+"和"−"分别表示正向影响和负向影响。

　　人力资本中，就西北地区总体来看，打工前培训（x_5）、打工期间培训（x_6）、更换工作次数（x_8）3 个变量都有显著的正向影响，更换工作次数的平方（x_8^2）有显著的负向影响，说明更换工作次数的影响并不是单调的，适当地更换工作有助于西北地区农民工城市经济融入水平的提高，但频繁更换工作对其城市融入有一定的负面影响。从标准化系数 β 值来看，培训在西北地区农民工城市融入影响上，打工前培训比打工期间培训作用更强一些，打工前接受非农业技术培训或岗前培训的影响大于打工期间参加教育或技术培训的影响，标准化系数 $\beta(x_5) = 0.151 > \beta(x_6) = 0.066$。从各省份来看，学历（$x_4$）对陕西和青海有显著的正向影响，陕西农民工学历每提高一个层次，其城市经济融入度指数增加 0.064，青海农民工学历每提高一个层次，其城市经济融入度指数增加 0.148。打工前培训对陕西、宁夏及青海三省份有显著的正向影响，而打工期间培训仅对青海有显著的正向影响。打工时间（x_7）仅对陕西有显著的正向影响，$\beta_7 = 0.059$，在其他变量不变的情况下，打工时间平均增加 3 年，城市经济融入度指数平均增加 0.059，陕西农民工进城务工的年限越长，城市经济融入的水平越高。更换工作次数仅对陕西有影响，影响方向与西北地区总体一致。

社会资本中，从西北地区总体来看，打工城市拥有业缘朋友的数量与等级（x_{12}）有显著的正向影响，而打工城市拥有家属与亲朋的数量（x_{11}）没有显著影响。社会资本能够在就业信息提供、物质性帮助、情感支持等方面为农民工的城市融入提供社会支持，这种社会支持网络最终影响农民工的城市经济融入度。数据显示，家庭强社会关系对西北地区农民工城市经济融入的作用在弱化，而弱社会关系资本对城市经济融入的促进作用越来越明显，在打工城市拥有业缘朋友的数量与等级综合得分每提高 1 分，城市经济融入度指数增加 0.06。从各省份看，x_{11} 对新疆有显著的正向影响，在打工城市每多 1 位家属与亲朋，新疆农民工的城市经济融入度指数增加 0.493，意味着家庭强社会关系在新疆农民工城市经济融入中仍发挥着重要作用；而 x_{12} 对陕西和甘肃有显著的正向影响，打工城市拥有业缘朋友的数量与等级综合得分每增加 1 分，陕西农民工城市经济融入度指数增加 0.073，甘肃农民工城市经济融入度指数增加 0.042。社会资本对宁夏和青海没有显著的影响。

控制变量中，从西北地区总体来看，只有婚姻（x_{15}）有显著正向影响，与未婚及离异农民工相比，西北地区已婚农民工城市经济融入度稍高，比未婚及离异平均高 0.152。从各省份来看，性别（x_{13}）对陕西和青海有显著影响，但对两省的影响方向不同，对陕西为正向影响，对青海为负向影响。在其他变量不变的情况下，模型 2 显示，陕西农民工男性比女性城市经济融入度高，平均高 0.136；模型 5 显示，青海农民工女性比男性城市经济融入度高，平均高 0.279。年龄（x_{14}）仅对陕西有显著的正向影响，陕西新生代农民工比传统农民工社会经济融入度高，平均高 0.194。婚姻（x_{15}）对甘肃和青海有显著影响，且影响方向一致，都为正向影响，与未婚及离异相比，甘肃已婚农民工城市融入度平均高 0.208，青海已婚农民工平均高 0.359。前往城市等级（x_{16}）仅对青海有显著负向影响，特别表现在前往大城市和特大城市的青海农民工身上，模型 5 显示，与前往小城市或建制镇的青海农民工相比，前往大城市的青海农民工城市经济融入度平均低 0.411，前往特大城市的青海农民工城市经济融入度平均低 0.495，$\beta_{16(2)}>\beta_{16(3)}$，前往城市等级越高，城市经济融入水平越低。所在行业（x_{17}）对陕西、甘肃和宁夏 3 省份有显著影响，但影响作用差异较大。对陕西为正向作用，而对甘肃和宁夏为负向作用，且陕西特别表现在目前从事第三产业农民工上，宁夏特别表现在目前从事第二产业农民工上，而在甘肃目前从事第二、第三产业农民工上均显著。与目前从事第一产业的农民工城市经济融入相比，陕西目前从事第三产业的农民工城市经济融入度提高 0.344，宁夏目前从事第二产业农民工城市经济融入度降低 0.384，而甘肃目前从事第二、第三产业农民工的城市经济融入度分别降低 0.512 和 0.397，可见，西北地区多数省份农民工的城市经济融入优势仍然停留在第一产业农民工上。

三、分析结论

总体来看，实证结果支持了前面提出的大部分研究假设。携眷迁移层级、就业职位等级及稳定的收入对西北地区农民工城市经济融入水平有重要影响，携眷迁移层级、就业职位等级及稳定的收入水平越高，城市经济融入度越高，从标准化 β 系数判断，这三个变量在西北地区总体模型中影响排在前三位，在各省份影响显著的模型中影响大小也几乎在前三位。另外，西北地区整体城市经济融入还来自打工前培训、打工期间培训、更换工作次数，以及打工城市拥有业缘朋友的数量与等级的作用机制，且打工前培训影响要大于打工期间培训影响。从社会资本的总体影响看，家庭强社会关系对西北地区农民工城市经济融入的作用在弱化，而弱社会关系资本对城市经济融入的促进作用越来越明显。各省份城市经济融入在人力资本及社会资本的作用机制与影响程度上有显著差异，在控制变量的影响上也有不同。

陕西城市经济融入影响较多元，主要通过人力资本中学历、打工前培训、打工时间、更换工作次数，社会资本中打工城市拥有家属与亲朋数量，以及性别、年龄、所在行业的影响机制发生作用。人力资本影响大小：打工时间＞打工前培训＞学历＞更换工作次数，标准化系数 $\beta_7>\beta_5>\beta_4>\beta_{8-8^2}$。控制变量影响大小：所在行业＞年龄＞性别，标准化系数 $\beta_{17(2)}>\beta_{14}>\beta_{13}$。

甘肃城市经济融入影响较单一，主要通过社会资本中打工城市拥有家属与亲朋数量，以及婚姻和所在行业的影响机制发生作用。人力资本在甘肃省城市经济融入上没有发挥有效作用；婚姻和打工城市拥有业缘朋友的数量与等级为正向影响，而所在行业为负向影响。婚姻影响略大于打工城市拥有业缘朋友的数量与等级的影响，标准化系数 $\beta_{15}>\beta_{12}$；所在行业中，第一产业从业比第二、第三产业从业更能有效提高城市经济融入水平。

宁夏城市经济融入影响也较单一，主要通过打工前培训及所在行业的影响机制发生作用。社会资本在甘肃省城市经济融入上没有发挥有效作用；行业的影响与甘肃类似，第一产业从业更能有效提高城市经济融入水平，且与第一产业相比，第二产业负效应比第三产业更大，标准化系数 $\beta_{17(1)} < \beta_{17(2)}$。

青海城市经济融入影响也较多元，主要通过学历、打工前培训、打工期间培训性别、婚姻、前往城市等级的影响机制发生作用，而社会资本机制在青海城市经济融入上没有发挥有效作用。人力资本影响大小：打工前培训＞打工期间培训＞学历，标准化系数 $\beta_5 > \beta_6 > \beta_4$。控制变量影响大小：婚姻＞性别，相应地，$\beta_{15} > \beta_{13}$。前往城市等级为负向效应，且西北地区五省份中仅有青海影响显著。前往城市等级越高，城市经济融入水平越低，标准化系数 $\beta_{16(3)} < \beta_{16(2)}$。

新疆城市经济融入影响很单一，除了西北地区普遍产生效应的携眷迁移层级、就业职位等级及稳定的收入作用机制，仅有打工城市拥有家属与亲朋数量影响机制作用。表明家庭强社会关系在新疆农民工城市经济融入中仍发挥着重要作用，而这一变量在西北地区其他四省份没有显著影响。

表 5-24　西北系数

模型 1	非标准化系数		标准系数	t	Sig.	相关性			共线性统计量	
	B	标准误差	试用版			零阶	偏	部分	容差	VIF
（常量）	−0.837	0.074		−11.323	0.000					
携眷迁移—第 1 层级	0.236	0.056	0.141	4.230	0.000	0.126	0.157	0.130	0.849	1.178
携眷迁移—第 1 层级	0.536	0.081	0.214	6.649	0.000	0.220	0.242	0.204	0.912	1.097
携眷迁移—第 3 层级	0.483	0.115	0.131	4.210	0.000	0.124	0.156	0.129	0.969	1.032
就业职位等级	0.205	0.023	0.285	8.971	0.000	0.346	0.319	0.275	0.933	1.072
稳定的收入	0.006	0.001	0.198	6.331	0.000	0.253	0.231	0.194	0.968	1.033
打工前培训（否）	0.239	0.052	0.151	4.636	0.000	0.210	0.171	0.142	0.888	1.126
打工期间培训（是＝1；否＝0）	0.105	0.053	0.066	1.984	0.048	0.174	0.074	0.061	0.862	1.160
打工城市拥有业缘朋友的数量与等级	0.060	0.013	0.149	4.678	0.000	0.225	0.173	0.144	0.925	1.081
婚姻—未婚及离异	0.152	0.051	0.100	2.971	0.003	0.109	0.111	0.091	0.828	1.208
更换工作次数	0.110	0.052	0.226	2.098	0.036	−0.089	0.079	0.064	0.081	12.335
更换工作次数平方	−0.034	0.013	−0.293	−2.709	0.007	−0.116	−0.101	−0.083	0.081	12.388

表 5-25　陕西系数

模型 2	非标准化系数		标准系数	t	Sig.	共线性统计量	
	B	标准误差	试用版			容差	VIF
（常量）	−1.522	0.212		−7.195	0.000		
携眷迁移—第 1 层级	0.204	0.063	0.138	3.251	0.001	0.914	1.094
携眷迁移—第 2 层级	0.545	0.116	0.197	4.699	0.000	0.935	1.069
携眷迁移—第 3 层级	0.699	0.169	0.173	4.126	0.000	0.936	1.069
就业职位等级	0.187	0.028	0.282	6.570	0.000	0.893	1.120
稳定的收入	0.007	0.001	0.270	6.398	0.000	0.928	1.078
学历	0.064	0.035	0.082	1.825	0.049	0.817	1.224
打工前培训（否）	0.162	0.060	0.115	2.685	0.008	0.892	1.121
更换工作次数	0.116	0.065	0.252	1.792	0.074	0.083	12.021
更换工作次数平方	−0.040	0.016	−0.362	−2.572	0.010	0.083	12.049
打工城市拥有业缘朋友的数量与等级	0.073	0.016	0.190	4.546	0.000	0.941	1.063
性别（女）	0.136	0.064	0.097	2.112	0.035	0.781	1.280
年龄（传统农民工）	0.194	0.072	0.151	2.681	0.008	0.518	1.930
从事行业—第二产业	0.242	0.170	0.187	1.427	0.154	0.228	4.392
从事行业—第三产业	0.344	0.172	0.262	2.002	0.046	0.226	4.425
打工时间	0.059	0.018	0.187	3.212	0.001	0.485	2.060

表 5-26　甘肃系数

模型 3	非标准化系数		标准系数	t	Sig.	共线性统计量	
	B	标准误差	试用版			容差	VIF
（常量）	−0.255	0.239		−1.065	0.288		
就业职位等级	0.210	0.057	0.291	3.671	0.000	0.716	1.397
稳定的收入	0.024	0.006	0.296	4.017	0.000	0.826	1.211
婚姻—未婚及离异	0.208	0.102	0.141	2.048	0.042	0.949	1.054
从事行业—第二产业	−0.512	0.217	−0.362	−2.356	0.020	0.191	5.243
从事行业—第三产业	−0.397	0.223	−0.277	−1.784	0.077	0.187	5.357
打工城市拥有业缘朋友的数量与等级	0.042	0.027	0.110	1.569	0.039	0.910	1.099

表 5-27　宁夏系数

模型 4	非标准化系数		标准系数	t	Sig.	共线性统计量	
	B	标准误差	试用版			容差	VIF
（常量）	−0.431	0.185		−2.327	0.023		
携眷迁移—第 1 层级	0.901	0.174	0.351	5.163	0.000	0.944	1.059
携眷迁移—第 2 层级	1.124	0.148	0.550	7.573	0.000	0.827	1.209
携眷迁移—第 3 层级	0.381	0.356	0.074	1.072	0.288	0.917	1.090
稳定的收入	0.041	0.007	0.412	5.826	0.000	0.871	1.148
打工前培训（否）	0.535	0.133	0.272	4.006	0.000	0.943	1.060
从事行业—第二产业	−0.384	0.201	−0.222	−1.908	0.047	0.322	3.102
从事行业—第三产业	−0.177	0.195	−0.103	−0.908	0.367	0.337	2.969

表 5-28　青海系数

模型 5	非标准化系数		标准系数	t	Sig.	共线性统计量	
	B	标准误差	试用版			容差	VIF
（常量）	−1.095	0.262		−4.173	0.000		
就业职位等级	0.224	0.086	0.211	2.596	0.012	0.658	1.520
稳定的收入	0.123	0.023	0.359	5.294	0.000	0.945	1.058
学历	0.148	0.065	0.163	2.273	0.026	0.845	1.184
打工前培训（否）	0.629	0.151	0.390	4.171	0.000	0.496	2.014
打工期间培训（是＝1；否＝0）	0.403	0.144	0.250	2.805	0.007	0.548	1.826
性别（女）	−0.279	0.111	−0.172	−2.521	0.014	0.936	1.068
婚姻—未婚及离异	0.359	0.125	0.214	2.867	0.006	0.781	1.281
前往城市等级—中等城市	−0.016	0.195	−0.006	−0.080	0.937	0.723	1.383
前往城市等级—大城市	−0.411	0.129	−0.267	−3.189	0.002	0.622	1.607

表 5-29　新疆系数

模型 6	非标准化系数		标准系数	t	Sig.	共线性统计量	
	B	标准误差	试用版			容差	VIF
（常量）	−2.040	0.286		−7.144	0.000		
就业职位等级	0.644	0.065	1.114	9.837	0.000	0.389	2.573
稳定的收入	0.007	0.008	0.083	0.847	0.034	0.518	1.931

模型 6	非标准化系数		标准系数	t	Sig.	共线性统计量	
	B	标准误差	试用版			容差	VIF
打工城市拥有家属与亲朋的数量	0.493	0.115	0.544	4.283	0.005	0.309	3.233
携眷迁移—第 1 层级	0.175	0.190	0.088	0.921	0.392	0.552	1.812
携眷迁移—第 2 层级	−0.048	0.164	−0.024	−0.291	0.781	0.738	1.355
携眷迁移—第 3 层级	1.128	0.274	0.357	4.117	0.006	0.665	1.504

第六章　西北地区农民工迁移发展竞争力的评价

所谓农民工迁移竞争力，是指有迁移意愿或外出打工农民工在实现向非农业的就业迁移、迁移后的职业发展、自身及家庭成员市民化（城市化与城市融入）过程中，通过迁移实现的层级上升、迁移获得的收益水平、迁移中自身发展与家庭迁移进程等方面所呈现出来的，相对参照对象的优势或劣势能力。

西北地区农民工迁移竞争力，是研究其迁移发展的重要问题。

从前述第三章可看到，2010 年，相对全国水平，西北地区的农村劳动力总迁移率低 5.34 个百分点，在其中，农村劳动力的省内迁移率与跨省迁移率分别低 2.06 与 3.30 个百分点（表 3-3），西北地区农村劳动力的省内迁移量占农村劳动力总迁移量的比例高出全国水平 5.94 个百分点（表 3-5），即使跨省迁移，部分西北地区省份如甘肃、青海、宁夏农村劳动力的迁移也呈现出优先向周边省份迁移的特点。从前述第四章可看到，相比西北地区外，西北地区外出农民工实现职位上行者所占比例低大约 2.00 个百分点，虽然省内迁移者实现职位上行的比例基本持平，但跨省迁移者实现职位上行的比例，西北地区外比西北地区低 3.88 个百分点。即使实现了职位上行，西北地区这部分农民工的收入水平也明显低于西北地区外同类农民工。从前述第五章可看到，相较职位上行的差距，在携眷迁移方面，西北地区外出农民工与西北地区外外出农民工相比差距更大，其差距达到 14.90 个百分点，且省内迁移者与跨省迁移者在这方面的差距都很大，均在 15.00 个百分点左右。在由就业质量、消费水平、住房状况三个指标所表示的事实性城市融入度方面，西北地区外出农民工也明显差于西北地区外外出农民工。这表明，西北地区外出农民工的迁移发展竞争力低于西北地区外外出农民工。然而，无论是在省内迁移群体中，还是在跨省迁移群体中，西北地区外出农民工中男性的比例都略高，男性比例高，通常意味着迁移竞争力强。由此产生一个问题，相对西北地区外，西北地区的外出农民工的迁移竞争力到底是强还是弱呢？如果是弱，那么相对西北地区外弱多少呢？造成这种迁移竞争力弱的原因是什么呢？各相关因素的贡献分别是多少呢？既然西北地区农民工相较西北地区外农民工在迁移发展竞争力上存在较大差距，那么弄清这种差距及其影响因素，就是提升这一地区农民工迁移发展竞争力，促进其职业发展与市民化进程的迫切需要。

需要解决的问题是：在弄清农民工迁移能力的构成及其各部分权重的基础上，弄清西北地区农民工与西北地区外农民工在迁移发展能力上的结构性差异，并分析造成这种差异的结构性因素，在认清西北地区农民工迁移发展竞争力不足状况的基础上，获得提升西北地区农民工迁移发展竞争力的启示。

第一节　评价西北地区农民工迁移发展竞争力的理论依据

农民工的迁移发展竞争力其实就是迁移能力竞争力，能力通常指人在完成某一活动中所具有的主观条件，如所拥有的物质资本、人力资本、社会资本等。单纯由人的主观条件构成的迁移能力是一种静态能力或方面能力。在实际的迁移发展中，同样的静态迁移能力，由于迁移源头、迁移空间、迁移渠道等的不同，会转化为不同的动态迁移能力即迁移行动过程中的能力。只有动态迁移能力才真正决定着农民工迁移发展的快慢与效能，才具有真正的人与社会发展的意义。因此，农民工的迁移竞争力可以理解为以主观能力为核心，通过与迁移源头因素、迁移空间因素、迁移渠道因素等的结合，反映为迁移绩效结果的、活化的、系统的迁移发展能力竞争力。西北地区农民工的迁移发展竞争力是相对西北地区外农民工群体所显示出的、属于这一群体的迁移系统的、活化的、相对迁移发展能力竞争力。

一、农民工迁移发展竞争能力系统的阶段构成

从系统动力学的观点看，可以从就业职位上行和市民化进程两个迁移发展进程与迁移源头、迁移空间、迁移渠道、迁移结果四个系统结构位置考察农民工的迁移发展能力。迁移源头要素指农民工进入迁移进程之前拥有的自身禀赋、资源禀赋和地域文化特征。迁移空间要素指农民工在进入城市过程中城市经济增长、第二、第三产业发展带来的就业容量的增加以及第三产业发展带来的居民生活、服务设施的改善。迁移渠道指农民工从迁移源头到迁移空间所经过的中间环节，迁移渠道要素主要是指制度、政策、城乡差别等环境因素。迁移结果要素指农民工在迁移发展过程中由就业职位等级、携眷迁移进程与城市融入程度反映的迁移能力运用效能。

西北地区农民工迁移发展能力系统作为其迁移发展竞争力形成的载体，由两个迁移阶段与迁移源头、迁移空间、迁移渠道、迁移结果四个系统结构位置共同构成。每个迁移阶段构成一个子系统，例如，职位上升阶段就是一个关键性的迁移子系统，携眷迁移阶段是另一个迁移子系统。每个迁移位置是一个更小的子系统，如迁移空间系统、迁移渠道系统。各子系统及其内部各因子相互影响、相互制约、连锁互动，形成这一地区农民工迁移发展的能力系统整体。在这一能力系统整体运行中，显示出了相对其他群体的相对竞争力。两个迁移发展阶段的系统

结构位置要素如表 6-1 所示。

表 6-1　西北地区农民工迁移发展能力要素的二阶段构成

发展阶段	就业职位上行阶段	市民化进程阶段
迁移源头要素	人力资本、家庭教育投资（影响未来人力资本水平）、农民工家庭消费水平（影响健康）、社会资本	收入水平与稳定度、农村居民年人均纯收入或财产性收入
迁移空间要素	城市化水平、城市第二/第三产业比例、城镇登记失业率	迁移入城市的永久程度、城市住房价格、日用消费品价格水平、义务教育覆盖农民工子女的水平、社会保障覆盖农民工的水平、城市公共投资增长率
迁移渠道要素	职业阶层间收入差距、大学生就业难度系数	城乡生活水平差距、公共产品供给水平、社会福利的城乡差距、城市户口易获程度
迁移结果要素	职位上升层级、就业稳定性、收入水平	携迁家庭人口阶段、在城市的事实性融入水平

注：人均耕地面积、农业机械化水平等农业禀赋要素虽然也属于迁移源头要素，我国各地人均耕地面积与农业机械化水平也有所不同，但是，作为人多地少国家，这两个因素都不会真正造成农村劳动力向外迁移的阻滞，因此，不将它们纳入迁移源头要素。

二、农民工迁移发展竞争力的特点

（一）农民工迁移发展竞争力是竞争成效与竞争潜力相统一的竞争力

不论在迁移过程中显示的竞争力的高低如何，农民工的迁移发展竞争力最终都要通过迁移发展的成果衡量，主要有两点：一是他们的职位上行的高度、速度或获得的收入水平，二是他们实现携眷迁移的进程（达到了什么进程）、速度（用多少时间达到了这个携眷迁移阶段）及他们家庭经济融入城市的程度（完整的城市融入应当包括经济融入、社会融入、文化接纳、身份认同等四个环节）。这种反映迁移发展效果的农民工迁移发展竞争力，可称作狭义农民工迁移发展竞争力，并以狭义迁移竞争力指数表示。

狭义农民工迁移发展竞争力概念的优点是直接反映了迁移发展的综合效果，且在量化计算上比较容易，其不足是这一概念概括的只是一种静态竞争力，没有反映出农民工在迁移发展上的潜在竞争力。通常，对于新一代农民工，他们的潜在竞争力会呈现出或大或小的上升趋势，这意味着，在现阶段，当农民工的主体已经由传统农民工转变为新一代农民工时，随着时间的推移，仅使用狭义农民工迁移发展竞争力概念说明其迁移发展竞争力，会越来越不准确、不科学。广义农民工迁移发展竞争力是农民工迁移系统潜在能力与现实迁移效果相统一的迁移发展竞争力。这一概念不仅较全面地考虑了在农民工迁移发展过程中迁移源头、迁移空间、迁移渠道三个方面的因素对农民工迁移发展存在的支持作用，也考虑了迁移发展结果本身就是竞争力的综合反映这一情况，同时从竞争成效与竞争潜力相统一的层面上反映了农民工的迁移发展竞争力。完全的西北地区农民工迁移发展竞争力应当是这种包含竞争成果与竞争潜力的广义农民工迁移发展竞争力。由于计算的潜在迁移竞争力存在估算的成分，所以，选择同时使用狭义农民工迁移发展竞争力与广义农民工迁移发展竞争力两个概念说明西北地区农民工的迁移发展竞争力。

（二）农民工迁移发展竞争力是个体竞争力与群体竞争力相统一的竞争力

农民工的迁移发展竞争力，首先是个体竞争力，不同的农民工个人，个人禀赋与在两个迁移阶段中可依凭的条件不同，会显示出不同的迁移发展优势，获得不同的迁移发展效果。迁移发展中的农民工个人相互自然地成为对方的环境与条件，他们又因血缘或地缘结成不同的正式或非正式群体。那些来自东南沿海地区的农民工，因为有着长期的手工业与商业传统，所以，在同样规模的农民工血缘或地缘人群中，如一个农民工家庭或一个同村落农民工群体中，掌握手工技能者、拥有营销知识者、敢于与能够创业者等所占比例更大，仅仅拥有体力劳动能力者所占比例更低。在经济社会市场化过程中，在农民工向非农业、向城镇迁移发展过程中，他们因此获得了先行优势、群体优势等竞争地位。西北地区农民工拥有的迁移竞争力条件与东南沿海地区农民工拥有的条件相比，恰好相反，在他们当中，占比例最大的是单纯的体力劳动者，拥有知识技能的劳动者所占比例很低。西北地区农民工的这种迁移发展条件不仅比东南沿海农民工差，也比中部地区、西南地区的那些传统外出流动人口大省农民工差。应当说，就个体农民工与群体农民工的关系来讲，在他们的迁移互动中，存在这样一种互动规律，个人禀赋条件越差，他对群体中其他成员的带动作用就越弱或就没有带动作用，弱弱联合一般无效；反过来，个人禀赋条件越优越，他对群体中其他成员的带动作用就越强，并且，强强联合的可能性就越大。因此，迁移条件较差的农民工群体就较少获得群体迁移发展效应，而迁移条件较强的农民工群体就越来越多地获得群体迁移发展效应。西北地区农民工的迁移发展竞争力，其实是基于弱个人迁移竞争力的群体迁移竞争力。

（三）农民工迁移发展竞争力是一种相对竞争力

农民工迁移发展竞争力是以某一迁移发展竞争对象的存在为前提的。从理论上讲，农民工迁移发展的竞争对象，既有本地区或外地区城镇工，也有外地区农民工。现实的情况是，由于户口不同，大部分城镇工并不像农民工一样跨地区迁移，即使跨地区迁移，也多为大学毕业生，他们所进入的行业与就业领域多为知识劳动力相对密集的行业与领域，在这两点上，他们与农民工明显不同。也就是说，由于身份不同，农民工与城镇工在迁移发展上没有多少可比性，城镇工的迁移发展并不被看成一个大问题，讨论相较城镇工而言的西北地区农民工迁移发展竞争力，没有太多的实际价值。实现农民工的迁移发展始终是我国社会现代化转型中的大问题，不论是西北地区外农民工，还是西北地区农民工，都面临同样的制度环境，都面临这样的大问题。在这种情况下，西北地区外农民工在迁移发展有关方面的状况却明显好于西北地区农民工，这意味着，相较西北地区外农民工来讨论西北地区农民工的迁移竞争力，对于认清西北地区农民工迁移发展的形势，弄清其迁移发展滞后的原因，是可行的，也是有现实意义的。

由于调查所获数据有限，所以本章所谓的西北地区外，没有进一步区分东部地区、中部地区、西南地区，而是将他们作为一个整体来讨论。在全国范围内，西北地区外出农民工所占比例不足 1/10（根据第六次全国人口普查资料，2010 年西北地区外出农民工仅占全国外出农民工的 6.27%），其对全国外出农民工平均状况的影响有限，因此，在部分数据上，本章采用全国统计数据进行补充。

从上述农民工迁移发展竞争力结构特点可知，本章所讨论的西北地区农民工迁移发展竞争力，是指相对西北地区外农民工的、同时包含迁移发展竞争成效与迁移发展竞争潜力的西北地区农民工的迁移发展竞争力。它有两个层次，即狭义西北地区农民工迁移发展竞争力与广义西北地区农民工迁移发展竞争力。

第二节 西北地区农民工迁移发展竞争力的指标权重与计算公式

如上述，西北地区农民工迁移发展竞争力可分为狭义迁移发展竞争力与广义迁移发展竞争力，据此，下面分别确定它们的指标权重与计算公式。

一、狭义西北地区农民工迁移发展竞争力的指标权重与计算公式

（一）指标权重的确定

可量性与可比性是统计指标设计的基本要求，只有概念的内涵明确，外延清晰，统计口径一致，才可实现指标的可量性与可比性。依据这一要求，作为反映农民工迁移绩效结果的指标，狭义西北地区农民工迁移发展竞争力的指标可设计为一个由准则层指标、次准则层指标、操作层指标三级指标构成的指标体系，如表 6-2 所示。

表 6-2　狭义西北地区农民工迁移发展竞争力评价指标体系

准则层指标 （一级指标）		次准则层指标 （二级指标）		操作层指标 （三级指标）	
名称	权重 W	名称	权重 W	名称	权重 W
狭义西北地区农民工迁移发展竞争力评价指标体系	迁移发展结果 U4	非农就业职位上行阶段指标 U41	0.50	农民工收入水平 U411	0.25
				就业质量 U412[②]	0.25
				就业职位等级 U413	0.50
	1.00	市民化进程阶段指标 U42[①]	0.50	携眷迁移进程 U421	0.50
				消费水平 U422	0.10
				住房状况等级 U423	0.10
				参加社会保障水平 U424	0.10
				子女就学状况 U425	0.10
				城市社会关系融入度 U426	0.10

①市民化进程包括携眷迁移进程与城市融入度。

②就业质量用是否签订劳动合同及所签劳动合同的等级来区分，也可用每月工作时间的倒数来表示。通常认为，主观的工作满意度也是反映就业质量的重要方面，但考虑到，就业职位等级越高，主观的工作满意度也就越高，加之，主观感受会因为参照面不同而产生差异，对于区域农民工群体的就业质量的反映不够准确，因此，这里没有将其列入反映就业质量的具体指标体系中。职业前景也是同样的问题，因此也不列入。

　　根据取值的可行性，采取经验估计法获得表 6-2 的指标权重。在表 6-2 中，构成狭义西北地区农民工迁移发展竞争力的准则层指标仅有迁移发展结果 1 个，权重为 1；次准则层指标有非农就业职位上行阶段与市民化进程阶段 2 个，这两个指标反映了农民工迁移发展结果两个阶段的情况，呈现互补关系，不可相互替代，权重均为 0.50。在操作层指标中，反映非农就业职位上行阶段的指标有 3 个，其中就业职位等级的反映最为直接，农民工收入水平与就业质量两个指标则是从结果的角度来表示就业职位等级，三个指标的权重分别为 0.50、0.25、0.25。反映市民化进程阶段的指标包括携眷迁移进程与城市融入度两个相互补充的方面，城市融入度又由消费水平、住房状况等级、参加社会保障水平、子女就学状况、城市社会关系融入度 5 个指标组成，权重分别为 0.50、0.10、0.10、0.10、0.10。

（二）计算公式的确定

　　对于狭义西北地区农民工迁移发展竞争力的计算，采取指标加权法进行，即在计算出每个狭义西北地区农民工迁移发展竞争力的可操作性指标的相对数的基础上，通过加权计算出综合的狭义西北地区农民工迁移发展竞争力指数。具体见式（6-1）与式（6-2）。

$$D = \frac{\sum_{i=1}^{n} h_i d_i \Big/ \sum_{i=1}^{n} h_i}{\sum_{j=1}^{m} h_j d_j \Big/ \sum_{j=1}^{m} h_j} \tag{6-1}$$

式中，D 为西北地区农民工的每个可操作性指标的相对数；$\sum_{i=1}^{n} h_i d_i$ 为西北地区农民工在该指标上表现出的迁移发展的绝对值；$\sum_{j=1}^{m} h_j d_j$ 为西北地区外农民工在该指标上表现出的迁移发展的绝对值；$\sum_{j=1}^{n} h_j$ 为处于迁移发展中的西北地区农民工总数；$\sum_{j=1}^{m} h_j$ 为处于迁移发展中的西北地区外农民工总数。

$$DD = 0.5 \times \sum_{v=1}^{3} f_v D_v + 0.5 \times \sum_{w=1}^{6} f_w D_w \tag{6-2}$$

式中，DD 为狭义西北地区农民工迁移发展竞争力指数；公式右边前半部分为就业职位上行阶段指标对 DD 的贡献份额；后半部分为市民化进程指标对 DD 的贡献份额。

二、广义西北地区农民工迁移发展竞争力的指标权重与计算公式

（一）指标权重的确定

据前述相同的指标确定原则，将涵盖迁移源头、迁移空间、迁移渠道与迁移结果三个阶段，同时反映迁移发展竞争成果与竞争发展潜力的广义农民工迁移发展竞争力指标设计为一个由准则层指标、次准则层指标、操作层指标三级指标构成的指标体系，如表 6-3 所示。

表 6-3　广义西北地区农民工迁移发展竞争力评价指标体系

准则层指标（一级指标）		次准则层指标（二级指标）		操作层指标（三级指标）	
名称	权重 W	名称	权重 W	名称	权重 W
广义西北地区农民工迁移发展竞争力评价指标体系				受教育年限 U111	0.25
	迁移源头指标 U1	0.2	非农就业职位上行阶段指标 U11	0.5	外出打工年限 U112	0.3
				接受技术培训的比例 U113	0.25
				农民工家庭人均消费支出 U114	0.1
				农业劳动生产率 U115	0.1

准则层指标（一级指标）		次准则层指标 （二级指标）		操作层指标 （三级指标）	
名称	权重 W	名称	权重 W	名称	权重 W
迁移源头指标 U1	0.2	市民化进程阶段指标 U12	0.5	农村居民家庭人均纯收入 U121	1
迁移空间指标 U2	0.1	非农就业职位上行阶段指标 U21	0.5	城市化水平 U211	0.3
				城市第二/第三产业产值占生产总值的比例 U212	0.3
				城镇登记失业率 U213	0.1
				城镇私营企业和个体就业人数增长率 U214	0.3
		市民化进程阶段指标 U22	0.5	农民工进入城市生活的平均时间长度 U221	1
迁移渠道指标 U3	0.1	非农就业职位上行阶段指标 U31	0.5	劳动力自由流动度 U311	0.4
				职业阶层间收入差距 U312	0.6
		市民化进程阶段指标 U32	0.5	城市居民消费价格指数 U321	0.5
				城乡生活水平差距 U322	0.5
迁移结果指标 U4	0.6	迁移结果指标的次准则层指标与操作层指标及其权重表见表 6-2			

（左侧合并单元格：广义西北地区农民工迁移发展竞争力评价指标体系）

注：1. 市民化进程包括携眷迁移进程与城市融入度；

2. 劳动力自由流动度用 2010 年农村劳动力总迁移率（第六次全国人口普查资料的数据）表示；

3. 农业劳动生产率 = 第一产业生产总值/第一产业就业人数，可反映源于该地区的农民工在进入城市非农业中就业前的经济产出能力。

　　同样采取经验估计法获得表 6-3 的指标权重。在表 6-3 中，构成广义西北地区农民工迁移发展竞争力的准则层指标分别为迁移源头指标、迁移空间指标、迁移渠道指标与迁移结果指标四个，迁移结果指标最为重要，其大小在一定程度上反映了前三个指标的影响作用，权重赋值为 0.6，农民工迁移发展进程主要由个人因素决定的特性，表明迁移源头指标具有次级重要作用，权重赋值为 0.2，迁移空间指标与迁移渠道指标作为影响迁移发展结果的条件，权重赋值均为 0.1。每个准则层指标都包含非农就业职位上行阶段指标与市民化进程阶段指标两个次准则层指标，它们之间地位同等又不可替代，权重赋值均为 0.5。在操作层指标中，属于迁移源头指标的非农就业职位上行阶段的指标有五个，根据第四章的实证分析，同属于人力资本范畴的外出打工年限对农民工职位上行的影响最为重要，受教育年限与接受技术培训的比例次之，据此，给三个指标分别赋值 0.3、0.25、0.25，农民工家庭人均消费支出与农业劳动生产率属于相关指标，分别赋值 0.1；属于迁移源头指标的市民化进程阶段指标仅有农村居民家庭人均纯收入 1 个，赋值为 1。

属于迁移空间指标的非农就业职位上行阶段的指标有四个，城镇登记失业率属于相关指标，赋值 0.1，城市化水平、城市第二/第三产业产值占生产总值的比例、城镇私营企业和个体就业人数增长率三个指标处于相同的较重要地位，分别赋值0.3；属于迁移空间指标的市民化进程阶段指标仅有农民工进入城市生活的平均时间长度 1 个，赋值为 1。属于迁移渠道指标的非农就业职位上行阶段的指标有两个，职业阶层间收入差距略显重要，劳动力自由流动度相对重要，分别赋值0.6、0.4；属于迁移渠道指标的市民化进程阶段指标包括城市居民消费价格指数、城乡生活水平差距两个指标，两个指标的作用相当，分别赋值0.5。迁移结果指标所属各操作性指标权重赋值与本节第一部分完全相同。

（二）计算公式的确定

对于广义西北地区农民工迁移发展竞争力的计算，同样采取第二节第一部分的方法，即在计算出每个属于广义西北地区农民工迁移发展竞争力指标相对数的基础上，采取加权求和法，得出广义西北地区农民工迁移发展竞争力指数。

对于广义西北地区农民工迁移发展竞争力评价体系的操作性指标的相对数的计算，同样采用式（6-1），在此基础上，分两步计算出广义西北地区农民工迁移发展竞争力指数。

第一步，分别计算出迁移源头指标、迁移空间指标、迁移渠道指标所显示的农民工迁移发展竞争力指数，以 A、B、C 分别表示属于这三个准则层指标的操作性指标的相对数，以 AA、BB、CC 分别表示在三个准则层指标上所显示的西北地区农民工迁移发展竞争力指数，则有

$$AA = 0.5 \times \sum_{v=1}^{5} e_v A_v + 0.5 \times 1 \times A_6 \qquad (6\text{-}3)$$

$$BB = 0.5 \times \sum_{v=1}^{4} f_v B_v + 0.5 \times 1 \times B_5 \qquad (6\text{-}4)$$

$$CC = 0.5 \times \sum_{v=1}^{2} g_v C_v + 0.5 \times \sum_{w=1}^{2} g_w C_w \qquad (6\text{-}5)$$

式（6-3）、式（6-4）、式（6-5）右边前半部分分别为就业职位上行阶段指标对 AA、BB、CC 的贡献份额，后半部分分别为市民化进程指标对 AA、BB、CC 的贡献份额。

狭义西北地区农民工迁移发展竞争力指数即迁移发展结果指标所显示的西北地区农民工迁移发展竞争力指数 DD。

第二步，将 AA、BB、CC、DD 加权求和，得出广义西北地区农民工迁移发展竞争力指数，以 RR 表示该指数，则公式为

$$RR = 0.2AA + 0.1BB + 0.1CC + 0.6DD \qquad (6\text{-}6)$$

第三节　西北地区农民工迁移发展竞争力的实证分析

一、数据来源与计算方法

　　本节所用数据由两部分构成。第一部分为课题组 2013 年 1～2 月组织实施的"进入城镇打工农民就业变化与市民化调查"所获数据。迁移源头指标中的农民工受教育年限、外出打工年限、接受技术培训的比例，即 U111～U113，迁移空间指标中的农民工进入城市生活的平均时间长度，即 U221，迁移结果指标中的农民工就业质量、就业职位等级、携眷迁移进程、住房状况等级、参加社会保障水平、子女就学状况、城市社会关系融入度，即 U412、U413、U421、U423～U426 的数据来源于此。第二部分为国家统计局公布的年度数据。迁移源头指标中的农民工家庭人均消费支出、农业劳动生产率、农村居民家庭人均纯收入，即 U114、U115、U121，迁移空间指标中的城市化水平、城市第二/第三产业产值占生产总值的比例、城镇登记失业率、城镇私营企业和个体就业人数增长率，即 U211～U214，迁移渠道指标中的劳动力自由流动度、职业阶层间收入差距、城市居民消费价格指数、城乡生活水平差距，即 U311、U312、U321、U322，迁移结果指标中的农民工收入水平、消费水平，即 U411、U422 的数据来源于此。由于课题组所获调查数据实际反映的是农民工及其家庭 2012 年的状况，为保持数据所处时点的一致，该项数据也选用 2012 年的数据。

　　对于狭义与广义农民工迁移发展竞争力指数，均采用式（6-1）～式（6-6）中的相对应算式，依次递增进行加权求和，求得总体的、省内迁移的、跨省迁移的西北地区及西北地区各省份农民工的狭义迁移发展竞争力指数与广义迁移发展竞争力指数。由于在计算操作层指标时，已采用了以西北地区外相比的方法，所以求得的西北地区及其各省份农民工的狭义迁移发展竞争力指数与广义迁移发展竞争力指数，均为与西北地区外相比较所得数值。

二、西北地区农民工迁移发展竞争力的实证分析

（一）数据的计算

　　运用式（6-1），分别得出西北地区及西北地区各省份农民工迁移发展结果的可操作层指标的指数、西北地区及西北地区各省份农民工迁移发展源头、空间、渠道的可操作层指标的指数，如表 6-4 和表 6-5 所示，分别作为计算这一地区农

民工迁移发展狭义竞争力、广义竞争力的基础数据。

表 6-4 西北地区及西北地区各省份农民工迁移发展结果的可操作层指标指数

指标名称	西北地区	陕西	甘肃	青海	宁夏	新疆
农民工收入水平 U411	1.010	1.024	1.003	0.854	1.064	1.172
就业质量 U412	1.017	1.003	1.093	0.889	1.013	1.262
就业职位等级 U413	1.001	0.982	0.945	1.102	1.152	1.069
携眷迁移进程 U421	0.694	0.665	0.702	0.634	0.848	0.575
消费水平 U422	0.970	1.060	1.100	0.820	0.930	0.930
住房状况等级 U423	0.978	0.987	1.038	0.865	0.931	0.904
参加社会保障水平 U424	0.801	0.825	0.836	0.609	0.505	0.858
子女就学状况 U425	0.940	0.919	0.901	1.025	1.014	1.040
城市社会关系融入度 U426	0.948	0.960	0.893	0.918	0.923	1.189

数据来源：课程组调查所获数据与 2012 年国家年度统计数据。

表 6-5 西北地区及西北地区各省份农民工迁移发展源头、空间、渠道的可操作层指标指数

指标名称	西北地区	陕西	甘肃	青海	宁夏	新疆
受教育年限 U111	0.989	1.023	0.988	0.980	0.818	0.924
外出打工年限 U112	1.225	1.213	1.233	1.233	1.397	0.770
接受技术培训的比例 U113	0.985	1.010	0.929	0.837	1.081	1.017
农民工家庭人均消费支出 U114	0.855	0.866	0.702	0.904	0.906	0.897
农业劳动生产率 U115	0.949	0.896	0.577	0.794	0.854	1.624
农村居民家庭人均纯收入 U121	0.713	0.728	0.569	0.678	0.781	0.808
城市化水平 U211	0.878	0.951	0.737	0.903	0.964	0.837
城市第二，第三产业产值占生产总值的比例 U212	0.980	1.000	0.960	1.010	1.010	0.910
城镇登记失业率 U213	0.820	0.780	0.660	0.830	1.020	0.830
城镇私营企业和个体就业人数增长率 U214	0.999	0.989	0.974	0.985	0.914	1.134
农民工进入城市生活的平均时间长度 U221	1.230	1.210	1.230	1.230	1.400	0.770
劳动力自由流动度 U311	0.820	0.910	0.780	0.850	1.150	0.580
职业阶层间收入差距 U312	0.280	0.040	0.770	0.300	0.820	0.250
城市居民消费价格指数 U321	1.000	1.000	1.000	1.000	1.000	1.010
城乡生活水平差距 U322	0.969	1.064	1.099	0.819	0.933	0.929

数据来源：课程组调查所获数据与 2012 年国家年度统计数据。

在表 6-4 和表 6-5 数据的基础上，运用式（6-2）～式（6-6）分别得出西北地区农民工迁移发展结果指数即狭义迁移发展竞争力指数与广义迁移竞争力指数，分别如表 6-6 和表 6-7 所示。

表 6-6　西北地区及西北各省份农民工迁移发展结果指数（狭义迁移发展竞争力）

指标名称	西北地区	陕西	甘肃	青海	宁夏	新疆
职位上行进程指数	1.007	0.998	0.997	0.987	1.095	1.143
市民化进程指数	0.811	0.808	0.828	0.741	0.854	0.780
狭义迁移竞争力指数	0.909	0.903	0.912	0.864	0.975	0.961

数据来源：依据表 6-4 中数据计算。

表 6-7　西北地区及西北各省份农民工迁移发展竞争力指数（广义迁移发展竞争力）

指标名称	西北地区	陕西	甘肃	青海	宁夏	新疆
迁移源头指数 U1	0.877	0.888	0.773	0.836	0.925	0.888
迁移空间指数 U2	1.085	1.085	1.049	1.091	1.184	0.859
迁移渠道指数 U3	0.740	0.710	0.912	0.715	0.959	0.676
迁移发展结果指数 U4	0.909	0.903	0.912	0.864	0.975	0.961
广义迁移竞争力指数	0.903	0.899	0.898	0.866	0.984	0.908

数据来源：依据表 6-4 和表 6-5 中数据计算。

（二）结论及其分析

1. 狭义迁移发展竞争力及其分析

从表 6-6 可看出，2012 年，西北地区农民工的狭义迁移发展竞争力即其迁移发展结果指数为 0.909，也就是说，这一地区农民工的狭义迁移发展能力相当于西北地区外农民工的 90.9%，虽然能力低于后者但差距并不大。在西北地区五省份中，各省份农民工的迁移发展竞争力基本接近，比较而言，青海与陕西两省农民工的狭义迁移发展竞争力低于西北地区的平均水平，其中青海最低，相当于西北地区外水平的 86.4%；宁夏、新疆、甘肃三省份农民工的狭义迁移发展竞争力高于西北地区的平均水平，其中宁夏最高，相当于西北地区外水平的 97.5%。

相较西北地区外，为什么西北地区农民工的狭义迁移发展竞争力相对较弱呢？表 6-6 在很大程度上表明了其原因。在决定西北地区农民工迁移发展结果指数的两个因素中，这一地区农民工的职位上行进程指数与西北地区外相当甚至略高于西北地区外，而其市民化进程指数仅为 81.1%，由此直接造成其狭义迁移发展竞争力比西北地区外农民工低大约 10.0 个百分点。农民工的迁移发展是职位上行与市民化进程两段构成的，前者是基础，后者是目的，在迁移发展中，西北地区农民工与西北地区外农民工的差距主要是后者，说明这一地区农民工从迁移发展中获益较少，迁移发展的手段性较强，由职位上行能力向城市生活能力转变的综合能力较弱。

表 6-6 中西北地区农民工市民化进程指数较低，与本书第三章发现的西北地区农村劳动力迁移发展对城镇化进程的拉动明显不足相互形成旁证。表 3-16 中，西北地区城市人口数/总人口数低于全国水平约 5.9 个百分点，充分表明了这点。表 6-6 的数据表明，西北地区五省份的情况大致相近，即各省份农民工的职位上行进程指数都接近或略高于西北地区外农民工的水平，而各省份农民工的市民化进程指数都明显低于西北地区外农民工的水平，其中青海与新疆农民工这一指数的数值还不足 80%。宁夏与新疆农民工狭义迁移发展竞争力略高于西北地区其他省份，主要是其农民工的职位上行进程指数略高造成的；陕西与甘肃农民工狭义迁移发展竞争力略低，主要是其农民工的职位上行进程指数略低造成的。进一步的原因，如第三章所述，可能是在西北地区，陕西、甘肃与新疆、宁夏属于不同类型的农民工迁移发展区。前两个省份农民工主要输向外省，而输向外省的农民工虽然在质量上通常比在省内流动的农民工要高，但相对西北地区外农民工并无明显优势。后两个省份属于农民工流入省份，农民工多从本地获得非农就业机会，虽然农民工劳动力的质量未必高，但由于有"天时、地利、人和"之便，其农民工在职位上行进程中还是显示出了相对西北地区其他省份较高的竞争力。表 3-5 的数据表明，青海也属于以省内迁移为主的省份，但它的省内迁移不如新疆与宁夏，向外迁移不如陕西与甘肃，其结果是其农民工的职位上行进程指数与市民化进程指数，以及其狭义迁移发展竞争力，均处于西北地区最低水平。

2. 广义迁移发展竞争力及其分析

从表 6-7 可看出，2012 年，西北地区农民工的广义迁移发展竞争力即其迁移发展竞争力指数为 0.903，这一数据仅比这一地区农民工狭义迁移发展竞争力低 0.6 个百分点，应当认为两者基本处于同一水平，也就是说，西北地区农民工的广义迁移发展竞争能力同样大约相当于西北地区外农民工的 90%。分省份看，陕西、青海两省的情况也基本如此，这意味着农民工的狭义迁移发展竞争力指数即迁移结果指数成为决定其广义迁移发展竞争力的基本要素，这是因为相对西北地区外，西北地区、陕西、青海的迁移空间指数都略高，迁移源头指数、迁移渠道指数明显偏低，经加权计算，其作用相互抵消了。宁夏农民工的广义迁移发展竞争力指数比狭义迁移发展竞争力指数稍高，可能的原因是，其迁移空间指数在五省份中最高，而其农民工的迁移源头指数、迁移渠道指数又与西北地区外接近，从而拉高了其农民工的广义迁移发展竞争力。甘肃与新疆特别是后者农民工的广义迁移发展竞争力指数比狭义迁移发展竞争力指数明显要低。对于甘肃，其直接原因在于迁移源头指数在五省份中最低，而更深一层次的原因则是甘肃农民工受教育水平低、农业劳动生产率低，进而农村居民家庭人均纯收入、人均消费支出水平低，表 6-5 第 4 列的数据表明了这一点。对于新疆，其直接原因则在于迁移空间指数、迁移渠道指数在五省份中处于最低状态，而后者与新疆农民工进入城市生活的平均时间长度、劳动力自由流动度、职业阶层间收入差距三个指标的指数密切相关，造成这种状况的真正原因，可能是新疆作为农民工的流入区，本地农民工更多地选择就近迁移，导致兼业水平高，就业稳定性不足。

三、西北地区农民工省内迁移发展竞争力的实证分析

（一）数据的计算

同样运用式（6-1），得出西北地区农民工省内迁移发展结果的可操作层指标指数、省内迁移发展源头、空间、渠道的可操作层指标指数，如表 6-8、表 6-9 所示，作为计算其省内迁移部分农民工狭义迁移发展竞争力与广义迁移发展竞争力的数据基础。

表 6-8　西北地区及西北地区各省份农民工省内迁移发展结果的可操作层指标指数

指标名称	西北地区	陕西	甘肃	青海	宁夏	新疆
农民工收入水平 U411	1.17	1.01	1.02	1.00	0.85	1.06
就业质量 U412	1.03	0.99	1.05	1.16	1.11	1.09
就业职位等级 U413	0.99	0.97	1.04	0.90	0.97	1.28
携眷迁移进程 U421	0.66	0.52	0.48	0.47	0.92	0.55
消费水平 U422	0.97	1.06	1.10	0.82	0.93	0.93
住房状况等级 U423	0.97	0.96	1.09	0.83	0.86	1.10
参加社会保障水平 U424	0.74	0.71	0.91	0.58	0.49	1.89
子女就学状况 U425	0.92	0.91	0.91	0.92	0.97	1.10
城市社会关系融入度 U426	0.96	0.98	0.91	0.95	0.86	1.20

数据来源：课程组调查所获数据与 2012 年国家年度统计数据。

表 6-9　西北地区及西北地区各省份农民工省内迁移发展源头、空间、渠道的可操作层指标指数

指标名称	西北地区	陕西	甘肃	青海	宁夏	新疆
受教育年限 U111	1.000	1.030	0.980	1.060	0.870	0.780
外出打工年限 U112	1.370	1.350	1.290	1.410	1.670	1.010
接受技术培训的比例 U113	0.876	0.998	0.821	0.811	0.975	0.953

续表

指标名称	西北地区	陕西	甘肃	青海	宁夏	新疆
农民工家庭人均消费支出 U114	0.850	0.870	0.700	0.900	0.910	0.900
农业劳动生产率 U115	0.950	0.900	0.580	0.790	0.850	1.620
农村居民家庭人均纯收入 U121	0.710	0.730	0.570	0.680	0.780	0.810
城市化水平 U211	0.878	0.951	0.737	0.903	0.964	0.837
城市第二、第三产业产值占生产总值的比例 U212	0.980	1.000	0.960	1.010	1.010	0.910
城镇登记失业率 U213	0.820	0.780	0.660	0.830	1.020	0.830
城镇私营企业和个体就业人数增长率 U214	0.999	0.989	0.974	0.985	0.914	1.134
农民工进入城市生活的平均时间长度 U221	1.370	1.350	1.290	1.410	1.670	1.010
劳动力自由流动度 U311	0.820	0.910	0.780	0.850	1.150	0.580
职业阶层间收入差距 U312	0.280	0.040	0.770	0.300	0.820	0.250
城市居民消费价格指数 U321	1.000	1.000	1.000	1.000	1.000	1.010
城乡生活水平差距 U322	0.969	1.064	1.099	0.819	0.933	0.929

数据来源：课程组调查所获数据与 2012 年国家年度统计数据。

在表 6-8 和表 6-9 数据的基础上，运用式（6-2）～式（6-6），分别得出西北地区农民工省内迁移发展结果指数即狭义省内迁移竞争力指数与省内迁移发展竞争力指数即广义省内迁移发展竞争力，分别如表 6-10 和表 6-11 所示。

表 6-10　西北地区及西北地区各省份农民工省内迁移发展结果指数（狭义省内迁移发展竞争力）

指标名称	西北地区	陕西	甘肃	青海	宁夏	新疆
职位上行进程指数	1.050	0.990	1.040	0.990	0.980	1.180
市民化进程指数	0.786	0.722	0.732	0.645	0.871	0.897
省内迁移发展结果指数	0.916	0.854	0.885	0.818	0.923	1.037

数据来源：依据表 6-10 中数据计算。

表 6-11　西北地区及西北地区各省份农民工省内迁移发展竞争力指数（广义省内迁移发展竞争力）

指标名称	西北地区	陕西	甘肃	青海	宁夏	新疆
迁移源头指数 U1	0.885	0.910	0.768	0.870	0.959	0.899
迁移空间指数 U2	1.085	1.085	1.049	1.091	1.184	0.859
迁移渠道指数 U3	0.740	0.710	0.912	0.715	0.959	0.676
迁移发展结果指数 U4	0.916	0.854	0.885	0.818	0.923	1.037
广义省内迁移竞争力指数	0.909	0.874	0.881	0.845	0.960	0.956

数据来源：依据表 6-10 和表 6-11 中数据计算。

（二）结论及其分析

1. 狭义省内迁移发展竞争力及其分析

从表6-10可看出，2012年，西北地区农民工狭义省内迁移发展竞争力为0.916，相当于西北地区外农民工的91.6%，对照表6-6可看出，这一指数比西北地区农民工总体的即不区分省内与跨省迁移的狭义迁移发展竞争力高0.7个百分点。应当说，两者之间差距很小，基本相当。然而，对照两表，还是可以发现，西北地区农民工省内迁移的职位上行进程指数略高于西北地区外，而其市民化进程指数又略低于西北地区外，两相抵消，使得西北地区农民工狭义省内迁移发展竞争力略有上升。相较跨省迁移，省内迁移拥有稍好的就业环境，但缺少携眷迁移动力，这与经验是一致的。分省份看，陕西、甘肃、青海、宁夏四省份农民工狭义省内迁移发展竞争力分别低于其各自农民工不区分省内与跨省迁移的狭义迁移发展竞争力4.9个、2.7个、4.6个、5.2个百分点，其中前三个省份的成因均主要为其农民工各自的市民化进程指数略低于西北地区外，宁夏的主要原因有所不同，主要是其农民工的职位上行进程指数明显低于西北地区外。新疆农民工狭义省内迁移发展竞争力比西北地区外高7.6个百分点，这与其市民化进程指数高于西北地区外11.7个百分点直接相关，可能的原因是，新疆地域广阔，省份内不同地区间迁移的距离往往超过其他相邻省份之间的距离，因此携眷迁移动力较高。

2. 广义省内迁移发展竞争力及其分析

对照表6-11与表6-7可看出，西北地区农民工广义省内迁移发展竞争力仅比不区分省内与跨省的广义迁移发展竞争力高0.6个百分点。分省份比较，陕西、甘肃、青海、宁夏四省份农民工广义省内迁移发展竞争力分别低于其各自农民工不区分省内与跨省迁移的广义迁移发展竞争力2.5个、1.7个、2.1个、2.4个百分点，新疆农民工广义省内迁移发展竞争力比西北地区外高4.8个百分点。造成这种差距的原因是什么呢？两表的数据表明，在计算西北地区农民工广义省内迁移发展竞争力时使用的迁移空间指数、迁移渠道指数与计算西北地区不分省内与跨省的广义迁移发展竞争力的这两个指数相同。在这种情况下，西北地区农民工广义省内迁移发展竞争力数值主要取决于其狭义迁移发展竞争力数值与迁移源头指数及权重，前者的权重为0.6，后者权重为0.2，而广义省内迁移发展竞争力相对不分省内与跨省的广义迁移发展竞争力的变化方向，同狭义省内迁移发展竞争力相对不分省内与跨省的狭义迁移发展竞争力的变化方向完全一致。这就表明，造成农民工广义省内迁移发展竞争力这种变化的原因与造成狭义省内迁移发展竞争力变化的原因可能是相同的，即陕西等四省份的原因主要是省内迁移携眷动力不足，而新疆的主要原因是省内迁移中携眷动力相对较高。

四、西北地区农民工跨省迁移发展竞争力的实证分析

（一）数据的计算

运用式（6-1），可得出西北地区农民工跨省迁移发展结果的可操作层指标指数、跨省迁移发展源头、空间、渠道的可操作层指标指数，如表 6-12 和表 6-13 所示，作为计算其农民工跨省迁移狭义迁移发展竞争力与广义迁移发展竞争力的数据基础。

表 6-12　西北地区及西北地区各省份农民工跨省迁移发展结果的可操作层指标指数

指标名称	西北地区	陕西	甘肃	青海	宁夏	新疆
农民工收入水平 U411	1.010	1.024	1.003	0.854	1.064	1.172
就业质量 U412	1.020	0.940	1.080	1.110	1.180	1.140
就业职位等级 U413	1.001	0.982	0.945	1.102	1.152	1.069
携眷迁移进程 U421	0.680	0.510	0.380	0.910	1.660	1.560
消费水平 U422	0.970	1.060	1.100	0.820	0.930	0.930
住房状况等级 U423	1.080	1.090	1.140	0.950	1.050	1.240
参加社会保障水平 U424	0.920	1.070	0.850	0.700	0.530	0.620
子女就学状况 U425	0.980	0.940	0.920	1.250	1.080	1.040
城市社会关系融入度 U426	0.940	0.970	0.890	0.880	1.000	0.700

数据来源：课程组调查所获数据与 2012 年国家年度统计数据。

表 6-13　西北地区及西北地区各省份农民工跨省迁移源头、空间、渠道的可操作层指标指数

指标名称	西北地区	陕西	甘肃	青海	宁夏	新疆
受教育年限 U111	0.940	0.980	0.980	0.840	0.720	0.840
外出打工年限 U112	1.160	1.140	1.210	1.010	1.210	1.340
接受技术培训的比例 U113	0.992	1.015	0.931	0.846	1.092	1.023
农民工家庭人均消费支出 U114	0.855	0.866	0.702	0.904	0.906	0.897
农业劳动生产率 U115	0.949	0.896	0.577	0.794	0.854	1.624
农村居民家庭人均纯收入 U121	0.713	0.728	0.569	0.678	0.781	0.808
城市化水平 U211	0.878	0.951	0.737	0.903	0.964	0.837
城市第二、第三产业产值占生产总值的比例 U212	0.980	1.000	0.960	1.010	1.010	0.910
城镇登记失业率 U213	0.820	0.780	0.660	0.830	1.020	0.830

指标名称	西北地区	陕西	甘肃	青海	宁夏	新疆
城镇私营企业和个体就业人数增长率 U214	0.999	0.989	0.974	0.985	0.914	1.134
农民工进入城市生活的平均时间长度 U221	1.160	1.140	1.210	1.010	1.210	1.340
劳动力自由流动度 U311	0.820	0.910	0.780	0.850	1.150	0.580
职业阶层间收入差距 U312	0.280	0.040	0.770	0.300	0.820	0.250
城市居民消费价格指数 U321	1.000	1.000	1.000	1.000	1.000	1.010
城乡生活水平差距 U322	0.969	1.064	1.099	0.819	0.933	0.929

数据来源：课程组调查所获数据与 2012 年国家年度统计数据。

在表 6-12 和表 6-13 数据的基础上，运用式（6-2）～式（6-6），分别得出西北地区农民工的狭义跨省迁移发展竞争力指数与广义跨省迁移发展竞争力指数，分别如表 6-14 与表 6-15 所示。

表 6-14 西北地区及西北地区各省份农民工跨省迁移发展结果指数（狭义跨省迁移发展竞争力）

指标名称	西北地区	陕西	甘肃	青海	宁夏	新疆
职位上行进程指数	1.002	0.982	0.946	1.102	1.152	1.070
市民化进程指数	0.830	0.768	0.680	0.916	1.290	1.234
跨省迁移发展结果指数	0.915	0.875	0.813	1.009	1.221	1.151

数据来源：依据表 6-12 中数据计算。

表 6-15 西北地区及西北地区各省份农民工跨省迁移发展竞争力指数（广义跨省迁移发展竞争力）

指标名称	西北地区	陕西	甘肃	青海	宁夏	新疆
迁移源头指数 U1	0.862	0.872	0.769	0.786	0.887	0.964
迁移空间指数 U2	1.050	1.050	1.039	0.981	1.089	1.144
迁移渠道指数 U3	0.740	0.710	0.912	0.715	0.959	0.676
迁移发展结果指数 U4	0.915	0.875	0.813	1.009	1.221	1.151
广义跨省迁移竞争力指数	0.900	0.875	0.837	0.932	1.115	1.065

数据来源：依据表 6-12 和表 6-13 中数据计算。

（二）结论及其分析

1. 狭义跨省迁移发展竞争力及其分析

从表 6-14 可看出，西北地区农民工跨省迁移发展结果指数 0.915，仅比其省内迁移发展结果指数低 0.1 个百分点。这表明，相对西北地区外而言，西北地区农民工省内迁移与跨省迁移的竞争力基本相当。进一步分析发现，造成这一结果的原因是，这一地区农民工跨省迁移中职位上行进程指数比省内迁移时低 4.8 个百分点，而跨省迁移中市民化进程指数比省内迁移时高 4.4 个百分点，两项基本抵消。分省份看，宁夏与青海两省份农民工跨省狭义迁移发展竞争力均比省内迁移发展竞争力高 20 个百分点左右，其主要成因有两个：一是农民工跨省迁移的市民化进程指数比省内迁移高许多，后者对跨省迁移发展竞争力相比省内迁移发展竞争力优势的贡献达到 70%；二是农民工跨省迁移的职位上行进程指数比省内迁移高，其对跨省迁移发展竞争力相比省内迁移发展竞争力优势的贡献达到 30%。新疆农民工跨省迁移发展竞争力均比省内迁移发展竞争力高 11.0 个百分点，主要是其农民工跨省迁移的市民化进程指数比省内迁移高 33.7 个百分点造成的。陕西农民工狭义跨省迁移发展竞争力比省内迁移发展竞争力仅高 1.9 个百分点，优势不明显，也是其市民化进程指数相对较高造成的。大体来说，新疆、宁夏、青海这三个以净移入劳动力为主，跨省迁移规模较小省份的农民工在跨省的狭义迁移发展竞争力均较强，这三个省份农民工在跨省迁移中引发的携眷迁移不弱于西北地区外农民工，陕西与甘肃作为西北地区跨省迁移最大的两个省份，其农民工跨省迁移发展竞争力要么优势不明显，要么缺乏，其直接原因是两省跨省迁移农民工的携眷迁移发展竞争力弱，而背后的原因则可能是其跨省迁移农民工职位上行竞争力不强或人力资本竞争力缺乏。

2. 广义跨省迁移发展竞争力及其分析

对比表 6-15 与表 6-11 可发现，西北地区农民工广义跨省迁移发展竞争力比广义省内迁移竞争力低 0.9 个百分点，造成这种状况的主要原因是这一地区农民工迁移发展结果指数略低。虽然数值差距不大，但反映了这一地区农民工缺乏迁移发展竞争力的事实。分省份看，陕西农民工省内迁移发展与跨省迁移发展的竞争力基本持平，青海、宁夏、新疆农民工跨省迁移发展的竞争力相较其省内迁移发展高大约 10.0 个百分点，甘肃农民工跨省迁移发展的竞争力相较其省内迁移发展低大约 4.4 个百分点。其成因主要是各省份农民工迁移发展结果指数的差距，而后者又主要是各省份农民工的市民化进程导致的。

五、关于西北地区农民工迁移发展竞争力分析的结论与启示

（一）西北地区农民工的迁移发展竞争力总体略低于西北地区外农民工

相较西北地区外，西北地区地处我国最深内陆，距离主要农民工输入地最远，

信息相对闭塞，农民工受教育水平低，缺乏专业技能与经商意识，这些不利因素必然使这一地区农民工在与西北地区外农民工的迁移发展竞争中处于不利地位。从图 6-1 与图 6-2 可看出，无论是总体的、省内的、还是跨省的，西北地区农民工狭义迁移发展竞争力与广义迁移发展竞争力都小于 1，也就是都小于西北地区外农民工的竞争力。这证明了西北地区农民工在与西北地区外农民工的迁移发展竞争中处于不利地位的经验判断。正如第三章所说明的，陕西与甘肃是西北地区农民工迁移最多的两个省份，也是西北地区最大的两个农民工输出省份，图 6-1 与图 6-2 表明，这两个省份农民工的狭义迁移发展竞争力与广义迁移发展竞争力都不仅小于西北地区外农民工，还小于西北地区平均水平，其中甘肃省农民工的两种迁移发展竞争力最低，与甘肃经济发展水平在西北地区最低完全一致。要看到的是，西北地区农民工的迁移发展竞争力与西北地区外农民工的差距并不是很大，西北地区整体上农民工的狭义与广义迁移发展竞争力差距最大均不超过 10.0 个百分点（表 6-6 和表 6-7），陕西与甘肃两省农民工的狭义迁移发展竞争力差距最大不超过 19.0 个百分点，广义迁移发展竞争力最大不超过 17.0 个百分点（表 6-6 和表 6-7）。这表明，采取措施，改善条件，提高西北地区农民工的素质，在不太长的时间内，使这一地区农民工的迁移发展竞争力与西北地区外农民工基本相当，是可能的，对此应当保持信心。特别是，与陕西、甘肃农民工迁移走向不同的新疆（全国农民工净迁入次中心区）、宁夏、青海（地区农民工净迁入次中心区）三省份，其农民工的狭义迁移发展竞争力均高于西北地区外，而且后两个省份的农民工的广义迁移发展竞争力也高于西北地区外。这表明，省内迁移有着特别的优势，是本省内农民工获得迁移竞争力优势的一个重要途径，应加大对西北地区省内农民工迁移发展的引导与支持。

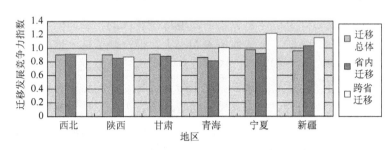

图 6-1　西北地区农民工狭义迁移竞争力比较

数据来源：根据表 6-6、表 6-10、表 6-14 的数据绘制。

（二）西北地区农民工的狭义迁移发展竞争弱势主要发生在迁移第二阶段

表 6-6、表 6-10、表 6-14 的数据表明，西北地区农民工总体迁移、省内迁移、

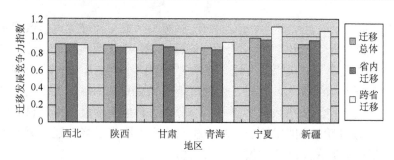

图 6-2　西北地区农民工广义迁移竞争力比较

数据来源：表 6-7、表 6-11、表 6-15 的数据绘制。

跨省的狭义迁移发展竞争力指数均大致相当于西北地区外农民工的90%，而在三种情况下，其职位上行进程指数均大于1。这表明这一地区农民工在职位上行发展上并不弱于西北地区外农民工的平均水平。而市民化进程指数均在0.8左右，即相当于西北地区外农民工迁移发展竞争力的80%，可见，西北地区农民工迁移发展的竞争弱势确实主要发生在迁移的第二阶段即携眷迁移与市民化阶段。西北地区各省份农民工总体迁移情况基本如此，即各省份农民工职位上行进程指数大于或接近于1，而市民化进程指数接近 0.8。新疆农民工在省内与跨省迁移发展上的竞争力均高于西北地区外农民工，宁夏农民工跨省迁移发展上的竞争力高于西北地区外农民工，这都不影响对西北地区农民工迁移竞争力的总体判断，原因是陕西与甘肃是这一地区农民工来源的最大省份，这两个省份农民工在省内与跨省迁移发展上的竞争力，均相当于西北地区外农民工竞争力的80%左右，都是市民化进程指数低于西北地区外农民工竞争力的20%以上造成的。与职位上行进程主要由农民工个人人力资本水平决定不同，农民工市民化进程部分由其携眷迁移能力决定，部分由输入地城市政府提供住房、子女教育、社会保障、城市融入等公共产品与服务的水平决定。西北地区农民工中大约73%在省内迁移，造成这一地区农民工迁移发展竞争力不足的直接原因是其携眷迁移进程滞后，实际表明这一地区城市政府对于农民工还只是单纯地作为劳动力资源使用，而较少向他们提供公共产品与服务。要提高这一地区农民工迁移发展的竞争力，除了农民工自身努力，西北地区城市政府还应转变观念，建立覆盖农民工群体的普惠型城市公共产品供给与服务体系。

（三）迁移源头与渠道因素是导致西北地区农民工广义迁移发展竞争力不足的重要原因

　　表 6-7、表 6-11、表 6-15 的数据表明，在迁移总体、省内迁移、跨省迁移三种情况中，除迁移发展结果指数这一因素外，西北地区农民工的迁移空间指数甚

至高于西北地区外，西北地区农民工的迁移源头指数与迁移渠道指数特别是后者比西北地区外农民工低约 25 个百分点，这就是说，迁移源头指数与迁移渠道指数低也是导致西北地区农民工广义迁移竞争力弱的两个重要原因。从表 6-3 可知，农村居民家庭人均纯收入、农民工受教育年限、接受技术培训的比例、外出打工年限等是影响迁移源头指数的主要因素，劳动力自由流动度（用农村劳动力总迁移率替代）、职业阶层间收入差距、城乡生活水平差距等是影响迁移渠道指数的主要因素。根据对农民工迁移发展竞争力的影响程度及政策影响的针对性判断，政府加强对西北地区农村经济发展的支持，增加对这一地区义务教育与农民工技术培训的转移支付，采取组织化与信息扶持等方式，提高这一地区农民工的总体迁移率等，都将会在一定程度上提高这一地区农民工的迁移源头指数与迁移渠道指数，进而提高其狭义迁移发展竞争力与广义迁移发展竞争力。调查表明，种粮卖粮、养殖、经济作物种植是中西部地区农户的三项主要谋生手段，经济作物种植、工贸服务（含手工产品、工业产品、贸易、旅游接待服务等）、养殖是浙江农户的三项主要谋生手段[1]，本课题组的调查表明，西北地区农民的主要谋生手段是种粮卖粮、养殖、经济作物种植。由此可得到的政策启示是，对提高西北地区农民工迁移源头与迁移渠道竞争力的扶持政策应当同时做到随护与引导两点，也就是说，一方面要大力支持他们获得收入的主要产业的发展，另一方面要看到产业结构差异是导致西部地区与东部地区农民经济发展水平差距的主要原因，要创造条件引导与支持西北地区农民工发展工贸服务等产业。

需要说明的是，相对西北地区外农民工，西北地区农民工的狭义迁移发展竞争力与广义迁移发展竞争力较弱，并不完全表现为个体平均迁移发展竞争力弱上面，可能同时表现为群体的狭义与广义迁移发展竞争力弱上面。也就是说，东部农民工从事技能型、工贸服务等产业多，职业层级略高，由就业决定的社会资本的结构更多地具有业缘性，这使得其迁移发展竞争力是"双强"型能力结构（强人力资本与强社会资本），而西北地区农民工相较而言是"双弱"型能力结构（弱人力资本与弱社会资本），进而导致西北地区农民工群体迁移发展竞争力相对较弱。由于农民工群体迁移发展竞争力也会反映为个体迁移发展竞争力，所以，这种状况的存在并不影响上述关于西北地区农民工迁移发展竞争力约相当于西北地区外农民工的 90%这一结论的有效性，但却可能预示着，在未来，西北地区农民工的迁移竞争力有可能下降，这是需要预防的。

---

[1] 符钢战，韦振煜，黄荣贵. 农村能人与农村发展. 中国农村经济，2007（3）：38-47.

第七章　农民工迁移发展中的政府行为

对于作为一个弱势群体的农民工的职业发展与市民化进程，政府的作用不可或缺，政府可以通过创设或改变相关制度体系，如户籍制度、土地制度、社会保障制度、用工制度、教育制度等，从根本上决定农民工迁移发展的路径。作为个人，农民工可以通过努力实现不断向上的迁移发展，但作为群体，他们迁移发展的所有可能选项与可能达到的高度，都是由国家的相关制度体系决定的。通过具体的政策，如最低工资水平线、积分入户政策等，政府能够直接影响农民工迁移发展的进程及其所付出的成本。对于作为弱势群体的西北地区农民工，政府的作用更是不可缺少，在很大程度，这一地区农民工更需要政府的保护与支持，以便在与其他地区农民工迁移发展的竞争中不过多地处于劣势，获得相对平等的发展机会。

面对农民工特别是西北地区农民工的迫切需要，政府应当做什么？能够做什么呢？要回答这一问题，必须首先弄清的是，在现行体制下，政府实际上是如何行为的？只有这样，所提出的促进农民工迁移发展的政府政策主张才会相对具有可操作性与现实意义。

中国政府是一个庞大体系，就与农民工迁移发展的关系来讲，可以将政府分为输入地政府、输出地政府与中央政府。中国政府又是一个多层级的政府，无论是输入地政府还是输出地政府，都是如此。不同层级政府的目标、资源条件等影响其行为的决定性因素是有一定差异的，就输入地政府来讲，本书所谓的政府指城市政府，这种城市政府多为县级、地级政府，也包括少数副省级与省级市政府；就输出地来讲，本书所谓的政府指县政府。据此，本章分三个层次进行讨论，即分三节分别讨论农民工、企业与输入地政府行为，农民工与输出地政府行为，农民工、地方政府与中央政府行为三个问题。政府行为对农民工迁移发展的影响有直接和间接之分，通过制度、政策等的影响都是直接影响；投资政策（主要是投向大型国企还是民营企业、主要投向对国家形象有意义的战略部门还是日用民生部门）、技术进步政策等，会通过产业结构、技术结构影响产业对农民工可提供的岗位数量特别是技术岗位数量，进而对农民工的迁移发展造成重要影响，这是间接影响。为了避免讨论问题的中心不够集中，本章主要讨论政府行为对农民工迁移发展的直接影响。

要说明的是，本章似乎应当分析西北地区农民工迁移发展与输入地政府、输出地政府、中央政府的关系，但由于就本章节的核心（政府行为）来讲，在实践中并没有对特定的源于某一行政区域的农民工采取特别的区隔化政策，而是对所有农民工采取统一化的政策，所以，单独分析政府行为对西北地区农民工迁移发展的特殊影响，不具备可行性。因此，本章分析的是我国农民工迁移发展中的一般政府行为，这种分析揭示的规律也适用于西北地区。当然，在必要的地方，本章也会指出西北地区农民工迁移发展中政府行为的特殊性。

第一节　农民工迁移发展中的输入地政府行为

一、农民工与用工企业的目标与约束

在城乡经济市场化进程中，农民工所追求的目标必然是收入最大化或实现自身发展。农民工实现自身发展一般表现为职业等级的上升与身份的市民化，虽然这种转化并不必然带来收入增长，但在绝大多数情况下，这一转变过程也就是收入增长的过程，因此，可以认为，农民工的收入最大化目标其实是一个包含了自身发展目标的目标，在长期中尤其如此。农民工如何行动来实现这一目标呢？这取决于他们所面临的外部与内部条件。就外部条件看，城乡之间劳动生产率的差异是农民工向城市迁移的根本基础；城乡二元户籍制度、农村土地承包制度、二元用工制度、城乡二元社会保障制度（城乡二元教育制度、城乡二元医疗制度、城乡二元公共产品供给制度等）等构成的制度环境，是农民工外出打工与迁移发展的制度约束条件。就内部条件来看，农民工通常拥有的人力资本条件较差，迄今为止，他们中的大多数人接受的仍然只是初中教育，大多数人也没有接受非农业技术培训。2014 年，农民工中接受非农职业技能培训者所占比例为 32%，68% 没有接受非农职业技能培训。1980 年前出生的传统农民工初中以下文化程度占 24.7%，初中占 61.2%；1980 年后出生的新一代农民工初中以下文化程度仅占 6.1%，初中占 60.6%[①]。他们一般收入水平较低，所拥有的社会资本主要是以血缘、地缘等关系为主的传统型社会关系资本。

使用农民工的企业同其他企业一样，以追求利润最大化为目标。但这类企业与其他企业也有所不同，这些企业绝大多数投资规模较小、技术水平较低，所处行业主要有制造业、建筑业，以及包括批发和零售业、交通运输/仓储和邮政业、住宿和餐饮业、居民服务/修理和其他服务业在内的服务产业。建筑业与服务产业完全属于劳动密集型行业，主要依靠体力劳动；制造业虽然技术含量较高，但农民工所在制造业领域却多为玩具制造、鞋袜服装制造、家具制造、

---

① 2014 年全国农民工监测调查报告. [2016-10-15]. http://www.stats.gov.cn/tjsj/zxfb/201504/t20150429_797821.html.

日用品制造等技术含量相对较低的行业。即使有部分农民工在电子产品制造等技术含量较高的行业就业，但他们的岗位也多为一线操作工，本身技术含量相对较低。2013 年，就总体看，在制造业、建筑业、服务产业就业的外出农民工分别占外出农民工总体的 35%、23.5%、29.1%，其中，在东部地区，分别为 43.1%、17.5%、30.4%，在中部地区，分别为 20.1%、28.5%、37.5%，在西部地区，分别为 13.2%、30%、41.7%[①]。除行政特许门槛外，在市场经济中，投资进入一个产业部门的门槛一般是资金规模门槛与技术门槛，农民工就业集中的这些产业部门通常进入门槛较低，必然主要是中小企业与技术水平较低的企业。一般的规律是，从制造业、建筑业到服务业，越是处于服务业领域，投资门槛与技术水平就越低，企业规模也就越小。2013 年，自营就业即自办企业的农民工所在行业为服务业的比例为 76.3%，而所在行业为制造业与建筑业的比例仅分别为 10.7% 与 5.9%，其中在很大程度上是因为这一行业的投资门槛低，也因为创业者原打工所在行业也是这样的行业。农民工就业所在行业的特点表明了他们打工所在企业一般面临的约束。①由于进入门槛低，你容易进入我也容易进入，所以，不仅在全国，即使在企业所在地，同类型企业也大量存在，这样企业之间必然会为争夺市场份额而发生激烈竞争。②由于同一原因，这类小企业所处市场必然是一个近似的完全竞争市场，市场价格信息基本透明，买方市场特征明显，单个企业只是市场价格的接受者而非定价者，所以他们普遍属于成本敏感型企业，而由于投资少、技术水平低，企业成本的最主要构成部分必然是劳动成本，所以，这类企业的成本敏感取向实为劳动成本敏感，而非原材料投入成本敏感。而且，由于所在行业竞争激烈，企业主对企业的长远生存与发展往往缺乏稳定预期，这样，他们便不可能对生产要素的拥有有长期预期，所以，用工的临时性几乎是不可避免的，这也是企业存在现状的内在要求。③面临市场竞争压力时，企业并不只有控制或降低劳动成本一条应对策略，升级产品、扩大规模、进行品牌营销等，都是可能的选项，这类企业为什么不呢？不可否认，确实有企业通过努力实现了脱胎换骨，做大做强了，但同样不可否认，对于大多数农民工所在企业而言，他们无法实现华丽转身。因为要实现这一目标，需要企业家的眼界，需要有大量新增投资、需要有政府的强力支持，需要有市场机会等，农民工就业所在企业的企业主，有许多出身是农民或农民工，他们的受教育水平、经历、思维方式，往往会对他们企业的长远发展造成限制。小富即安可能就是他们一些人的理想，将企业做大做强，既不是他们的理想，也往往超出了他们的能力。另外，这些企业大多数只是处于微利经营状态，也不可能获得政府普遍的资金支持，即使存在市场机会，他们也发现不了或没有条件

---

① 2013 年全国农民工监测调查报告. [2015-10-15]. http://www.stats.gov.cn/tjsj/zxfb/201405/t20140512_551585.html.

真正把握。显然，不能仅看到与农民工的权利相比，他们所在企业的权利相对强势，也应当看到，在整个企业丛林中，农民工所在企业普遍只是弱小企业，他们之所以进入这样的环境，是因为他们先天能力弱，在他们的经营环境中，彼此不得不给予对方更大的压力，这致使他们不得不选择把这种压力传递给比他们更弱的农民工。

二、农民工迁移发展与用工企业的行为选择

农民工的就业行为是由两个阶段构成的，即进入阶段与进入后阶段。在进入阶段，表面上看，农民工的就业市场是一个完全竞争的市场，企业主与农民工应当是完全平等的，实际情况并非如此。农民工在外出打工初期，通常只拥有很少货币资本与物质资本，他们进入非农产业，其实是由一个主要依靠经验的领域进入或多或少需要技术或知识的领域。由一个一直熟悉的封闭社会空间进入一个陌生的开放社会空间，这造成了农民工打工地与成长地的分离，使他们进入一个完全不同于"生于此长于此"的熟人社会的生人社会，关系与道德，或者实质上是传统的社会网络不能再为他们提供保护。从一个由户籍制度决定身份的乡村环境进入一个没有正式身份的城镇环境，这也决定了农民工较低的政治社会地位，使得相较城镇工，企业可以施加较多的管理、控制甚至歧视。处于城镇的企业，通常不仅拥有较多的货币资本与物质资本，而且其本身就是一个技术性组织，即使是作为农民工的企业主，也是以一个组织形式出现，其内在地拥有相较农民工的权利优势与市场谈判优势。而且，市场经营活动本身存在一种外部效应，它能够为企业主建构一个基于业缘的社会关系网络，其中包含了大量供货商、销售商、官员等强势社会成员，他们或多或少都可以成为企业生存与发展凭借的力量。农民工与打工企业的力量对比明显是不平衡的，在这样的非平衡权利格局下，从打工一开始，农民工与企业主就会缔结一种不平等的劳动契约关系。这种不平等主要表现在三方面。①劳动风险在农民工与企业主之间呈现不平衡分布。真正公平的市场化劳动关系应当是契约化的，它既应当避免因为劳动者随意离职给企业稳定生产造成的风险，也应当避免因为企业原因随意解雇员工给雇员造成的短期失业风险与短期收益损失风险。在现实中，农民工与企业建立的劳动契约通常是非常不规范与不完全的，契约多数是一种口头约定。2013 年，仍然有 58.7%的外出农民工没有与雇主或单位签订劳动合同，证明了这一点。即使与雇主或单位签订了劳动合同，其中 34.6%的农民工所签订的合同也是无固定期限劳动合同。没有合同，就意味着在权利交换中，总由企业主说了算，没有确定期限的劳动合同，就意味期限企业主说了算，农民工承担的风险显著大于企业承担的风险。②农民工的劳动权益缺乏保障。2013 年，虽然外出农民工被拖欠工资的比例已经下降到

0.8%，但他们被要求超时工作的现象仍然非常突出，这一年，农民工平均每天工作时间达到 8.8 小时，日工作超过 8 小时的农民工比例达到 41%，周工作超过《劳动法》规定的 44 小时的农民工比例达到 84.7%。作为最能够反映外出农民工权益实现状况的月收入水平，2013 年达到历史最高水平的 2609 元，但也只相当于城镇单位就业人员平均工资水平的 60.8%。③在脏、险、害等恶劣工作环境中工作却没有健康保障的农民工所占比例，也远比城镇工高许多，相当多的农民工生命安全受到威胁。

农民工与企业主建立的初始劳动就业关系是不平等的，然而，通常情况下，与农民工此前作为农民在农村与农业的经济社会状况相比，农民工毕竟在很大程度上实现了收入的增长，毕竟在一定程度上获得了经济社会地位的提高，因此，始终存在一种使农民工保持既有打工状况的内在力量。但是，农民工一旦开始外出打工历程，这种不平等的关系就面临被变革的可能。与农业是一个技术相对静态的生产环境不同，企业通常是一个技术相对动态的生产环境，在这种环境中，农民工的劳动过程，也就是自我培训过程，他们的人力资本水平必然会不断提高，其中有明确职业发展规划者的人力资本水平还将会有快速的提高。与农村社会基本上是一个稳定同质的社会不同，城镇社会基本上是一个变动异质的社会，随着在打工期间生活经历的增加，农民工必然重建传统社会关系与新型社会关系。在这样的社会中生活，农民工必将越来越了解城镇工与农民工权益待遇与生活状况的不同，这些都将会给予他们改变自己职业状况的动力。特别是，当他们发现同是农民工但收入差异却可以很大时，当这种比较发生在老乡、朋友、同事等熟悉的人身上时，他们的危机感将特别强烈。在这种情况下，他们当中有着强烈或较强烈上进心的成员就会采取行动，积极地改变这种状况。

农民工打工行为的优化过程其实是一个收益与成本的比较过程，只有当条件具备或可以创造出改变的条件，且预期行动收益大于预期行动成本时，他们才会做出选择。他们可能的选择主要有五种。①容忍。当企业或作为企业利益代表的管理者给予打工者的待遇存在不公时，只要没有越过可以容忍的底限，农民工会选择能忍则忍，即面对压迫与剥削而有意识地选择沉默。并非所有处于容忍状态的农民工都没有反抗，其中个别农民工仍然可能进行隐性反抗，但这种反抗并不影响劳动关系的格局，可以忽略不计。做出这种选择的农民工多是缺乏劳动技能者，或只是单纯从事体力劳动者，同时可能是身体不够强壮的农民工。②抗争。当农民工感受到他所受到的待遇超过了可以容忍的限度时，他们中部分成员会进行抗争。通常，这种抗争大多数是低限度的，直接表现为就事论事，据理力争，个别会表现为农民工以老乡或亲朋群体力量为后盾逼迫对方做出妥协或退让。文化水平较高、身体强壮、老乡、亲属、朋友关系密切且强有力的农民工，相对有可能做出这种选择。③在企业内合作发展。当在企业内受到善待或优待，或能够学习到技术与知识，或可预见到职位上升前途时，农民工会主动选择与企业主合作，寻求与企业形成企业获利和个人增加收入或实现发展的双赢格局。文化程度相对较高、掌握技能、拥有管理才能等的少数精英农民工，会做出这种选择。④"跳槽"发展。当农民工遇到企业工作环境不佳、打工收入偏低、无法学到技术、没有发展前途等情况，又具备"跳槽"条件时，部分农民工会选择通过"跳槽"改善打工境遇，即通过"就业—换工—再就业—再换工"谋求实现自身状况的改善或发展。做出这种选择的农民工一般文化水平不是很高，但他们往往不安于现状，有着较强烈的发展动机。⑤走创业之路。在经历或长或短的打工时期后，或者因为积累了较丰富的生产经验，或者掌握了某一行业的专门营销知识或渠道，也具备了解决资金问题与社会支持问题的能力，一旦遇到机会，就会有农民工走上自主创业之路，成为企业主。能够实现由打工者到创业者转变的农民工，一般要么掌握了企业的关键生产技术，要么掌握了企业的营销渠道，甚至与企业主有着特殊关系，同时，这类农民工个人通常有着强烈的上进精神，他们通常也是农民工中的精英或优秀分子。

在外出农民工群体中，做出这五种选择的农民工的分布如何呢？从理论上讲，既然打工策略的选择是一种理性行为，那么，风险最小的策略，就会是大多数农民工的选择，这意味着，容忍与"跳槽"发展两种策略会是大多数农民工的理性选择。抗争即使成功，也会面临失业或被迫"跳槽"的风险，因此，不会是大多数农民工的选择。在企业内合作发展或走创业之路，都强烈依赖于农民工个人的良好素质与特别的外部条件，这是大多数农民工不具备的，因此，这两种策略只会是少数农民工的选择。

农民工选择的实际分布情况如何呢？可以肯定的是，选择抗争的农民工仅占农民工群体的很小比例，这样推断的理由，一是以往引发农民工群体性事件的主要原因是拖欠工资，而外出农民工被拖欠工资的比例，2008年时还高达4.1%，到2011年时已下降到0.8%，此后一直没有超过这一水平，诱因基本消失必然导致事件减少；二是虽然就绝对数来讲，估计全国每年发生的农民工"抗争"事件也达数十万起，但相对全国1.66亿外出农民工总量而言，所占比例其实很小。走创业之路的农民工所占比例大吗？根据全国农民工监测调查报告，在外出农民工中受雇人员所占比例与自营人员所占比例，2011年分别为94.8%与5.2%，2013年分别为83.5%与16.5%，这表明，在过去的相当长时期中，走创业之路的农民工都是一个很小的群体，而目前已成长为一个比较大的群体了。不过，要说明的是，走上了创业之路与成为农民企业家并不相同，课题组2013年的调查数据也表明了这一点。从第四章表4-2与表4-3可看出，进入第4职业等级，成为企业主（包括雇主和自我经营者）者所占比例，在农民工自己看来，西北地区仅为9.02%，西北地区外仅为 9.8%，而分省内与跨省迁移者来看，西北地区分别为 8.59%与 9.48%，西北地区外分别为 11.5%与 7.7%。这表明，无论是在西北地区内还是在西北地区外，真正走通创业之路的农民工并不是很多，全国农民工监测调查报告所显示的 16.5%的自营人员占比中，可能有 1/3 其实是个人或夫妻档打工性自营近似企业。选择在企业内合作发展的农民工占比如何呢？从前述两表看，西北地区内与西北地区外进入第 2、第 3 职业等级者的比例分别为 22.7%与 23.9%，然而，在其中真正成为工程师等高级专业技术人员/中层经营管理人员者所占比例，两个区域仅分别为 4.81%与 6.6%，剩余的其实是办公室一般工作人员/普通技术员，也就是说，走通了与企业合作发展之路的农民工也是一个少数群体，两个区域都有17%以上的农民工走上了这条路，对他们来说，更多的是机会而非成功。

选择"跳槽"发展与容忍两种策略的农民工无疑是这一群体的主体。从表 4-1可看出，更换工作次数在 0～2 次者所占比例，西北地区与西北地区外分别为65.9%与 61.5%，其中为 0 次者所占比例分别为 22.2%与 20.1%。从表 4-2 与表 4-3 中可看出，处于第 1 职业等级的非技术工人/零工/苦力工人，在两个区域所占比例分别为 64.32%与 65.60%。在两个区域，更换工作次数在 2 次以内者所占比例与处于第 1 职业等级者所占比例非常接近，但这并不意味着前者一定导致后者，因为更换工作次数为 0 者更有可能是实现职位层次上行者。然而，从调查来看，西北地区农民工打工平均年限为 9.96 年，期间平均变换工作 2.21 次，西北地区外农民工打工平均年限为 8.85 年，期间平均变换工作 2.2 次。假定在这些农民工的工作变换中，有 50%以上属于被动"跳槽"，即属于企业方面原因导致失去工作后另行就业，这意味着，平均来说，在大约 9 年的打工期间，每名农民工平均大约仅有 1次主动"跳槽"经历。比较农民工在不同性质单位就业稳定性，大致存在以下规律，国有＋外资或合资企业＞集体＞民营＞个体＞临时工＋无固定工作单位，并且，国有＋外资或合资企业＋集体属于就业基本稳定单位，民营＋个体＋临时工＋无固定工作单位，属于就业基本不稳定单位。从表 7-1 可看出，来自西北地区的农民工，无论是在初职还是在现职中，他们在基本不稳定单位就业的比例都在 80%以上，其中在省内就业的这种不稳定性还要略高。农民工在不稳定就业中，有大约 50%属于个体性就业，农民工可能实际是这种个体企业的雇员，但在大多数情况下，这些农民工是自己的企业主，自己给自己打工。另外，还有大约 18%的人属于临时工，他们的雇主不是企业，可能是市民个人。无论是哪种情况，农民工的"跳槽"都不是作为"抗争"企业主的"跳槽"，而是一种必须接受的选择，农民工所就业企业的性质决定了"跳槽"本身也是一种容忍。显然，只有就业单位为国有、外资或合资企业、集体、民营时，农民工在受到不公正待遇或压迫时，发动的"跳槽"才可能是一种抗争。

表 7-1　西北地区省内及跨省就业现在打工所在单位性质　　（单位：%）

类别		国有	民营	集体	个体	外资或合资企业	临时工，无固定工作单位
西北地区省内	初职	6.5	26.9	5.3	41.8	3.7	15.8
	现职	7.1	22.6	8.1	43.2	1.6	17.4
西北地区	初职	6.1	29.3	5.4	39.4	6.6	13.0
	现职	7.3	26.0	7.1	39.9	5.8	13.9

数据来源：根据项目组调查所获 899 份样本计算所得。

　　西北地区农民工在这类单位就业者所占比例为 46%，即使在这些单位就业时发生了"跳槽"，同样至少有 50%的概率为被"跳槽"。可以认为，容忍是农民工选择最多的应对策略，"跳槽"是农民工选择次多的应对策略，在企业内实现发展与自主创业都需要拥有特别的条件与机会，只是少数农民工的福缘，抗争只是极少数情况下农民工被迫的选择。

　　企业配置劳动力资源，其目的在于寻求最大化的利润，不同于自主创业的情形，在农民工打工的情形下，面对农民工可能的选择，在不考虑用工制度环境与政府行为的情况下，企业或企业主会做出怎样的选择呢？企业首先会判断所拥有的条件。这些条件有劳动环境、劳动强度、工资待遇、职业发展前景、企业声望等综合因素，它们共同构成了对农民工的吸引力，是企业主与农民工进行权利博弈的基础。对于给定的具体农民工能力与工效条件，越处于工资待遇等综合因素良好一端的企业，就越容易招募到合适的农民工，用工的选择余地就越大，在与农民工的博弈中就越是处于强势的地位；反之，越是处于工资待遇等综合因素较差一端的企业，就越不容易招募到合适的农民工，用工的选择余地就越小，在与农民工的博弈中就越是处于弱势的地位。给定具体用工企业，对于不同的农民工，企业的博弈能力也不相同，总体的情况是，越是处于企业内部职业阶层中的上层位置，企业和他们博弈时能力就越弱；反之，越是处于企业内部职业阶层的下层位置，企业和他们博弈时的能力就越强。在企业与农民工都不给定的情况下，企业的博弈能力取决于它所拥有的资源与农民工所拥有的劳动力相互能够为对方带来收益增量的比较，及受供求影响的双方相互需要对方的强度的比较。如果企业相对更需要某一农民工，那么，企业在与这一农民工博弈中就相对弱势，就会在收入待遇、控制程度、机会分配等方面给予对方较多的优待；反之，如果某一农民工相对更需要某一企业，那么，企业对他的待遇等就会相对较低。有学者对珠三角部分企业的调查发现，10%的中高层管理人员的工资总额竟然相当于 300 名一线农民工的工资总额，且前者的增长还快于后者[1]，原因就在于此。

---

[1] 万向东, 孙中伟. 农民工工资剪刀差及其影响因素的初步探索. 中山大学学报（社会科学版）, 2011（3）: 171-181.

一般而言，技术比较先进的大中型制造企业，各方面条件相对优越，对年轻农民工有很强的吸引力，因此，企业在与农民工博弈中通常处于强势。建筑业与采掘业等行业，劳动强度高，危险性大，企业在与农民工博弈中相对弱势。餐饮商贸等服务业，多属于依靠体力劳动的小型企业，员工是否受到善待，对他们的劳动效能与企业的经营有着非常重要的影响，因此，企业在与员工博弈中一般稍微弱势，会表现出较多人性化的成分。

可见，在与企业主的博弈中，并不是所有农民工都会被压迫与剥削，有相当多的农民工也受到了善待。即使存在压迫与剥削，也不是所有产业部门都一样，建筑业的农民工收入较在其他产业中就业的农民工收入高，住宿和餐饮业的农民工虽然收入相对较低，但会受到较人性化的待遇。

尽管不同产业领域、不同规模的使用农民工的企业，对待农民工是不同的，但作为一种在农民工进入劳动市场之前就存在先进性、技术性、专业化组织，同时相互交流与联系更为密切的组织，不论是否善待农民工，都必须首先把农民工当作劳动力进行专业化配置，以完成生产经营任务，实现利润最大化目标。在使用农民工的大中型制造企业，特别是台资、港资、民营大中型制造企业中，既为了有效配置劳动力资源，也为了防范企业生产风险，同时为了扼制可预见的农民工的对抗性博弈，企业主会采取以下策略。

（1）员工的治理策略。包括两种小策略。①在招募员工时，企业主会对农民工进行甄别，并在农民工进厂后，挑选出一些能力相对较强且对企业主相对亲和或友好的农民工，将他们安排在基层管理岗位上，给予他们相对较好的待遇，而给其他农民工一般待遇，从而实现对农民工的分化治理，打破企业内农民工潜在的"团结"倾向。②企业主会有意选择数个劳动力强且与企业主合作的农民工，授予他们介绍一定数量新员工的权力，同时会控制这种权力的大小，即不会放任某一位农民工介绍过多的亲戚老乡，以防止形成对企业主控制企业权力的威胁。这种情况已被调查证明是真实的。由此，企业主实现了三重目标，实现了对在本企业打工农民工群体的分化，尽可能使优秀农民工站在企业主的立场上，使优秀农民工成为隐性或潜在农民工对抗企业主的领导者的概率大大下降或受到控制；形成企业内的"大哥小弟"、"大姐小妹"式类家庭化关系，使企业主与农民工的对抗性关系转变为农民工上层对农民工下层的控制与管理；有意培养并控制企业内的小规模农民工老乡群体，并使他们产生竞争性关系，以方便企业进行控制。

（2）劳动力的技术性组织策略。也包括两种小策略，①实行泰罗制劳动管理方式。即根据企业具体的生产技术流程，设置最佳工位、制定标准化操作方法与程序、确定劳动定额、建立激励性报酬制度并结合使用。在真正的泰罗制建立的生产管理科学实验的基础上，追求与工人的合作。在我国，由于农民工使用企业的企业主素质普遍不高，整个社会关系呈现上下差等性，所以，这些农民工使用企业建立的泰罗制其实是一种关键元素缺失的泰罗制。②实行福特制劳动组织方式。即只要技术条件许可，就采用机械化、自动化、标准化的流水线生产作业方式，并使劳动分工限度最大化，然后将劳动者配置在由机器运行速度决定劳动强度的流水线生产工位上。由于是机器决定劳动强度，劳动者不再直接面对管理者的控制，最大限度的劳动分工使工作任务最大限度地简单化了，劳动者不需要掌握技术或技能，或只需要掌握很少技术与技能，所以企业很容易找到同一工位的劳动替代者，生产知识集中于流水线的控制者手中，劳动者不再拥有与企业主博弈的资本。在珠三角与长三角的大量企业中，这种情况完全或部分地存在着，也已被调查证明。真正的福特制，不仅有生产流水线对劳动力的控制，还有劳动者对工资的集体谈判制度、长期性劳动合同制度、累加性最低工资制度等作为支持与补充，它在本质上是大规模生产与大众化消费相协调的企业生产组织制度。我国农民工用工企业尚无这类制度安排。

（3）投机性用工策略。①采用灵活化用工策略。即个别企业在条件允许时，加快员工流动性，通过"招募—试用—解聘"，提高既有用工中试用工的比例，从而降低劳动力使用成本。②用工行为短期化策略。个别企业只从市场招聘员工，尽可能不签劳动合同，当不得不签订劳动合同时，只签订无期限劳动合同或短期劳动合同，有生产则招募，无生产则解雇，从而使长期劳动成本最小化。

当企业主与农民工的权利关系直接表现为人与人的利益关系时，无疑非常不利于这种关系的协调，也不符合企业内部生产要素的配置要求，将这种不同权利主体之间的利益关系，转化或表达为一种技术性关系，那么这种关系就会显示出内在性与自然性，而不再表现为对抗性关系。或者转化为一种制度性关系，这种关系便是组织运行的要求，显示出对组织所有成员的公平性，不容易引起反抗。

就前述三种企业用工策略看，第一种策略是各种类型的农民工用工企业都会采用的，第二种策略通常只有相对较大的制造企业能够采用，第三种策略多为小企业采用。显然，第二种策略的采用增强了企业在与农民工权利博弈中的能力，也是一种相对不容易寻求到反制博弈对策的策略，其他两种策略要么内含了反制风险，要么可以直接反制。可见，越是制造业，越是制造业中的大企业，他们与农民工在博弈中越是处于有利地位，而农民工越是处于不利地位。

农民工与企业主在博弈中的策略选择不是静态的，而是随着环境的变化而变化的。影响农民工与企业主策略选择的因素主要有以下几点。

（1）农民工所在次级劳动力市场上供求关系的变化。总体上讲，政府对"三农"支持力度的增强引起农民工返乡增多，城市化进程带来的妇女生育率的下降、人口老龄化加剧与投资增长造成的需求增多等，越来越使我国农民工的供求形势由过剩转向短缺。这种变化，压缩了企业主使用农民工的选择空间，促使企业主越来越多地与农民工签订用工合同，寻求能够实现劳资两利的新策略；同时给农民工提供了越来越大的选择空间，他们由过去容忍企业的种种不公转向或通过"跳槽"，或通过自主创业，寻求境遇的改善。

（2）农民工年龄结构的变化。1980 年后出生的农民工已经取代 1980 年前出生的农民工成为农民工的主体。2013 年，外出农民工中，新生代农民工已经占到60.6%。新生代农民工文化程度更高，目前这一群体中高中以上文化程度者已占到33.3%，而传统农民工这一比例仅为 14.1%。新生代农民工更注重自身的发展，全国农民工监测调查数据显示，2012～2013 年，在接受非农业培训的农民工中，21～30 岁的农民工所占比例最大，这两年分别为 31.6%与 34.6%，上升很快。新生代农民工更多选择在城市发展，在大中城市务工者所占比例达到了 54.9%，传统农民工这一比例仅为 26%。这种变化会直接造成分布于小城镇与乡村的企业劳动力供求不足，造成某些行业如建筑业农民工短缺，造成技术含量不足、主要依靠体力劳动者的企业用工困难。从而企业主不得不主动改善农民工待遇，以增强就业岗位的吸引力。

（3）企业经营环境的变化。①全球经济危机，造成出口需求减慢，市场竞争压力加大，企业需要控制成本，同时，出于技术进步的需要，部分企业对技术人才的需求增加。在这种情况下，企业采取了差异化农民工待遇政策，即将农民工分为有技术有知识层与无技术无知识层，采取给予高低不同待遇的分配政策。②大型跨国企业的劳工政策会受到媒体较高的关注度，或者某些企业的劳工政策可以成为其产品在国际市场上竞争力的一部分，因而会相对积极地改进劳工待遇，如富士康。正是由于农民工就业与企业用工环境变得越来越有利于农民工，所以，在农民工与企业的博弈中，才发生了越来越有利于农民工的变化。如前述，被雇主与单位拖欠工资的农民工比例，由 2008 年的 4.1%下降到了 2012 年的 0.5%，2013 年虽有反弹，但也仅为 0.8%。外出农民工的月工资收入，由 2009 年的 1417元增加到了 2013 年的 2609 元，连续 4 年年增长率超过两位数。参加各类保险的农民工所占比例也在不断提升，这些都间接证明，随着外部环境的变化，农民工相较企业主博弈能力在逐步增强。

站在农民工立场上和企业的权利博弈与站在企业立场上和农民工的博弈是完全不同的。前者主要是一种社会性活动，遵循的原则是公平；后者是技术性与社会性的双重性活动，作为技术性活动，它的原则是效率，作为企业主与员工的关系活动，它的原则才是公平。两个活动的决定因素其实是不同的，前者取决于社会生产力发展水平、认识水平、人权保护状况等，后者取决于产业组织技术进步的速度、企业发展所倚重的主要因素是物质资本或人力资本等。

三、农民工与用工企业博弈中的输入地政府行为

在农民工与用工企业的博弈过程中，并非所有情况下，都需要输入地政府采取行动，如果双方的博弈能够实现利益均衡，输入地政府就可以不参与到其间。当双方的博弈不能实现利益均衡，特别是这种博弈不均衡可能影响到了当地经济的持续发展与社会的稳定时，输入地政府就会参与其中，成为博弈的第三方。在农民工与企业的博弈中，通常，作为普通体力劳动者的农民工是弱势一方，企业是强势一方，结果就会产生弱势一方的博弈低效——甚至无博弈，当农民工不满意企业的就业条件与待遇时，如果选择离职，可能很快就会有补位农民工进入，这样，农民工可能的离职博弈行为就不能够促使企业主改善农民工待遇。在这种情况下，农民工进一步的选择有三种：一是继续选择跳槽但速度逐渐减慢，最终停下来；二是选择容忍企业对自己的不利行为；三是选择改变自己，即通过参加培训或学习技能，增强自己的博弈能力或自主创业。通常第三种选择受较多因素制约，并不必然成功，或成功者只是少数。也就是说，在前述农民工的五种博弈策略中，大部分农民工的选择是"跳槽"发展与容忍两种策略。在农民工选择这样两种策略的情况下，企业选择三类用工策略中一个或数个，构建的劳资关系仍基本上是一种资强劳弱型劳资关系，面对这种局面，农民工输入地政府会如何选择呢？

输入地政府会出台怎样的农民工政策，首先取决于它的运行目标，这种目标是由它所面临的制度环境所决定的。地方政府作为人民政府，部分获得了支配辖区土地、财政等资源并规划配置的权利，它的官员由上级政府任命取得了行使这种权利的合法合理性。中央政府或地方上级政府普遍对下级政府官员实行任期制与任期政绩考核制，其中 GDP 年增长率与社会稳定度是两项最主要的考核内容。对地方政府实行分税制的激励制度及分发展项目的财政补贴制度，使得地方政府必然高度重视地方 GDP 的增长与地方社会的稳定。地方每一届政府都面临两种约束。一是上级政府的任务约束。国家的宏观经济社会发展等目标，通常会经过层层分解，最终成为一级地方政府承担的任务目标。二是同类地方政府之间的竞争压力。在同类地方政府间的竞争中取得领先地位，不仅意味着良好的政府形象，还意味着从上级政府那里获得更多财政补贴。

在两种约束下，地方政府任期内就拥有了双重目标：第一重是地方经济利益目标，包括地方 GDP 年增长率持续提高目标与地方财政收入不断增长目标；第二重是辖区内公共利益目标，具体表现为辖区内社会稳定前提下的人均民生支出最大化或人均福利获得最大化目标。在双重目标中，第二重目标是由我国政府是人民政府的性质所决定的，它更多地依靠道德教育或社会公益来实现，第一重目标

通常是上级政府考核的核心目标，因而是地方政府行动的基本目标。

在企业与农民工的博弈中，基于实现双重目标的需要，输入地政府的行动策略主要有两种。

第一种是"兼顾"策略。当输入地出现农民工特别是技术型农民工供给不足时，一些地方政府采取了"积分制"入户政策，这种政策是一种同时兼顾输入地政府利益、企业主利益、优秀农民工利益的"兼顾"策略，本质上是输入地政府与企业主"合谋"后对农民工采取的一种"CONTAIN"策略①。上海市、中山市、宁波市等城市的"积分制"入户，都是根据农民工的人力资本水平对可落户农民工进行筛选的政策，这种政策都起到了一种作用，这就是，吸收了少数农民工落户，帮助这部分农民工补贴了在输入地生活的成本，稳定与激励了本地相关企业的农民工，促进了企业利益与地方政府经济利益目标的实现，但多多少少存在关照不到大部分"普通"农民工的问题。

第二种是"保护"策略。这种"保护"政策的出台与执行通常以不影响企业的用工自由为前提，面向所有农民工提供，但更多地惠及了作为无技术的体力劳动者的农民工。地方政府出台的"保护"性政策主要有：实行省内最低工资制度、支持有关组织为农民工提供法律援助，帮助农民工讨薪等。这类政策的出台无疑对农民工起到了一定的保护作用，也在一定限度内协调了企业与农民工的利益关系，不足是政策具有治标性质，对农民工的保护力度尚且不够。

输入地政府与农民工用工企业博弈的规律：一是越是大型企业，越是高技术性知名企业，通常会受到各个地方政府更多庇护。在与输入地政府博弈中，这类企业选择余地很大，这类企业的博弈能力越强，输入地政府的博弈能力就越弱。越是小企业，越是高能源、高环境负荷企业，越不受地方政府欢迎，其与地方政府的博弈的能力就越弱。二是城市政府的层级越高，其在与企业的博弈中，就越是处于强势地位。通常，城市政府的层级越高，其就越有能力给予企业优惠待遇，在与企业的博弈中就越是处于强势地位，反之，城市政府的层级越低，其配置资源的权力就越小，在与企业的博弈中，就越易处于弱势地位。一般而言，农民工工作的企业多是中小型、低技术水平的、环境负荷度较高的企业，因而，在与政府博弈中多处于弱势地位。这表明，在大多数情况下，输入地政府是有条件、有能力采取更具有普遍性与力度更强的保护农民工的政策的。要看到的是，输入地政府加大保护农民工权益的政策力度，虽然有利于辖区内的社会稳定目标的实现，但由于这类政策与企业的用工自由与用工成本相关联，进而与地方的 GDP 增长与财政收入相关联，这使得输入地政府在出台农民工政策上似乎面临着"两难"的选择。

---

① 指在容纳、接受中存有遏制的策略，或形式上容纳、接受，实质存有遏制成分的策略。

第二节　农民工迁移发展中的输出地政府行为

一、输出地政府的行动目标与面临的约束

农民工输出地地方政府与输入地政府处于同样的中国特色市场经济体制之中，分税制、官员任期制、任期政绩考核制等，同样是输出地政府面临的制度环境，上级的任期政绩考核、同级地方政府之间的竞争等，同样是它们所面临的体制约束。因此，地方经济利益最大化目标、辖区内公共利益最大化目标两个目标同样是输出地政府的行为目标。农民工输出地的地方政府通常面临更大的发展经济与增加财政收入的压力，它们一般会在兼顾地方公共利益目标的同时，把地方经济利益目标放在更加优先的位置。这构成了输出地政府制定农民工政策的出发点。

相对东部沿海地区的农民工输入地政府来讲，农民工输出地由于一般处于内陆，甚或是处于作为老少边穷地区的内陆，这些地方的政府面临的问题主要有两个。

一是财力不足。从表 7-2 可看出，在西北五省份中，最大的两个农民工输出省，陕西与甘肃的国家级贫困县占到总县数的比重都超过了一半以上，另外三省份的国家级贫困县占到总县数的比重也较高。这些贫困县，基本上是自然条件恶劣的县，从表 7-2 中可看出，在西北地区，陕西、甘肃、青海、宁夏四省份的丘陵山地县所占比重不仅高，且与贫困县所占比重有明显的相关性。新疆的丘陵山地县占比虽低，但沙漠戈壁等难以利用土地面积达到 61.4%。在这一区域，非国家级贫困县的县份多数是农业县，工商业普遍不发达，2004 年以后，随着国家农业税政策的取消，这些县份的财政变得非常困难，其中陕西、甘肃两省，大多数县份的地方财政收入仅占到地方财政支出的 30%～50%。具体来讲，2011 年，人均地方财政一般预算收入，全国为 3900 元，作为甘肃省地方财政状况最强县之一的玉门市，为 2894.74 元，是全国平均值的 74.22%，作为甘肃省地方财政状况最弱县之一的临夏县，为 712.69 元，是全国平均值的 18.27%。

表 7-2　西北地区县情状况

	陕西	甘肃	青海	宁夏	新疆
丘陵山地县/总县数/%	54.02	67.11	100.00	47.06	10.59
国家贫困县数/个	50	43	15	8	27
贫困县/总县数/%	57.47	56.58	38.46	47.06	31.76
民族县数/总县数/%	0	27.63	89.74	100.00	88.24

数据来源：http://www.xyshjj.cn/News/tjsj/201410/73184.html。

引用时间：2016 年 10 月 15 日。

二是相当多的地处内陆与边远地区的农民工输出地，工商业不够发达，地方政府迫切需要改善基础设施，增加政府基础设施与公共产品供给投入，以便招商引资更有成效，这使得这些地区的地方政府缺少财力用于支持农民工的创业与迁移发展。

二、输出地政府解决农民工迁移发展问题的策略选择

农民工输入地政府与农民工的迁移发展及权利关系非常直接，而农民工输出地政府与农民工的关系主要是一种间接关系，这种间接关系主要表现在农民工受教育水平与接受非农技能培训方面、农民工返乡创业方面。在这三个方面，输出地政府选择的策略主要有以下两种。

（1）在未来农民工的教育上采取尽可能的"支持"策略。农民在进入异地非农业领域打工前所受教育水平，受输出地政府地方财政用于教育支出水平的影响。我国的义务教育财政体制，在 2001 年以后，实行的是"以县为主"体制，县级政府是农村义务教育的筹资主体。在现行财政体制下，县级政府财政普遍困难，如前所述，西北地区的县级政府更是特别困难，在很大程度上，这些县级政府的财政仍然是吃饭财政，通常教育支出占这些县级政府财政支出的 80%以上，在这种情况下，农民工输出地县级政府要尽可能在财政资源有限的情况下，在兼顾保证地方经济增长的同时，尽最大可能为本地义务教育事业的正常运行提供财力支持。从 2000~2012 年，作为全国主要农民工输出省份的四川、贵州、河南、安徽的名义乡村人均地方财政教育支出分别增长了 20.52、19.07、18.78、17.93 倍，同期这四省份名义人均财政支出分别增长了 12.44、13.83、11.06、12.24 倍，前者大幅度超过了后者。作为西北地区主要农民工输出省份的陕西与甘肃的名义乡村人均地方财政教育支出分别增长了 23.8 倍与16.5 倍，两省同期名义人均财政支出增长 11.75 倍与 10.83 倍，前者同样大幅度超过了后者。这说明，农民工输出地政府确实在未来农民工的教育上采取尽可能的"支持"策略。

应当看到，名义乡村人均地方财政教育支出水平这一指标，四川、贵州、河南、安徽四个主要农民工输出省，仅是广东、江苏、浙江三个主要农民工输入省的大约 1/2，是北京、上海两个主要农民工输入市的 1/12~1/10（由表 7-3 数据计算）。在西北地区，甘肃省的状况与其他主要农民工输出省相同。西北地区其他四省份的乡村人均地方财政教育支出水平虽然高于全国平均水平，但仍明显低出主要农民工输入省份。

表 7-3　2012 年农民工主要输出入省、西北地区乡村人口人均地方财政教育支出（单位：元）

	陕西	甘肃	青海	宁夏	新疆
乡村人均地方财政教育支出	1124.7	699.0	1712.4	1001.1	1136.4
	四川	贵州	河南	安徽	全国
乡村人均地方财政教育支出	653.3	677.6	613	672.2	940.8
	广东	江苏	浙江	北京	上海
乡村人均地方财政教育支出	1303.9	1382.9	1306.3	6594.2	7634.7

数据来源：http://www.stats.gov.cn/tjsj/.

引用时间：2016 年 10 月 15 日。

计算方法：乡村人均地方财政教育支出=地方财政教育支出×30%/乡村人口数。

　　输入地政府还通过建立农民工培训组织，实施对本地输出农民工的职前培训，不过，在这方面，还有很大的改进空间。

　　（2）对返乡创业农民工采取"细分化支持"策略。农民工返乡创业能够带回技术、信息、资金与创业人才，有利于输出地政府的两种利益目标的实现，因而，农民工输出地政府会采取支持态度。在具体策略上，通常会采用"细分化支持"策略。所谓支持的"细分化"指：对不同的创业者选择不同的支持力度。对江西省返乡农民工的调查表明，在其他条件给定的情况下，在返乡农民工中，相对无技能者，掌握职业技能者更易于获得政府支持，经常联系朋友多与可借款人数多者，更易获得政府支持①。就返乡创业农民工的地域分布看，相较西部地区，越是处于中部地区，回乡创业农民工越多，在这些地区，输出地政府的支持越容易产生规模效益，容易形成"越支持—政府财政收入越多—越有财力支持—支持力度越大"的良性循环。反之，越是处于西部地区特别是西部边远地区，回乡创业的农民工就越少，政府就越缺乏财力支持，即使出台了支持政策，也多处于低水平状态，这样，农民工输出地对其返乡创业的支持也就在空间上呈现出"细分化支持"分布状态。对 2000～2014 年农民工返乡创业研究文献的调查表明，既有研究多集中于对江西、湖南、湖北等中部省份返乡农民工创业问题上，关于西部农民工创业研究文献明显较少，关于西北地区农民工创业研究文献更少，这在一定程度上证明了关于农民工返乡创业分布及其政府政策状况的推论。输入地政府对返乡农民工创业采取"细分化支持"策略，有利于实现支持的针对性，提高支持的成功率，并形成支持政策的良性循环，但其不足是，这种支持政策可能使那些存在创业发展潜力但短期禀赋不足的农民工得不到充分的支持。

---

　　① 陈昭玖，朱红根. 人力资本、社会资本与农民工返乡创业政府支持的可获性研究——基于江西 1145 份调查数据. 农业经济问题，2011（5）：54-59.

第三节　农民工迁移发展中的中央政府行为

一、中央政府的行动目标与面临的约束

地方政府的权力最终来自中央政府授权，中央政府权力合法性与正当性自然地使地方政府获得了合法合理的权力，它的行动目标与面临的约束同样是由中央政府赋权的政府体制框架决定的。这意味着，地方政府开展实现其目标的行动时，其拥有的权力自然被各方认为是合理合法的，它只要在体制框架内行使权力就可以了。

政府权力合法性的"实践逻辑"包含两个内容。①有效掌控，社会稳定。有效掌控指中央政府能够通过国家的政府系统架构，有效掌控整个国家的土地、资本、劳动力、信息、发展机遇等，牢牢掌握整个社会运行的方向、重点、重大事项等，能够保证所掌控下的国家总体稳定并持续发展。首先，作为政治存在的国有大中型企业与充足的财政收入是这种"实践逻辑"的资源基础，社会稳定是这种"实践逻辑"有效性的标志，经济持续增长是这种"实践逻辑"有效性的证明。中央政府能够牢牢地、有效地掌握国家权力，无疑是中央政府权力合法性的最强力的证明。②统一认识，理念自信。中国共产党始终强调，政府的一切公权力都来自于人民，政府是在为民掌权，掌权是为了人民。通过国家社会科学研究系统不懈地论证，通过传媒系统持续地灌输，通过教育系统连续地说服，包括官员在内的所有社会成员，都确立了中国共产党组建的政府是人民政府这样一个认识。更重要的是，自从获得国家权力以来，中央政府始终都在实践着、证明着作为人民的政府，所有作为总在兑现为人民的庄严承诺。从 20 世纪 50 年代到改革开放前，我国以实现"四个现代化"为战略目标、十八大明确提出"全面建成小康社会"目标、现阶段提出"实现中华民族伟大复兴"的"两个一百年"的战略目标，以及共产党领导下中国经济社会文化事业获得的巨大发展与进步，都用事实证明，共产党领导下的政府是人民政府，人民政府具有实践上的合法性。进而证明，马克思主义的"逻辑选择"理论是科学，"历史选择"共产党领导中国走社会主义道路是正确的选择。

中央政府的行动目标，主要有三个：一是社会稳定，二是经济增长，三是人民幸福。在这三个目标中，由于制定与实现目标的意义在于国家权力的合法性，也由于前两个目标更具有可操作性，所以，社会稳定与经济增长是中央政府的两个基本目标，人民幸福是中央政府的根本目标。中央政府对现实社会经济状况与这两个目标的偏离，会有强烈的敏感度，整个国家各方面体制的建立、改革、政

府项目等，都必然围绕这两个基本目标展开，并努力服务于这两个目标的实现。

中央政府实现两个基本目标的行动约束主要有六个方面。①大国民生约束。大国民生首先要保证大量工农人口的就业需要，为此，就始终要保证经济快速增长。②经济全球化条件下的国际竞争、产业结构调整刚性与技术进步滞后的共同约束。中央政府农民工政策的主要方面是普遍提高其公共产品与公共福利的享有水平，这可能导致普遍提高企业用工成本，其可行性内在地要求以企业竞争力提高为条件，因而面临三种限制。③既有利益结构刚性约束。这种利益结构刚性包括劳资不平衡利益结构刚性、城乡居民不平等利益结构刚性等。任何农民工政策的调整都将导致这三种利益分配格局的变化，必然面临既得利益群体的抗拒。④中央政府官员任期制造成的时间限制。⑤中央政府可调动财力与刚性支出的限制。⑥社会公平公正诉求的舆论约束。

二、农民工迁移发展中的中央政府策略选择

要最快最好地实现国家战略目标，中央政府制定任何政策，同样要服从于政策净收益最大化原则，为此就需要尽可能降低政策风险与政策成本，在始终保证国家社会经济稳定的前提下设计与实施各种政策，包括农民工政策。

由于出发点是国家战略目标而非农民工的迁移发展目标，由于相对地方政府存在政策制定与实施信息不足、失真、滞后的妨碍，由于受远大目标与有限财力矛盾的约束，所以，中央政府会实施以下农民工政策策略。

（一）政策"框架"化策略

与出台其他政策一样，中央政府出台的大多数有关农民工的政策，都属于"框架"化政策。这类政策的特点有以下三方面。①政策大致提出了对地方政府做什么的要求，但具体如何做，在多大程度上做，还有赖于各级地方政府出台政府实施细则。②对政策实施力度的要求处于"应当"与"必须"之间，地方政府是否认真执行政策，能够在多大程度上执行政策，存在较大的"自由选择空间"。一般情况是，能够给地方政府带来利益的政策就会被积极执行，不能给地方政府带来具体利益甚至需要付出较大成本的政策，可能会延迟执行。③政策出台之时也就是政策完成之时，这种政策通常缺乏政策实施中、实施后的监督评价与奖罚安排。这在很大程度可以解释这样一个现象：为什么中央出台了好政策，问题却没有解决。2004 年的"国办发 1 号文件"（即《中共中央国务院关于促进农民增加收入若干政策的意见》）提出的有关解决农民工问题的政策包括：取消针对农民进城就业的歧视性规定和不合理收费，及时兑现进城就业农民工资并改善劳动条件，解

决农民工子女入学问题，对进城农民工进行职业培训，放宽农民工进城生活和定居的条件等。2006 年《国务院关于解决农民工问题的若干意见》要求："输出地和输入地都要有针对性地解决农民工面临的各种问题。鼓励各地区从实际出发，探索保护农民工权益、促进农村富余劳动力有序流动的办法。"这都是解决农民工问题的好政策，但同时都是有关解决农民工问题的"框架"化政策，因而，政策所指的问题都没有随着政策的出台得到明显有效的解决。

政策的"框架"化有着非常正面的意义：政策越是"框架"化，就越是不受具体条件的限制，就越具有普遍的适用性；相对地方政府，中央政府对农民工问题信息的掌握相对粗疏、滞后，由地方政府通过出台实施细则去完善，有利于提高政策的适应性；更重要的是，当政策外在于实现政府战略目标时，中央政府有形象，地方政府可选择，这种政策的出台与实施，就不会妨碍国家战略目标的实现进程。当然，政策的"框架"化也可能造成一定程度的政策形式化与无效化，造成问题因为积累而加重等。可见，农民工政策一定限度的"框架"化，是中央政府的理性选择。任强和毛丹发现，在农民市民化政策上，与"分灶吃饭"的地方财政体制相协配，"中央（包括各部委）只是通过法规、文件、通知、意见等方式提供一个大致的政策框架。至于如何调色、上色则完全放权于地方政府"，"各地上下级政府之间也是如此处理"[①]。

（二）新政策"试点"化策略

所谓新政策"试点"化，是指中央政府在推进一项体制改革时不是采取"自上而下"普遍推进的方式，而是采取允许与鼓励各级地方政府根据各自条件积极"试点"改革，然后走向"星火燎原"的改革推进策略。我国农民工户籍制度与市民化政策的改革，基本采取了由各个地方政府"试点"推进的策略。上海市 20世纪 90 年代中期对外省市来沪人员曾经实行的"蓝印户口"政策、2002 年以后对引进人才实行"上海市居住证"制度，宁波市、中山市 2010 年前后针对精英农民工实行的"积分入户"政策，重庆市 2010 年启动的"农转城"改革，都是在本行政区域试行的、用于增强本地区经济社会发展竞争力的"试点"改革。上海市的目的是吸引投资与人才，宁波市、中山市的目的是留住与吸引农民工中的精英人才，重庆市的目的是以城市身份待遇转换城市建设用地资源。

中央政府以"试点"化策略把控与推进农民工市民化政策改革，有多方面的积极意义：①"试点"可降低改革失败风险，提高预期的改革收益；②"试点"

---

① 任强,毛丹. 构建从农民到市民的连续谱——关于农民市民化政策的观察与评论,浙江社会科学,2008(2):75-80.

可提高中央政府推进改革的主动性，"试点"成功中央可推广，"试点"失败可立即叫停，主动权始终掌握在中央政府手中；③地方政府总是积极推动能够给自己带来直接利益的新政策，"试点"化改革能够增强地方政府推进改革的动力；④"试点"本身还是中央政府调控地方政府的行政策略；⑤通过控制包含配套资金或隐含潜在获得机会的"试点"地方指标，引发地方政府为获得指标的竞争，可在总体上将地方政府行为引导向国家战略目标方面；⑥长期改革"试点"化，有利于维护中央政府的形象。

农民工政策改革"试点"化的不足也是明显的：①"试点"化改革通常是长期化改革，存在使推进国家整体改革的顶层设计迟滞，使既得利益结构刚性化，使后续改革越来越难以推进的风险；②"试点"化改革通常是利益取向化改革，它只适用于利益增量改革，对于利益存量改革不太适用；③它是服务于市场竞争中"强者"的改革，对于在市场竞争中弱者利益的保护问题的解决，基本不适用，会使弱势群体利益受损长期化；④当所有改革都进入"试点"化轨道时，制度化寻租与腐败就会产生，甚至不断加剧，有可能损害中央政府的权威；⑤农民工市民化政策"试点"化改革最大的不足可能是，由于作为准公司组织的输入地政府把农民工看作生产要素，寄希望于由他们的"试点"发现并推广可解决问题的好政策，是不容易的。

（三）政策滞后"补缺"策略

所谓政策滞后"补缺"策略，是指当中央政府在采取"框架"化政策或"试点"化政策过程中，在全国面上出现了较大程度上危及中央政府基本目标如社会稳定的问题或事件时，中央政府迅速采取强有力的政策措施，使问题得到解决的策略。发展到 2010 年，拖欠农民工工资问题就是一个急需中央政府通过政策"补缺"解决的严重问题。从中央政府出台的解决这一问题的文件，可直接看出"补缺"政策与"框架"化政策有明显不同。2010 年 2 月发布的《国务院办公厅关于切实解决企业拖欠农民工工资问题的紧急通知》的要点主要有：①要求地方政府"从维护社会稳定大局的高度"解决问题；②实行"属地管理、分级负责、谁主管谁负责的原则"，省级人民政府负总责；③开展农民工工资支付情况专项检查；④加强行政司法联动；⑤对于建设单位"未按合同约定与建设工程承包企业结清工程款"的情况，"由建设单位或工程总承包企业先行垫付被拖欠的农民工工资"；⑥完善预防和解决拖欠农民工工资工作的长效机制，包括建立健全工资支付监控制度、完善工资保证金制度、强化劳动保障监察执法；⑦人力资源社会保障部门负责组织协调和督促检查。从七个要点可看出，中央政府在解决企业拖欠农民工工资问题的政策上，不仅有明确的责任主体，还有系统化的、具有可操作性的政策措施，最后还有监督检查机制的保证。更重要的是，这一文件充分显示了中央政府解决企业拖欠农民工工资问题的强烈意愿与强大决心，因此才促使各级地方政府高度重视，并在不长的时间内基本解决了这一问题，2011 年，企业拖欠农民工工资的比例已由原超过 4% 下降到了 0.8%。

政策"补缺"策略的优点主要有：能够在短期内迅速解决事涉全局的急迫问题，可显示中央政府的权威与领导力。这种策略的不足主要有：一般仅适用于解决具体问题，能"治标"却不能"标本兼治"。农民工迁移发展与市民化问题，是一种需要系统化政策设计才可能解决的问题，依靠这种策略不能最终解决。

三、有关农民工迁移发展政策的中央政府与地方政府博弈

在解决农民工迁移发展问题上，地方政府并非简单地在中央政府给出的政策"框架"下"试点"，政策"补缺"也不是中央政府政策行动的常态。或者说，中央政府与地方政府有关农民工的政策行动并非既有体制下的静态行为，而是动态行为，是一种相互博弈中的行为。在农民工政策改革上，中央政府只是出台政策"框架"，鼓励地方政府进行政策"试点"。分税制改革后，虽然地方政府成为独立的利益主体，但"中央与地方之间税权和财政支出责任的划分在事实上由中央政府决定"，而非由立法机构决定。加之，迄今为止，中央和地方的大部分财政关系调整都是根据中央的"决定"与"通知"传达和执行的，始终没有纳入法律的规范中[①]。中央政府多采用"中央政府补助，地方政府配套"解决政策实施的资金供给问题。因此，在推动农民工政策改进问题上，中央政府与地方政府的政策推进，便成为一种博弈中的推进。

如果输入地政府农民工政策的实质就是按人头向他们提供达到城市居民水平的公共产品，那么地方政府做出选择后，中央政府就会进行相应的选择，从而展开如图 7-1 的博弈过程。

假设地方政府向农民工提供人均性公共产品的政府成本为 C_1，社会收益为 R_1，t 为中央政府重视的概率，$1-t$ 为不重视的概率，C_2 为中央政府重视农民工公共产品供给所付出的政府成本，C_3 为地方政府公关中央政府成员所付出的政府成本，C_4 为地方政府不向农民工提供公共产品受到的处罚成本，P 为地方政府公关中央政府的概率，$1-P$ 为地方政府选择不公关中央政府的概率，f 为中央政府接受地方政府公关的概率，$1-f$ 为中央政府拒绝地方政府公关的概率。

---

① 贺宇. 农村劳动力转移中的利益冲突：一个社会博弈的视角. 学术研究，2008（4）：71-75.

当地方政府不向农民工提供城市公共产品时，其预期收益为：$t\{(1-P)(-C_1)+P[f(-C_3)+(1-f)(-C_1-C_4)]\}+(1-t)C_1$。中央政府或政府整体的收益为：$t\{(1-P)(R_1-C_2)+P[f(C_3-R_1-C_2)+(1-f)(R_1-C_2+C_4)]\}+(1-t)(-R_1)$。对地方政府来说，当 $t\{(1-P)(-C_1)+P[f(-C_3)+(1-f)(-C_1-C_4)]\}+(1-t)C_1>-C_1$ 时，地方政府选择"提供"，反之，选择"不提供"。对中央政府来说，当 $t\{(1-P)(R_1-C_2)+P[f(C_3-R_1-C_2)+(1-f)(R_1-C_2+C_4)]\}+(1-t)(-R_1)>-R_1$ 时，中央政府选择"重视"，反之，选择"忽视"。

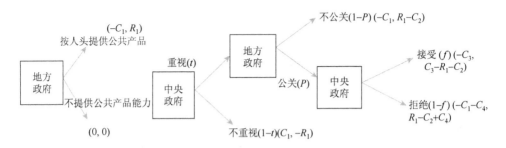

图 7-1　中央政府与地方政府在农民工政策上的博弈过程

从理论上看，无论是中央政府还是地方政府，它们是否推进农民工改进政策，都取决于政策是否有利于其社会经济目标的实现，实际的政策逻辑是否如此呢？

就实际而论，上述博弈逻辑存在的一个严重不足是，没有考虑到中央政府的两大目标，在通过"补缺"解决了社会稳定问题后，经济增长就成为中央政府与地方政府共同的目标。这在中央政府出台解决农民工子女就学问题的"两为主"政策的容纳机制上，得到了证明。据研究，"两为主"政策，即"以流入地政府管理为主，以城市公立学校接收为主"，实际上是"三为主"政策，即"第一，农民工子女的大多数回户口所在地接受义务教育。第二，对进城流动儿童的义务教育，流入地政府要管起来。第三，城市流动儿童的义务教育应以公立小学为主"。中央政府出台的"两为主"政策在实际运行中落实为"三为主"政策，是中央政府、输出地政府、流入地政府相互博弈的结果，它的实质是"放开一部分进城农民工子女在城市接受义务教育，以换得在更广阔的范围遏住大部分的留守儿童进城"①。最终的政策意图是，在弱化少部分农民工子女进城就学压力，维护社会稳定的条件上，使大部分农民工子女继续在农村接受义务教育，而后接受中等职业教育，服务于国家经济增长目标的长期实现需要。

在中央政府与输入地政府的理论博弈中，中央政府更是一个农民工政策进

① 邵书龙. 国家、教育分层与农民工子女社会流动：Contain 机制下的阶层再生产. 青年研究, 2010(3): 58-69.

步的促进者，或者说是一个农民工群体利益的代表者。问题的解决取决于中央
政府确定什么样的政策目标，或国家经济增长优先，或民生改善优先。如何选
择，其实不是一个观念与道德的问题，而是一个条件准备的问题，同时也是一
个政府体制如何通过改革为弱势群体表达权利诉求和实现提供制度空间与平台
的问题。

第八章 促进农民工迁移发展的配套政策设计

第三章到第五章分析探讨了西北地区农民工迁移发展的特点、就业职位上行机制、市民化机制，第六章分析了西北地区农民工迁移发展的相对竞争力，第七章研究了农民工迁移发展中三类政府的行为逻辑，从而初步具备了设计促进农民工迁移发展政策体系的条件，这正是本章的主要任务。由于农民工流动的跨地区性与省份间经济财政的高度关联性，独自建立西北地区省份地方政府支持本地区农民工迁移发展（包括职业发展与市民化）的政策体系，不仅缺乏充分的合理性，也缺乏充足的条件。因此，促进农民工迁移发展的配套政策设计，应当是关注到西北地区特点的全国性政府支持农民工迁移发展政策设计。本章第五节所提方案为针对全国农民工迁移发展支持需要的设计，第六节提出解决西北地区农民工迁移发展促进问题的特殊政策主张，第五节全国性政策与第六节西北特殊政策两部分的统一，共同构成所谓配套政策设计。

第一节 促进农民工迁移发展需要配套政策设计

一、农民工的迁移发展进程受多种制度约束

我国农民工的迁移发展处于一个制度网络的约束中。第一层次的制度主要有：城乡二元户籍制度与城市分等级户籍制度、城乡二元公共产品供给制度与城市政府包干供给公共产品制度、不平衡性城乡二元社会保障制度、城市初级与次级就业市场相隔离制度、农村土地集体所有制度与土地家庭承包制度等。在这些制度中，前四种制度使农民工一般只能作为劳动力要素进入城市次级劳动力市场，获得不稳定、劳动条件差、收入低、无发展前景的工作，限制了农民工就业职位的上行与收入的持续增长，同时，也使他们被排斥在城市公共产品供给与社会保障体系之外，阻隔了他们的市民化进程。最后一种制度虽然给予了他们一定的就业安全保障，却使他们处于进退两难的境地中。如果放弃农业户口，那么就永远失去了土地权利而不能得到补偿；如果不放弃农业户口，那么虽然保有了承包土地，但是却不能获得城镇非农业户口及相关的城镇公共产品供给与社会保障待遇。最终他们被锁定在农民工身份上。

第二个层次的制度主要有：中央与地方财政分税制度、政府官员任期制度、

以经济增长绩效为核心的任期考核制度、土地和货币等主要生产要素的政府供给制度、政府产业准入制度与项目审批制度等。这些制度造成地方政府准公司化，始终"实施以区域生产总值为中心的经济管理模式"，"将本该由政府或以政府为主提供的公共产品和公共服务，推给了市场，推向了社会"①结果造成少数精英农民工之外的、作为体力劳动者的大量普通农民工没有条件成为永久性城市居民，也导致作为农民工主要就业企业的中小企业发展受阻，限制了农民工就业职位的上行流动与市民化进程。

二、现阶段我国的农民工政策存在局限性

首先，我国现行农民工政策尚处于不连续、碎片化、试点化的状态，连续性、整体性、配套性农民工政策还有待建设。所谓农民工政策不连续，是指完全根据城市经济发展的需要，时而鼓励农民工进城就业，时而限制农民工进城就业，或者时而放宽农民工落户门槛，时而收紧农民工落户门槛。北京、上海等城市在农民工就业政策上就是如此，郑州等城市在农民工落户政策上也是如此。所谓农民工政策的碎片化，指所推进的农民工政策缺乏整体建构，通常只是局部推进。突出的表现是各个城市在农民工就业方面的限制已经不多，相对进步，但在农民工子女上学、农民工住房保障、农民工医疗、养老等社会保障方面的改革普遍滞后，且越是大城市越是如此。所谓农民工政策的试点化，指虽然中央政府始终引领并把握着农民工迁移发展的进程，但是尚未出台农民工政策改革的时间表，各个地方政府对农民工政策的改革仍然处于根据各自条件与意愿自主试点推进的状态。上海户籍改革、重庆农民工落户改革等，都属于试点改革行动。农民工政策不连续、碎片化、试点化，产生了许多消极影响：政策不连续导致政府对农民工迁移发展的推动始终处于不稳定状态，无法持续进行；政策碎片化导致既有农民工政策缺乏配套，难以发挥整体效力；政策试点化导致地方政府一再推迟改革进程，农民工政策的全面改革至今未能展开。

其次，现有农民工政策改革进程仍然镶嵌于既有国家体制的理性秩序之中。在表征上，国家体制的理性秩序就是城乡二元资源配置与社会治理结构，目标是实现国家现代化，运行是"国家或者精英阶层通过自上而下的干预方式或者权力意志实现、以城市为中心的利益重新分配和资源重新控制的过程"②。锁定于这种理性秩序之中的农民工政策改革实践，仍然继续着这一秩序固有的利益分配逻辑，

① 邬旭东. 保障和改善民生视阈下的政府行为分析. 科学社会主义，2010（2）：102-105.

② 潘泽泉. 中国农民工社会政策调整的实践逻辑——秩序理性、结构性不平等与政策转型. 经济社会体制比较，2011（5）：55-66.

即农村支持城市，农民支援市民。中山等城市的高门槛"积分制"入户政策，实质是要从农村筛选符合城市发展需要的优质劳动力；重庆等城市的"农转城"政策，是要为城市转换建设用地，使城市以土地为抵押获得资金的政府投资推动型扩张过程能够持续。服务于这种理性秩序需要的农民工政策改革话语策略，通常是大"城市基础设施无法承受"农民工的落户。即使形式上对农民工有利的好政策，也是容纳策略性质的政策，最低工资政策、农民工社会保障政策等，都是力图通过对农民工的小的局部的利益让步将农民工世代固定在这种身份上，保障农民工劳动力源源不断地再生产出来，保证经济增长长期建立在低成本农民工劳动力基础上。

在这种理性秩序中，解决农民工迁移发展问题的最终希望，只会是农民工人力资本水平自主自觉提高，或通过少量政府教育与培训补助引导农民工加强人力资本建设，从而最终使他们实现职业地位与经济地位的提高，获得在城市稳定就业与生活的自主能力。然后，这其实是把农民工永远看作劳动力的农民工政策，不是看作现代公民的市民化政策，不是要消灭农民工的政策，而是要使农民工永远存在的政策。它只适用于少数精英农民工，不适用于大多数农民工。即使没有这样的农民工政策，少数精英农民工也有能力在城市稳定就业与生活。真正的农民工政策应当是对大多数农民工迁移发展有实质帮助的政策，但现存理性秩序中的农民工政策，却在排斥绝大多数作为体力劳动者的农民工。这造成了作为解放人、支持人发展的农民工政策的缺位状态，导致我国农民工政策上的无所作为与停滞不前。

就全国而言，尚缺乏一个统一的、长期性的农民工政策改革规划，缺乏具有普适性与可操作性的政策措施，相对需求而言，农民工政策明显呈现滞后性、被动性、短期性，根本原因就在于它始终镶嵌于既有国家体制的理性秩序之中。

最后，推进农民工政策的配套化改革，是农民工真正的愿望所在。2007年后半年，重庆市农民工办公室公布的农民工"十大愿望"主要有：①希望能获得与城里人相同的社会保障；②希望能享受与城市职工一样的工资福利；③希望子女在城市读书不再难；④希望在城市有更多的就业机会；⑤希望能有一定的休息权利；⑥希望能在城市落户；⑦希望能在城市拥有一个温暖的家；⑧希望能掌握一门实用技能；⑨希望市民能善待、理解和包容农民工；⑩希望能有丰富多彩的业余文化生活①。这"十大愿望"不仅反映了农民工获得市民待遇的迫切愿望，也表明，政府要真正支持农民工的迁移发展，就必须同时推进就业制度、住房制度、教育培训制度、社会保障制度、户籍制度等相关制度的配套改革。推进政策的配

---

① 赵驹，汪锐，杨继瑞. 全面实现农民工"市民待遇"的思考与重庆实践. 经济社会体制比较，2011（5）：88-93.

套改革，是农民工愿望的实质所在。

显而易见，迄今为止的农民工改革政策的局限性，说到底是力图在现有城乡二元分立发展与治理体制下推进这一政策改革的战略选择的局限性所致，而这一战略选择的局限性则是维护城乡二元体制结构的必然选择，是城乡二元体制局限性的延伸。城乡二元体制的局限性实质上是把人尤其是农民安全生产要素化的局限性，是认为现代化就是工业化而非人的现代化的观念局限性。显然，推进农民工政策配套改革，首先要有现代化的人的目的性认识，要有城乡一体化体制框架的构想。

第二节　设计支持农民工迁移发展配套政策的目标与依据

一、设计支持农民工迁移发展配套政策的目标

设计科学、合理、有效的农民工迁移发展支持政策，首先必须明确作为政策设计最根本出发点的政策目标。支持农民工迁移发展的政策目标是什么呢？是短期目标还是长期目标呢？提高农民工工作技能水平，解决农民工收入低且不稳定问题、子女在城市上学难问题、社会保障难以转移续接等问题，都是短期政策目标。从根本上解决我国特有的农民工问题，即在我国最终完全消灭农民工，是短期内无法解决的长期问题，农民工收入低等短期问题之所以也难以解决，根本原因就在于它们是整个农民工问题这一根本问题的一个构成环节。从根本上解决农民工问题，并在设计总体解决方案框架下解决农民工面临的短期问题，正是本课题力图完成的任务。从根本上完全解决我国的农民工问题，也就是设计支持农民工迁移发展政策的目标所在。这样的根本政策目标具体是什么呢？完全不能回应农民工诉求的政策目标没有实际意义，仅能关照农民工诉求的政策目标也没有可操作性，真正有实际意义与可操作性的农民工政策目标，一定是能够兼容各相关利益主体真实诉求的目标。

三大利益主体与农民工的迁移发展密切相关，它们是农民工及其家庭成员、农民工就业企业、政府。农民工及其家庭成员的目标是什么呢？调查表明，农民工最不满意的公共服务排在前八位的分别是：收入水平、居住状况、社会保险、医疗条件、工作环境、子女教育、权益保障、技能培训[①]。第一节所述重庆市农民工的"十大愿望"也基本上是这些内容。这些"不满意"与"十大愿望"直接反映了他们迁移发展的理想目标，也就是成为真正的市民，和市民一样地工作与生活。非农业企业需要的其实不是农民工而是符合企业生活经营与产业发展需要的

---

① 宋林，姚树洁. 我国农民工城市化问题阐析. 西安交通大学学报（社会科学版），2011（5）：68-73.

劳动力,优质、稳定、充足、高效等是基本要求。就地方政府来讲,其目标是能够保障经济长期稳定增长与财政收入不断提高的、源源不断的、低成本农民工劳动力与优质精英农民工劳动力的充足供给。就中央政府来讲,与地方政府不同的诉求主要体现在其长期发展目标上,也就是"实现中华民族伟大复兴的中国梦"所确定的"国家富强、民族振兴、人民幸福"的目标,"国家富强、民族振兴"具体化为持续的经济增长目标,"人民幸福"具体化为使人民"共同享有人生出彩的机会,共同享有梦想成真的机会,共同享有同祖国和时代一起成长与进步的机会"的目标。农民工的市民化目标,其实是期望在既有城乡二元国家体制与差等城市国家体制框架中,使自己由底层社会成员转变为相对的上层社会成员,也就是由农民转变为市民,特别是高等级城市的市民。期望获得城市户口的农民工中有 50% 左右不愿意放弃承包的土地,表明了这点。

城乡二元体制与城市差等体制是导致产生农民工群体的根本原因,只要仍然维持这一体制,就必然总有一部分非农业劳动者成为农民工。在这一体制框架下解决农民工问题,可能存在最终无法解决这一问题的风险,原因是,当初建立这一体制的根本目的,就在于为政府主导的国家赶超工业化战略长期提供低成本生产要素,现阶段则是为国家城市化战略提供源源不断的低成本农民工劳动力,这在增强中国产品的国际竞争力的同时,始终将农民工锁定于受歧视的"低人权"状态之中。这意味着,只要继续维持这一体制,这一体制就必然以其强烈的运行逻辑与已经固化的社会利益结构阻碍农民工摆脱其"低人权"地位,农民工问题的解决因此将非常缓慢甚至长期化。而且,在这种体制下,即使在一些改革先行城市,部分农民工获得了完整的市民身份,问题也不能完全解决,原因是,对这部分幸运的农民工而言,只要他们跨越城市流动,就会成为"城镇工",虽然不再需要面临城乡歧视,但还需要面对异地城市企业主的地域歧视。市场经济的发展要求无空间边界配置劳动力,这为劳动力的自主自由发展创造了条件,然而,即使农民工的前述愿望实现了,他们仍然不能如此。

认为农民工迁移发展的最终目标就是市民化,隐含了一种逻辑,就是现在的市民已经不需要发展了,他们在职业与生活上已经处于理想的状态。面对市场经济提供的无限发展的可能性,有什么理由可以认定这一逻辑呢?没有。因为,在二元城乡体制下,城市之间也是有等级的与迁移有界的,作为市民的劳动力,他们的就业选择,要么终生被锁定于一个城市,要么只能成为没有身份甚至与家庭成员分离的"城镇工",这不是理想的工作生活状态。这表明,现有市民也需要发展,至少需要拥有自由迁移发展的条件。真正能够与农民工目标、企业目标、地方政府目标兼容的农民工政策改革目标,包含在中央政府目标中,包含在"中国梦"的目标中。国家富强是为了人民幸福,就是在中国工业化与城市化的时代中,使人民普遍地把作为人的本质的自觉自主自由发展的精神,在无城乡制度边界、无城城制度边界的条件下，通过自我创业的发展、就业职位的上行流动、城市生活的改善、创新与体验，得以具体实现的过程，也就是使人民"共同享有人生出彩的机会"。农民工人生的出彩，就是和市民一样工作与生活；市民人生的出彩，就是在所居住的城市中、在不同的城市间，能够自由就业与生活。这不仅是最终的目标，也是具体的过程，对于具体的农民工更是过程，因为生命不可能重新来一遍。

支持农民工迁移发展政策的最终目标，就是使他们不再成为农民工而成为公民。具体来说，第一步，他们可以与现在的市民一样工作与生活；第二步，他们可以在所有的城市、乡村，作为公民工作与生活，自由自主地发展自己。在这种情况下，企业所需要的劳动力，就不再是一种由制度强制保证的劳动力，而是具有了自主自愿发展条件的、不断提升质量的劳动力。只要企业、地方政府与这样的劳动力进行权利平等的交换，源源不断的劳动力供给是可以有保障的。因此，农民工迁移发展政策的根本目标与企业、地方政府的目标是可以相一致的。

二、设计支持农民工迁移发展配套政策的依据

（一）社会主义本质与人权的天赋性是设计支持农民工政策的根本依据

众所周知，社会主义的本质，是解放生产力，发展生产力，消灭剥削，消除两极分化，最终达到共同富裕。邓小平的这一论述，从生产力、生产关系、根本目的三个方面对社会主义的内在规定性进行了科学阐释。现阶段我国社会生产力发展的最大要求与表现就是经济社会发展的城市化，生产关系方面需要解决的最大问题就是市民与农民权利的不平等。使农民可以自由迁移与居住，成为与市民平等的劳动力供给者，不仅能激励他们提高劳动力质量，增加劳动力供给，还能满足企业最大限度优化配置劳动力资源并稳定主要劳动力的需要，从劳动力供求两方面的改进上，同时促进城市社会生产力的发展，最大限度地消弭城乡劳动者之间、劳资之间的不平等状态，在发展中促进社会所有成员特别是农民与市民共同富裕目标的实现。"生存权"是在一定的社会结构中，公民作为人有尊严地享有的维持正常生活与交往所必须具有的基本条件的权利，它的核心说到底是政治上或制度上的平等权。作为人所拥有的天赋权利，任何组织与个人都无权剥夺。"自由迁徙"是指公民可以自由选择自己的生存环境、职业、交往对象、居住地与生活方式的权利，它是实现公民"生存权"的条件性或支持性权利，只有拥有这种权利，公民作为人的"生存权"才能实现，并且，公民越是拥有这种自由的权利，他作为自觉自主自强的精神的存在物，也就是作为人的本质就体现得越充分，

他就越拥有做人的尊严。同时，越是拥有这种自由，他拥有的自由发展空间就越大，就越有可能实现个体的发展与理想。相应地，整个社会，也会因为拥有无数的充满自由与活力的个体而充满生机与加快发展，尽快地实现共同的梦想。联合国大会 1966 年通过的《公民权利和政治权利国际公约》明确规定的公民个人所应享有的权利和基本自由包括"家庭、住房或通信不受任意干涉的自由，迁徙自由"。我国作为实行人民民主专政的国家，宪法规定"一切权力属于人民"。赋予并保护人民拥有包括"自由迁徙"权在内的公民"生存权"，不仅是体制性的要求，也是实现社会主义根本任务的要求。因此，社会主义的本质与人权的天赋性是设计支持农民工迁移发展政策的根本依据。

（二）农民工迁移发展规律是设计支持农民工政策的直接依据

尊重作为必然性的人口迁移发展规律对于制定这一政策非常重要。我国 20 世纪 60 年代的大量农民短期内进城又被劝返、大量知识青年违反城镇化的一般规律上山下乡而后又回城，都给我国制定新的人口迁移政策以深刻警示。学者揭示的人口规律很多，英国统计学家莱温斯坦 1885 年最早提出人口迁移遵循十大法则，即经济因素主导法则、迁入地选择法则（大城市律）、技术促进法则、年龄选择法则、阶梯式迁移法则、净迁移率与迁移的距离成反比法则、递补迁移法则、城乡移民差异法则、移民潮法则、反向移民潮法则[①]。与莱温斯坦非限定对象群体对人口迁移规律的探讨不同，国内学者的研究主要限定于农民工人口的迁移规律，他们揭示的规律大致可分为三类：农民工劳动力迁移规律、农民工携眷迁移规律、农民工劳动力迁移与携眷迁移互动规律。

在农民工劳动力迁移规律方面，蔡昉等发现，我国人口迁移遵循"邻近优先"的迁移模式，即迁入人口的来源地和迁出人口的目的地主要是本省或相邻省份[②]。城市劳动力市场就业形势和迁移距离是影响城乡人口迁移的决定因素[③]。Marré 认为，处于工作年龄的农村居民是否离开其居住的农村社区，受教育程度起着决定性的作用，Dribe 发现，迁移通过扩大社会关系网络等对社会流动具有潜在影响[④]，王春超和吴佩勋发现，受教育程度较高的人群形成了相对更高的就业稳定性，反

① 安介生. 现代化进程中的人口迁移规律——略论中外"移民法则"研究及其警示意义. 人民论坛·学术前沿, 2014（8-2）：70-85.

② 蔡昉, 都阳, 王美艳. 户籍制度与劳动力市场保护. 经济研究, 2001（12）：41-51.

③ 蔡昉, 王德文. 作为市场化的人口流动——第五次全国人口普查数据分析. 中国人口科学, 2003（5）：11-19.

④ 孙三百, 黄薇, 洪俊杰. 劳动力自由迁移为何如此重要？——基于代际收入流动的视角. 经济研究, 2012（5）：147-159.

之，受教育程度较低的农民工的就业流动倾向则相对更大[1]。顾朝林和蔡建明发现流动人口向大中城市集聚趋势明显，就城、就富、就近迁移的倾向突出[2]。总之，受教育程度、迁移距离、城市劳动力市场就业形势、社会关系网络等是影响农民工迁移状况的决定性因素。

在农民工携眷迁移规律方面，韩俊等指出，流动人口"家庭化"和居住的稳定性趋势明显，在流入地居住趋于长期化[3]。洪小良在看到北京市外来农民工呈现出家庭化迁移趋势的同时，总结出了影响其家庭化迁移的个人特征规律与家庭因素规律：女性比男性，已婚者比未婚者，年龄较大者比年龄较小者，受教育程度较低者比受教育程度较高者，迁入时间较短者比迁入时间较长者，更可能带动家庭人口迁移。家庭劳动年龄人口越多，迁入地家庭收入越高，往原籍的汇款越少，发生家庭迁移的可能性越大。原籍家庭人均耕地面积、迁入地亲戚人数的影响不显著[4]。季文和应瑞瑶发现农民工融入城市遵循两级遴选规律，第一级遴选表现为具有人力资本优势的农民工更能获得高工资与职位，更具有融入新社会网络和认可新社会网络的倾向；第二级遴选表现为农民工在城市对新型社会资本的构建，能构建者融入城市，被隔离者返乡[5]。周怡发现，携眷迁移并真正落户的农民工日益滞后于外出打工农民工，两者差距呈现扩大趋势，1985年迁移进城人口占农村外出劳力的32.50%，到2005年该比例仅为4.81%[6]。陈孔立指出了"移民社会是一个过渡社会，它必然要向定居社会转型"的必然规律[7]。

在农民工劳动力迁移与携眷迁移互动规律方面，研究发现，在夫携迁移中，夫的职位上行有明显支持作用，而妻携迁移则反过来对妻的职位上升起促进作用，从而在配偶相携迁移中，职位上升与携眷迁移产生了正向的相互促进作用。

显然，无论是否已经得到揭示，农民工及其家庭成员迁移发展中的规律都有许多，越是全面、深刻、准确认识这些规律，设计支持农民工迁移发展政策体系就越有据可依，所设计的政策就越有效。现阶段学界尚无法完全认识这些规律，即使已经认识的农民工迁移规律，也明显存在非系统性与适应条件不完全明了等不足，这无疑形成了对设计支持农民工政策的限制。如何解决这一问题呢？一种可行的办法是，突破单纯由个别调查研究总结的区域或个别规律的限制，从农民

① 王春超，吴佩勋. 产业结构调整背景下农民工流动就业决策行为的双重决定——珠江三角洲地区农民工流动就业调查研究. 经济社会体制比较，2011（5）：77-87.

② 顾朝林，蔡建明. 中国大中城市流动人口迁移规律研究. 地理学报，1999（3）：204-212.

③ 韩俊，崔传义，金三林. 现阶段我国农民工流动和就业的主要特点. 发展研究，2009（4）：45-48.

④ 洪小良. 城市农民工的家庭迁移行为及影响因素研究——以北京市为例. 中国人口科学，2007（6）：42-50.

⑤ 季文，应瑞瑶. 农民工流动、社会资本与人力资本. 江汉论坛，2006（4）：63-66.

⑥ 周怡. "家"与"家乡"：流动者的乡土情感——"留洋流动"与"农民工流动"的比较. 社会科学，2011（11）：53-63.

⑦ 陈孔立. 关于移民与移民社会的理论问题. 厦门大学学报（哲学社会科学版），2000（2）：48-59.

工迁移发展面临的制度框架中，弄清农民工迁移发展的基本规律，进而，以此为依据，设计相关政策。

我国农民工迁移发展所处的基本制度环境是，服务于国家目标的、以城乡二元户籍制度与包括社会保障服务在内的公共产品供给城乡二元制度为基础的、不完全的城市次级劳动力市场体制。在这种体制下的农民工迁移发展基本规律是：受限制条件下的、农民工人力资本主导下的，以社会资本、物质资本为条件或补充或替代的多重动态择优迁移与梯次携迁家庭人口定居规律。所谓择优迁移是指农民工在城市间、产业间、企业间、高低职位间分别或组合择优，或者是上位城市、高端产业、优质企业、高级就业职位对农民工的择优选取。所谓动态迁移是指农民工在迁移过程中，通过接受教育与培训，或通过"干中学"，或通过主动建构，使所拥有的人力资本水平、社会资本水平、财力水平提高或转型，而后在此基础上实现择优迁移。这一规律中的择优迁移具有的特点主要有：它是范围受限制的择优，即使农民工在迁移过程中拥有的各种资本水平达到了进入初级劳动力市场高级职位的水平，他们也只能在次级劳动力市场上择优就业与迁移。对大多数农民工来讲，只有在适合的年龄区间，受教育或人力资本水平的提高才会促进其职业地位的上升；它是结构化的择优迁移，择优迁移存在性别差异，一般男性的择优迁移快于女性的择优迁移，东部地区来源农民工的择优迁移快于中部、西南地区来源农民工的择优迁移，西北地区农民工的择优迁移相对最为滞后；它是梯次性择优迁移，农民工职业地位通常遵循"力工/零工—销售服务人员—技术工人—管理人员—私营"的梯次上升路线[①]，在携眷迁移上，农民工同样遵循"携配偶迁移—携子女迁移—携父母迁移—携亲朋迁移"的梯次迁移逻辑；它是人力资本水平起主要或决定性作用的择优迁移，研究表明，在农民工"去体力化"的职业发展过程中，人力资本重要性总和平均水平达到74.5%[②]。对农民工来讲，它是迁移发展成功率递减的择优迁移，也就是越是进入到高级就业职位，越是达到了携全部家庭成员迁移并定居城市的层次，农民工人数越少，因此，农民工择优迁移规律其实是精英农民工的成功规律。

（三）分化不同农民工的需求是设计农民工政策的具体依据

韩俊等将农民工分为三类，第一类是在城市拥有固定住所与职业的、基本融入了城市的农民工，第二类是常年在城市打工与居住但尚未融入城市的农民工，

---

① 杨肖丽，景再方. 农民工职业类型与迁移距离的关系研究——基于沈阳市农民工的实证调查. 农业技术经济，2010（11）：23-29.

② 范建刚，李春玲. 农民工职业流动中的"去体力化"机制——基于对1393名农民工调查的分析. 吉林大学社会科学学报，2015（2）：57-69.

第三类是在城镇间歇性或季节性打工的农民工[①]。李中建认为，三类农民工的诉求有较大差异，第一类农民工除收入外，更多地要求尊重和公平；第二类农民工则渴望稳定的收入和更多的公共服务；而第三类农民工则对就业信息服务和维权有强烈的需求[②]。无疑，只有尽最大限度回应不同类农民工的诉求，政策才能更好地发挥支持与激励农民工迁移发展的作用。考虑到第二类农民工是农民工群体中的最大部分，农民工政策有必要充分关注与回应这部分农民工的需要。

第三节　设计支持农民工迁移发展政策面临的约束条件

一、设计支持农民工迁移发展政策面临的根本约束

我国经济社会运行的体制大框架及其改革发展前景，是设计支持农民工迁移发展政策面临的根本约束，解决我国农民工问题不可能超越这一框架，只能在这一框架下谋求解决。

中国特色社会主义市场经济体制是我国经济社会运行的体制大框架，它的内涵主要有以下方面。

我国的基本经济机制是市场经济体制。生产什么？怎样生产？为谁生产？三大经济问题都要通过市场竞争解决，并且，我国的市场经济是全球化时代的市场经济，必须在全球范围的生产、贸易、金融、科技创新竞争中求生存。改革要做的只是如何完善市场经济体制。例如，有效地保护产权与知识产权；解决国企垄断对竞争的影响与不公平交易；解决政府过分参与经济活动造成的地方保护主义与产业同构、产能过剩（中国条块分割行政体制下发展市场经济的一个结果）；解决生产要素供给中的不平等问题（农业用地改为建设用地由地方政府垄断、国有银行使信贷资金主要流向大型国有企业，中小民营企业资金获得难等）；解决高等教育只重视人才和生产而不重视经济社会的现实需要，对技术人才的需求变化反应不够灵敏等问题；解决腐败现象造成的市场不公平竞争与创新激励不足等问题。

我国基本经济机制的性质是中国特色社会主义。主要有四点。①重要的具有战略意义的经济部门都实行全民公有制度，在实际中，由中央政府直接掌握控制。这些企业多数是所在产业部门的垄断者，具有政治企业的性质。中央政府可通过这些企业调控地方政府，保证政府系统内部的一致性；还可通过这些企业控制民营经济，如电力部门、电信部门等都拥有一定的超经济权利。这些企业所拥有的资产本身也是中央政府的强大经济基础来源，通过在国际上开展经营活动成为国

① 韩俊，崔传义，金三林. 现阶段我国农民工流动和就业的主要特点. 发展研究，2009（4）：45-48.
② 李中建. 我国农民工政策变迁：脉络、挑战与展望. 经济学家，2011（12）：70-76.

家形象的代表。这些企业也是金融市场上资金的主要使用者，对民营经济的资金使用形成挤占，对民营经济的进入领域形成限制。这些企业一般都属于大型企业，资金技术构成高，就业相对少。②政府始终是经济发展的领导者、主持者。政府通过确立战略目标，通过产业发展规划，通过对经济增长速度的确定，通过对重大建设项目的审批等，实现对经济活动强有力的领导，这是由党是先进生产力的代表决定的，也是由其对道德合法性的需要决定的，同时是由其掌握国家权力的现实需要决定的。③政府在领导经济的同时对整个社会始终能够有效掌控。在城市通过单位与街道社区实施掌控，对所有人口通过户籍制度实施掌控。反过来，这种掌控表明政府特别是中央政府始终是国家经济社会运行的领导核心，这一点是不能改变的。④政府要通过领导经济为民做主，并通过将经济运行成果回馈给社会的努力，即实现共同富裕目标的努力，取得人民的拥护。

正是在这四点上，显示了中国特色社会主义市场经济体制与西方国家一般市场经济体制的本质差异。中国是政府全面掌控社会经济的各个方面，在整个社会有序化条件下，把实现人民共同发展、富裕、幸福当作理想目标。政府权力本身特别是中央政府权力本身是一切政策的出发点与社会运行的中心，国家整体利益目标的实现始终优先于个人利益目标的实现。个人利益目标的实现只有在国家利益目标实现要求的框架和方向上才是被接受、被鼓励与受支持的。削弱国家整体利益目标的，也就是削弱政府权力的个人权利实现行为与自由，是被限制的。西方发达国家公权力是民众实现公共产品供给的手段，社会运行的起点是分立的个人权力，中国的公权力是实现国家整体目标的手段，社会运行的起点是政府权力。

中国特色社会主义市场经济体制运行的中心任务，也是中国政府或中央政府的战略任务，在今后相当长的时期内，都是国家整体的现代化或经济增长。无论是改革开放前党所确立的四个现代化目标，还是改革开放中所提出的全面建成小康社会目标，以及现阶段中央所提出的"中国梦"的蓝图——到两个一百年的时候，使国家整体上建设成为发达国家。经济增长始终是中国政府的中心任务，也是战略任务。中央财政分权所形成的地方政府之间在经济增长上的锦标赛格局，被证明是实现国家现代化目标的有效体制。解决农民工问题不能妨碍这一目标的实现，所有要求企业改善农民工待遇可能会造成企业成本增加的政策，都不能使大部分企业经营困难而处于关闭风险之中；所有要求政府支付成本的改革，都不能影响政府财政支持经济发展的最低限度；农民工工资待遇的上升，不能过分地造成中国企业在国际市场中竞争能力的大幅度下降或被挤出市场。

应当看到，中国处于改革开放的大转型时期，市场经济不断发展反作用的结果必然不断强化活动于其间的劳动者和投资者的权利维护与自由意识，互联网时代的信息传播也使他们能够获得维护自己权利的信息，教育发展使农民工越来越多地拥有实现权利自由的愿望与意志。经济基础决定上层建筑，市场经济越来越强大的经济基础，必然要求政府体制的分权化改革。双向建立混合所有制、主动与被动约束政府权力，建立政策出台前、出台中、出台后政府和社会的对话与协商体制，政府运行信息公开化、法制化等，都是面对这种大趋势所做出的调整。在不改变中央政府集权能力的大前提下，可控地、依法地、有序地向社会让渡社会治理权力，提高国民维护自己权利的能力与运营自己权利的自由度，将越来越得到深入全面的发展。

脱离体制或现有社会利益结构来解决农民工问题，几乎是不可能的，同时，政府要看到经济社会发展的大趋势。其一，不能有意推迟农民工问题的解决，要积极主动地推进这一问题的解决。其二，要在前述大前提下，积极顺应农民工迁移发展规律，在有能力支付的成本水平上，最大限度地推进农民工问题的解决进程。

二、设计支持农民工迁移发展政策面临的外部约束

影响农民工迁移发展及其相关政策的宏观外部约束因素主要有三个，即经济增长速度、产业结构变动、农民工劳动力供给量变化。下面就全国层面进行分析。

（1）经济增长对农民工迁移发展的影响。尽管有学者认为，中国经济增长模式有大企业偏好，"保增长不一定能保就业"。[1]也有学者发现，随着经济的发展，在我国，经济增长对就业的影响将趋沿"正向影响→影响弱化或停滞→反向影响"的方向发展[2]。但是，不可否认，经济增长速度仍然是影响包括农民工就业在内的就业增长的重要因素。①从理论上讲，当经济增长的就业增加弹性给定时，相对高的经济增长速度会带来更多就业，相对低的经济增长速度会减少就业。即使经济增长的就业弹性为负，只要经济增长速度足够高，总就业量就可以增加，反之，如果经济增长速度下降，那么就会引起就业减少。②经济增长带来的正向就业效应存在弱化趋势，但这种趋势并非直线发展，而是会有波动，迄今仍为正值。这意味着，在经济增长的减速过程中，总就业量会时高时低，但总体仍会增加。据计算，包括第二、第三产业在内的我国非农产业经济增长的就业弹性，1991～2007年平均为0.26，其中1991～1997年、1998～2002年、2002～2007年三个时间段的平均值分别为0.31、0.16、0.35，证明了这一点[3]。③在经济增长就业效应的弱化发展过程中，必然要经历一个不平衡的发展过程，即一部分地区经济增长的就业效应为负，另一部分地区经济增长的就业效应为正，这种并存局面往往会持续

① 蔡昉. "刘易斯拐点"催化增长方式转变. 财经, 2008 (17): 28-29.

② 刘玉成, 童光荣. 经济增长、人口、工资对就业的影响及地区比较. 经济经纬, 2013 (2): 23-27.

③ 张车伟. 中国30年经济增长与就业：构建灵活安全的劳动力市场. 中国工业经济, 2009 (1): 18-28.

相当长时期。研究发现，我国"东部地区经济增长对就业的负面影响较为显著，而中、西部地区经济增长对就业的影响偏向于正面"①。这证明，经济增长速度下降会对农民工的就业与迁移发展形成约束，改善农民工的待遇要与经济增长要求相协调，不宜超过限度。

（2）产业结构变动对农民工迁移发展的影响。产业结构变动对就业的影响被认为遵守"配第-克拉克定理"与"库兹涅茨法则"，即随着国民经济中的主导产业先后转变为第二产业与第三产业，劳动力将从第一产业流向第二产业，并进一步流向第三产业。我国正处于这种产业结构的调整当中，2013 年，我国产业结构已经完全呈现出现代经济特征：第三产业增加值占国内生产总值的比例最大，第二产业占国内生产总值的比例次之，第一产业占国内生产总值的比例最小。与此变化相适应的是，在实际增长率上，我国第二产业已经开始低于第三产业，第二、第三产业的增长率，2012 年分别为 7.9%与 8.1%，2013 年分别为 7.8%与 8.3%。这种变化从两个领域对农民工的迁移发展造成了一定程度的限制。①虽然农民工在第二产业的就业比例已经有了大幅度的下降，但是直到 2013 年，在第二产业就业的农民工仍占到 56.8%，比全国第二产业的就业比例高 26.1 个百分点。从表 8-1 能明显看到这一点。农民工就业的优势领域是第二产业的制造业，第二产业的增长速度减慢，必然造成农民工在第二产业中就业增长的减慢及职位上行机会增长的减慢。②农民工在第三产业中的就业量增加，不必然带来职位上升机会的增多。农民工在第三产业的就业主要有两种类型。一种是自营就业，2013 年农民工自营就业的比例达到 16.5%，他们中 82.1%从事第三产业，这其中经营最多的是小商业、小餐饮。另一种是受雇就业，其中从事最多的是清洁、保安、家政服务等第三产业中的体力劳动职位。这两种职位都具有少技术技能、收入低且不稳定、发展机会少等不足。

表 8-1　2013 年三大产业的国内生产总值构成、全国就业结构与农民工就业结构（单位：%）

	第一产业	第二产业	第三产业
国内生产总值构成	9.6	44.1	46.3
全国就业结构	31.4	30.1	38.5
农民工就业结构	0.6	56.8	42.6

数据来源：第一行、第二行来源于国家统计局网站，第三行数据来源于 2013 年全国农民工监测调查报告。

（3）农民工劳动力供给量变化对其迁移发展的影响。通常认为，2004 年首次、

---

① 刘玉成，童光荣. 经济增长、人口、工资对就业的影响及地区比较. 经济经纬，2013（2）：23-27.

2009 年再次出现"民工荒"，表明我国农民工劳动力供给已经越过了"刘易斯拐点"，即农民工已由"过剩"转变为"短缺"。近年来，农民工的工资水平进入快速上涨的通道，似乎也验证了这种转变。另外，也有研究表明，2011 年与 2014 年，我国 15～60 岁年龄段人口与 15～64 岁年龄段人口停止增长，我国劳动力的无限供给局面将转变为有限剩余局面①。这种状况的出现，对农民工的迁移发展来讲，似乎都是利好。然而，进一步的分析发现令人难以乐观。①2013 年，我国第一产业就业人数仍高达 24171 万人，在耕地资源有限的情况下，随着农业机械化水平的进一步提高，以及城乡劳动者收入水平之比长期保持在 3∶1 左右的水平上，只要有条件，这些在农业中就业的劳动力仍将继续向城镇非农就业领域转移，成为新增加的农民工，这将使农民工相对过剩的局面长期保持。②2004 年以后我国持续存在的"民工荒"，主要是相对企业的年轻低待遇体力劳动者需求表现出的"民工荒"，实质是农民工的"权利荒"，而不是待遇相对优厚的技术、管理岗位上的用工荒。随着这种类型的"民工荒"的持续与加剧，相关的用工企业或者改善用工待遇，或者进行企业技术升级。在前一种情况下，农民工不能实现职位上的迁移发展；在后一种情况下，由于存在大学生的替代供给，所以对农民工职位上升的影响不能完全确定。

三、设计支持农民工迁移发展政策面临的直接约束

一般来说，无论是设计支持农民工职业发展的政策，还是设计支持农民工家庭成员市民化的政策，都必定要建立在农民工自身的迁移发展能力这一根本基础上，农民工自身迁移发展能力是设计农民工政策的直接约束。

农民工自身迁移发展能力的这种约束作用会表现在政策效果的增强与政策成本的下降上。在政策效果上，同样的支持政策，如果农民工能力强，他就会用足政策，政策效果就会显著；反之，如果农民工能力弱，即使政府提供了支持政策，他也可能不会用或用不足，政策效果因此会打折扣。例如，支持农民工创业的税收减免政策与信贷政策，就是如此。在政策成本上，如果农民工自身学习能力强，职业上行流动顺利，收入水平稳定且高涨，那么，要促成一位农民工的职业发展与家庭成员的市民化，政府就只需要付出较低的城市公共产品供给成本，或者，以同样的政策成本可以支持更多的农民工家庭成员实现市民化。而如果农民工自身学习能力弱，职业上行流动缓慢，收入水平低且不稳定，那么要促成一位农民工的职业发展与家庭成员的市民化，政府就需要付出较高的城市公共产品供给成本，或者，以同样的政策成本就只能支持较少的农民工家庭成员实现市民化。

---

① 张车伟. 中国 30 年经济增长与就业：构建灵活安全的劳动力市场. 中国工业经济，2009（1）：18-28.

　　工资水平是度量农民工迁移发展能力的基本指标或核心指标，工资水平较高、较稳定且能够快速增长，这样的农民工通常不仅职位上行发展较快，他们的家庭成员也能够进城定居并较快地融入城市社会。人力资本对农民工的工资水平具有直接的决定性影响[①]。同时纳入人力资本和社会资本的农民工职业发展计量模型分析发现，人力资本重要性总和平均水平达到74.5%，其作用远远高于社会资本的作用[②]。在人力资本的四个构成要素（教育、培训、迁移、健康）中，教育对农民工迁移发展的制约作用最为突出。从积极方面看，尽管不同学者计量分析得出的农民工受教育收益率差距较大，例如，任远等学者计算得出的农民工教育收益率最高，为8.6%[③]；刘万霞计算得出的农民工教育收益率最低，为 1.39%[④]，但所有学者计算的结果都大于0，且多数计算结果大于2%[⑤]，这充分证明受教育水平提高，进而人力资本水平提高，会带来农民工职业地位与收入水平的提升。从消极方面看，为什么多数农民工不能实现职业地位与家庭成员生活状态上的迁移发展？较低的受教育水平和保留工资是导致这种状况的主要原因，农村生活环境和教育水平较低又是导致农民工保留工资较低的主要原因[⑥]。农村生活环境其实也是一种广义的教育，是一种非规划的无意识教育，它与较低水平的农村正规教育，共同造就了进入城镇次级劳动市场前的农民工迁移发展能力，这种能力以求生存为目标，无或少职业追求，缺乏职业发展规划，职业上行发展能力低。多数农民工被锁定在低质量、低收入、低地位职业上，说到底是受到了这种低迁移发展能力的约束。少数精英农民工之所以能够突破迁移发展的困境，实现职业与家庭成员生活状况的根本改观，也是因为他们实现了迁移发展能力的提升，其核心是他们的人力资本水平实现了根本转型，由原来适用于农业的少技能体力型劳动力转变为适用于非农业的多技能准智力型劳动力。与我国大多数城镇工的文化水平为高中不同，我国大多数农民工的文化水平为初中，直接表明农民工迁移发展从根本上受他们能力不足的约束。

四、设计支持农民工迁移发展政策面临的公共成本支付约束

　　给定农民工的市民化意愿、收入水平及其稳定度，政府为支持农民工迁移发

　　① 钱文荣，卢海阳. 农民工人力资本与工资关系的性别差异及户籍地差异. 中国农村经济，2012（8）：16-27.
　　② 范建刚，李春玲. 农民工职业流动中的"去体力化"机制——基于对1393名农民工调查的分析. 吉林大学社会科学学报，2015（2）：33-44.
　　③ 任远，陈春林. 农民工收入的人力资本回报与加强对农民工的教育培训研究. 复旦学报（社会科学学报），2010（6）：114-121.
　　④ 刘万霞. 我国农民工教育收益率的实证研究——职业教育对农民收入影响的分析. 农业技术经济，2011（5）：25-32.
　　⑤ 毕先进，刘林平. 农民工的教育收益率上升了吗？——基于2006、2008、2010年珠三角农民工问卷调查的分析. 人口与发展，2014（5）：52-60.
　　⑥ 孙中伟. 教育、保留工资与不同户籍：外来工的工资差异——基于珠三角和长三角的问卷调查. 农业技术经济，2011（12）：70-78.

展并最终实现市民化支付公共成本的能力越强，支付成本越多，则农民工的迁移
发展与市民化进程就会越快。那么，政府需要为农民工的迁移发展与市民化负担
多少成本？在不考虑对迁移发展过程的公共成本负担的情况下，这主要取决于农
民工获得收入的能力与城市生活的公共成本两个方面的因素。农民工获得收入的
能力主要受农民工劳动力的损耗与折旧速度、农民工的收入水平及其稳定度、农
民工的有效工作年限及其对收入水平的影响。受雇农民工主要分布在制造业、建
筑业、交通运输业等行业的脏、苦、险、累、差工作岗位上，安全风险大、健康
折旧快，使得他们相较城镇工对工伤保险、医疗保险有着更强烈的需要偏好。农
民工获得长期稳定的国有正式岗位的比例低，他们多在临时性、短期性的中小
私人企业就业，多数人不签订劳动合同。2013 年，与雇主或单位签订了劳动合
同的农民工比例仅为 41.3%。这使得他们的就业与收入都不稳定，同时，农民工
多为体力劳动者，生命周期中可提供有效劳动力并获得较高收入的时间短，虽
然他们往往没有退休时间，但他们实际退出劳动市场的时间较早，这些都造成
了他们全部有劳动能力生命周期内的总收入低，一生多数时间处于紧可支配收
入约束的生活状态中，一般可供养老的剩余收入很少或为零。他们对养老保险
有着更迫切的需要。2013 年，外出农民工参加社会保险比例最高的前三个项目
分别为工伤保险 28.5%、医疗保险 17.6%、养老保险 15.7%，表明了这一点。由
此注定农民工及其家庭成员在成为市民后，他们的绝大多数变成了城市低收入
人口。相较城市原有市民，政府必须为由农民工转变来的新市民付出更大的社
会保障成本。当农民工人均收入低于城镇最低生活水平门槛时，他们不可能拥
有在城市体面生活的意愿，政府也不需要为他们支付除社会保障成本以外的城
市公共生活成本。

　　在城市不存在水资源承载力、土地承载力、交通承载力、环境承载力四者构
成的城市综合承载力限制的情况下，城市公共生活成本包括两部分，一是由供水、
供电、供热、通信、通气及公共交通服务形成的城市生活基础设施成本，二是由
公共医疗、基础教育服务、公共文化服务等构成的城市公共产品成本。①城市不
同收入水平群体对交通服务、医疗服务、教育服务、文化服务的需求层次不同，
支付成本的能力也不同。城市居民中高收入群体所占比例越高，则城市居民中通
过市场途径获得这些服务的人数所占比例就越大，城市政府需要负担这方面的公
共成本就越低。农民工总体收入水平低，决定了他们成为市民后依赖城市公共产
品服务系统的强度必然较高，时间也较长，这就决定了城市政府为农民工市民化
支付的人均公共产品成本可能会高于给市民支付的人均公共产品成本。②住房是
与就业工资并列的支持农民工在城市长期生活的必要条件。城市市民的解决办法
通常是：中上收入水平的市民会通过购买商品房解决住房问题，低收入者通过申
请经济适用房或廉租房解决住房问题。保障制度是住房公积金制度，这些解决城

市低收入者住房问题的途径，并不保证解决城市所有居民的住房问题。因此，农民工的住房成本不应当完全由城市政府负担。

尽管可以肯定地讲，农民工转变为市民，政府也需要为他们支付住房补贴，也需要部分地增加城市公共设施投资。但为了简化分析，这里只计算为了支持农民工市民化，政府需要支付的社会保险成本。

理论上，国家对农民工市民化的社会保险补贴＝国家对农民工人均社会保险补贴＋国家对由农民工转变的市民人均社会保险补贴，其中，国家对农民工人均社会保险补贴＝城镇居民人均最低消费额−农民工可支配收入×收入不稳定折扣系数×获得劳动收入时间较短的膨胀系数。

假定在政府补贴使农民工达到城镇居民平均消费水平的情况下，政府不再提供社会保险补贴，也就是假定国家对由农民工转变的市民人均社会保险补贴为零。

根据调查，75%携眷迁移的农民工打工年限在12年内，同时农民工的初始打工年龄为18岁，也就是普遍在初中毕业后开始打工，据此假定，农民工30岁时开始转变为市民。

假设以城镇居民月均消费支出与农民工月均工资之差代表政府需要为新市民多付出的社会保障成本，使用万向东和孙中伟从珠三角调查所获得的2008年的数据计算可知，城市政府每年需为一个由农民工转变来的新市民多付出2028元的社会保障成本[①]。世界卫生组织发布的《2013年世界卫生统计报告》显示，2011年中国人均寿命为76岁，考虑到农民工作为体力劳动者寿命可能较人均寿命略短，可将政府向由农民工转变来的市民发放社会保险补贴的年限定为40年。期间政府共需为一个由农民工转变来的新市民支付81120元社会保险补贴。

最有可能为农民工市民化支付社会保险成本的地方政府是作为输入地的城市政府，城市政府是否可以不受约束地承担这一使命呢？这取决于城市政府的中心任务与资金使用状况。实现城市经济的持续快速增长，始终是城市政府实现利益最大化的关键环节，是城市政府的中心任务与工作重心。城市政府推动经济快速增长的逻辑是：先行制定并发布发展目标—推出投资项目计划—寻求资金落实—以投资推动经济增长[②]。据研究，1986年以来，城市政府已经发掘或创建了财政专项资金渠道、土地财政渠道、政策性银行打捆贷款渠道[③]三种渠道作为解决城市

① 万向东，孙中伟. 农民工工资剪刀差及其影响因素的初步探索. 中山大学学报（社会科学版），2011（3）：171-181.

② 范建刚. 我国"户籍改革陷阱"的形成机制及其破解. 思想战线. 2012（5）：37-42.

③ 土地财政渠道指地方政府通过拍卖、招标、挂牌等转让经营性土地使用权的商业运作方式，推动建设用地整体增值，获得财政收入；政策性银行打捆贷款渠道指地方政府与国家开发银行等银行建立合作开发协议，由政府提供信用担保或兜底还债，开发银行等银行提供利率低、额度大、周期长、增长快、可以当作资本金使用的政策性贷款。

建设资金不足问题的主要渠道①。从获得资金的数量看，城市通过前三种渠道均获得了大量资金，2009 年、2010 年，中央财政对地方的转移支付分别为 23677.09亿元、27349.3 亿元，分别占地方财政一般预算收入的 72.6%、77.3%；地方财政获得的土地出让金分别为 15910.2 亿元、27111 亿元，分别占地方财政一般预算收入的 48.8%、76.6%；多数大城市通过政策性银行打捆贷款渠道获得的资金量占地方财政一般预算收入的比例在 400%以上②。显然，尽管城市政府也从中央政府的财政专项资金渠道与土地财政渠道获得了巨量资金，但是由于缺乏内在的投资风险约束，城市政府处于严重的负债运行状态，并且是普遍的严重负债运行状态，无论城市政府是否意愿向由农民工转变来的新市民支付社会保险补贴，它都无资金支付。事实上，只要城市政府处于经济增长考核的锦标赛体制中，它就必然一直处于投资饥渴与资金供给不足的状态，就不可能有支付农民工市民化的余量资金。政府支持农民工迁移发展与市民化普遍面临公共成本支付约束。

第四节　日本与韩国设计农村劳动力迁移发展支持政策的经验

尽管已完成城市化进程的发达国家有许多，但他们当中仅有日本与韩国在城市化的资源条件上属于人多地少型，在政府与城市化的关系上属于政府主导型，在这两点上，两国和我国城市化的条件与政府发挥的作用极为相似，因而对于我国促进农民工的市民化最具借鉴价值。

一、日本政府设计农村劳动力迁移发展支持政策的经验

城市化就是农村劳动力转变为非农业劳动力，农村人口转变为城市人口。日本大致经历了四个阶段完成了这一进程。这四个阶段是：起步阶段，1889~1920年；成长阶段，1920~1950 年；腾飞阶段，1950~1976 年；成熟阶段，1976~2000年。在四个阶段中，日本的城市化水平分别由 10%上升到 18%、由 18%上升到 37%、由 37%上升到 76%、由 76%上升到 78.5%，最终完成了城市化进程。

在城市化的这四个阶段中，特别是在城市化的腾飞阶段中，日本政府的一些政策选择给我国提供了重要经验。

（1）对公民迁移权利与劳动权利的立法保护是政府支持农村劳动力迁移发展

---

① 王元京，高振华，何寅子. 地方政府融资面临的挑战与模式再造——以城市建设为例. 经济理论与经济管理，2010（4）：53-60.

② 国家统计局. 中国城市统计年鉴. 北京：中国统计出版社，2011：231.

的根本。明治维新以前，人民是按照士、农、工、商阶层的区别划分居住地点的；明治维新以后，日本政府推行了"四民平等"的改革，使日本人民拥有了自由择业与迁移的权利。"住民票"制度与"户籍随人走"制度使日本人的这种权利得以可操作地使用。"住民票"就是户籍文本，满足一定居住年限且拥有固定职业者均申请登记住民票（记载有公民姓名、出生年月、性别、与户主关系等），公民凭"住民票"可迁移、参加选举、交纳税收、接受教育、领取健康和年金保险、获得米谷配给等^①。同时实行的"户籍随人走"制度，则完全保证了人口的迁移自由。按照这一制度，公民迁出原居住所在地时需要办理迁出证明（注明迁出原因与计划前往地址），迁入新址后 14 天内，需到新住地政府办理迁入登记。这种证明实质是一种对迁移者的服务，而不是允许迁入迁出的许可审批。日本政府已经实施"住民基本情况网络登记制度"与"电子政府"计划，不仅使得公民迁移登记可以在网上快捷地完成，也更加方便政府通过电子记录掌握公民的迁移状况。在劳动权利保护方面，第二次世界大战后日本政府通过出台《劳动关系调整法》《劳动基准法》《工会法》等，使劳动者的"争议权""团结权""团体交涉权"得以保障；通过制定《最低工资法》《职业安定法》《失业保险法》《工人灾害补偿保险法》，使工人的劳动收益权得到保障。日本的"住民票"制度、"户籍随人走"制度及各种工人劳动权利保护制度，覆盖所有工人，但实际上最大的受益者是农村转移劳动力，因为这些新进入城市非农产业领域的就业者的权利最容易受到损害。因此，"住民票"制度等是支持日本农村劳动力转移的制度。

（2）推动工业快速发展是促进农村劳动力转移的基本手段。在第二次世界大战后的经济恢复时期与经济腾飞时期，日本政府制定了一系列经济发展计划，如1951 年的"经济自立三年计划"、1955 年的"经济自立五年计划"、1960 年的"国民收入倍增计划"等，并采取税收减免、信贷扶持等政策落实，使这一时期日本工业特别是重化工业得以快速增长。在 1956～1973 年日本快速工业化时期，工业生产增长 8.6 倍，年均增长 13.6%。作为重工业代表性产品的钢铁、机械产量分别增长 10.2 倍、23.3 倍，作为轻工业代表性产品的纤维、食品产量分别增长 3.38倍、3.3 倍，前者远高于后者。工业特别是重工业的快速增长极大地拉动了农村劳动力的转移。同期，工矿业就业人数由 628.1 万增加到 1436 万，增加了 807.9 万。1955～1975 年，大规模大企业数占企业总数的比例，仅在 0.08%～0.15%，但这些企业所雇用职工占职工总数的比例却在 14.49%～17.55%。在这一过程中，日本的一个突出特点是中小企业对工业增长与就业的贡献巨大。1954～1971 年，日本中小企业数由 328 万个增长到 508 万个，就业人数从 1477.58 万人增加到 3040 万

---

① 接栋正. 发达国家人口管理办法对我国的启示与思考. 人口与经济，2008（4）：6-9.

人，增加了 1 倍多[①]。

英国经济学家艾伦指出，日本经济的组织结构的特殊性之一，是少数大企业与大量小型企业并存[②]。在大致同一时期的 1955～1975 年，农业净流出劳动力为 1287.85 万人[③]，在农业劳动力流出农业后全部进入城市的假设下，农村人口净转移入城市的数量为 2623.9 万人，这一数量与日本 1975 年的农村人口 2697.75 万人基本持平[④]，可见，20 年间工业快速发展对农村劳动力转移的拉动作用非常巨大。

（3）兼顾中等城市发展的大城市圈优先发展战略对农村人口城市化起到积极促进作用。学界一般认为，日本经济腾飞阶段实行的是大城市圈优先发展战略。这是有一定根据的，1950～1975 年，以东京、大阪、名古屋为中心的三大城市圈人口由 2844.8 万人增加到 5215.6 万人，占日本全国总人口的比例由 34.2%上升到 46.6%，其中，东京城市圈人口由 1305.1 万人增加到了 2704.2 万人，占三大城市圈人口的比例由 45.9%上升到 51.8%。这表明，日本大城市圈优先发展具有双重性，既是三大城市圈优先发展，又是东京城市圈优先发展[⑤]。不过，这种认识并不全面，事实是，在坚持三大城市圈优先发展的同时，日本政府也兼顾了中等城市的发展。1950～1975 年，日本城市人口由 3136.55 万人增长到 8496.73 万人，增加了 170.89%，而规模在 20 万～50 万的中等城市人口由 471.1 万人增长到 2157.3 万人，增加了 357.9%，占城市人口的比例由 15.02%上升到 26.97%，提高了 11.95 个百分点。同期，5 万以下、5 万～20 万、50 万～100 万、100 万以上规模的城市人口虽然仍在增长，但占城市人口的比例均为负增长，充分证明了这一点。

日本实行大城市圈优先发展战略，不仅通过吸引各类大型经济、贸易、金融和媒体机构推动产业发展实现，更通过建立便利的公共交通体系为大城市圈运行提供空间实现。自 1950 年起，东京都政府就制定了以发展公共轨道交通网络为主、地面公共交通为辅的城市公共交通发展目标。现已形成由首都圈 17 条国铁 JR 线、13 条私营铁路、区部地铁线轨道交通构成的主体网络与地面公交系统，居民在城内与城际流动都非常快捷方便[⑥]。从而使大城市圈得以容纳巨量新增人口并高效运行，有效地解决了城市化过程中的人地矛盾。

（4）政府的城市住房保证供给体系使大量农村移入人口得以市民化。大量移入城市的农业人口仅获得一份非农就业职位，不足以保证他们及其家庭成员在城

---

① 李林杰，申波. 城市化发展的经验借鉴与启示. 日本问题研究，2007（3）：7-11，17.

② 哈巴库克，波斯坦. 欧洲经济史（第六卷）. 王春法，译. 北京：经济科学出版社，2002：810.

③ 南亮进. 经济发展的转折点：日本经验. 关权，译. 北京：社会科学文献出版社，2008：93.

④ 王琥生，赵军山. 战后日本经济社会统计. 北京：航空工业出版社，1988：422.

⑤ 范建刚. 工业自主发展与国家支持保证——日本解决农业转型问题的基本经验. 北京：中国社会科学出版社，2010：123.

⑥ 何东，孙仕祺. 日本城市化的三种模式及对中国的启示. 日本研究，2013（4）：36-43.

市安居并长期生活在城市。这些新增人口要在城市扎根，获得住房是关键。与其他国家一样，日本在工业化的初期，也曾出现住房严重短缺、新增人口居住过度拥挤、房租快速上涨、居住卫生状况恶化等问题。1945 年前，日本政府曾采取提供低息贷款的方式支持各种住房协会建设房屋，但并没能从基本面上解决城市的住房问题。从 1950 年起，日本政府逐步建立起完善的城市住房政策体系。这一体系具有以下特点。①可操作性强。日本住房社会政策有"三支柱"，分别是：《住房金融公库法》（1950 年）、《公共住房法》（1951 年）、《公团住房法》（1955 年）。作为政府机构的住房金融公库主要向个人建房者与购买自有住房者提供长期低息贷款；公共住房由地方政府建造、拥有和管理，中央政府提供补贴；作为政府机构的公团住房机构，为大都市中等收入者建造租赁房。②目标适当。日本政府的城市住房政策在目标上确定以中产阶级和自有住房为主。"三支柱"中第一项、第三项的服务对象都是中产阶级。③同时调动了政府、公民、社会三者的积极性，实现了市场与政府的协同。日本住房市场供给发挥了基础性作用[①]。日本政府鼓励市民购买住房，商业金融机构也向中产阶级提供商业性住房抵押贷款，住房金融公库通过提供长期低息贷款支持市民购买住房，对于可提供保障性出租房的私人与合作社，政府提供住房贷款资助与税收优惠。这些措施都保证了城市住房供给上市场基础作用的发挥，避免了政府补贴资金供给不足导致的住房保证供给体系难以持续稳定运行的问题。1973 年后，日本住房自有率集中地稳定在 59.78%～62.38%。相应地，政府的公共住房供应量不仅数量少而且具有选择性。日本政府大致解决了城市的基本住房问题。

（5）政府通过促进农业现代化间接支持农村劳动力的迁移发展。日本政府1948 年出台的《农业改良助长法》、1953 年出台的《农业机械化促进法》等，直接推动了这一时期日本农业技术的进步。1960～1975 年，在 15 年间，农用拖拉机、机动耕耘机、农用汽车、动力喷雾器的拥有量分别增长了 7.71 倍、7.64 倍、11.1 倍、5.67 倍；1970～1975 年，割捆机、联合收割机的拥有量分别增长了 5.12 倍、6.8 倍。到 1975 年前后，水稻生产从整地、插秧、施肥、撒药、中耕、收割、运输、脱粒、干燥到加工，全都实现了机械化。从 20 世纪 50 年代后期到 70 年代中期，是日本农村劳动力向非农业转移最快的时期[②]。此外，日本政府还通过耕地开发、耕地整顿与町村合并等支持城市的发展，进而通过城市发展间接支持了农村劳动力的迁移发展。就町村合并而言，日本历史上的三次大规模町村合并，即"明治大合并"（1888～1889 年）、"昭和大合并"（1953～1956 年）、"平成大合并"

---

① 邓宁华. 城市化背景下日本住房问题和政策干预. 日本研究，2013（3）：37-47.

② 范建刚. 工业自主发展与国家支持保证——日本解决农业转型问题的基本经验. 北京：中国社会科学出版社，2010：35.

（2000～2007 年），使得全国町村数由 71314 个减少到 1022 个。由此，日本跳跃式地推进了农村城市化进程，造就了一批城乡一体或以城带乡型的田园都市①，促进了城市化的发展。

日本城市化政策或政府支持农村劳动力与人口迁移政策也存在不足。主要有：农业人口严重老龄化与农业兼业化，工农业关系不够协调；产业与人口过分向大都市圈聚集，造成全国区域发展的明显不平衡；环境保护政策推进滞后造成空间污染、水污染、光化学污染等环境事件；经济高速增长时期地价与房价快速上涨给城市新移入居民带来巨大生活压力等。然而，即便如此，也不得不说，日本的城市化政策总体上是成功的，在许多方面具有可借鉴价值。

二、韩国政府设计农村劳动力迁移发展支持政策的经验

韩国的城市化进程同样经历了四个阶段，即起步阶段（20 世纪 30 年代～40 年代中期）、非正常发展阶段（20 世纪 40 年代中期～60 年代初）、快速发展阶段（20 世纪 60 年代初～80 年代末）、高度城市化阶段（20 世纪 90 年代迄今）。在四个阶段中，韩国的城市化水平分别先由 3.3%上升到 11.6%、次上升到 28.3%、再上升到 74%，最后在 2000 年达到 82%。

韩国政府主要提供了以下政策选择的经验。

（1）工业快速发展基础上的产业结构顺利升级为农村劳动力迁移发展提供了根本经济条件。韩国经济的腾飞起步于 20 世纪 60 年代初。1965～1984 年，韩国工业增长率达到农业增长率的 63 倍。与此同时，韩国进行了四次产业结构调整，即 1951～1963 年的第一次、1963～1971 年的第二次、20 世纪 70 年代的第三次、20 世纪 80 年代初以来的第四次。四次产业结构调整的发展目标或围绕的中心分别是：消费品进口替代工业、轻纺品出口导向工业、重工业、技术密集型工业。1960～1990 年，在工业结构中，韩国轻工业所占比例已由 76.6%下降到 34.1%，重工业所占比例已由 23.4%上升到 65.9%；在三大产业中，第二产业已由 20%上升到 43.4%，第三产业已由 43%上升到 47.9%，而第一产业由 37%下降到 8.7%。韩国完成了由轻工业到重工业，由劳动密集型工业向技术密集型工业的转变，实现了产业结构的高级化。同期，韩国的城市化水平由 28.3%上升到 81.9%，就业结构也实现了基本同步的升级②，韩国完成了农村劳动力和人口向城市的转移与市民化过程。

（2）少数大城市优先发展与部分中等城市随后平衡性发展相结合的城市化政

---

① 焦必方，孙彬彬. 日本的市町村合并及其对现代化农村建设的影响. 现代日本经济，2008（5）：40-46.
② 李辉. 韩国工业化过程中人口城市化进程研究. 东北亚论坛，2005（2）：55-58.

策，有效解决了人口转移中的人地矛盾。20 世纪 60 年代以来，受政府奉行的"工业为主、大企业为主、大城市为主""三为主"工业化政策支配，韩国的工业集中分布于以首尔为中心的京仁工业区与以釜山为中心的东南沿海工业区。这使得首尔、釜山、大邱、仁川、大田、光州这六大城市到 1980 年就集中了全国 72.87%的城市人口，到 1992 年，就聚集了约 2200 万、占全国 50%以上的人口[①]。韩国政府很早就发现产业与人口过渡向大城市地带特别是向首尔聚集的空间不平衡问题，于 20 世纪 70 年代制定了"建设卫星城市的战略"，并在 1972 年、1982 年与1990 年制定开发计划时进行实施，到 20 世纪 90 年代初期，汉城周边已有 5 座卫星城市建成。另外，韩国政府还于 20 世纪 80 年代制定了在远离首都的大德、大田、光州、全州等城市发展高新技术产业的战略，并使园区同时具有研发、生产与生活功能，吸引产业与人口进入。近年来，韩国政府十分注重通过行政力量推动城市的多元化发展。1981 年 7 月，大邱与仁川分别脱离庆尚北道与京畿道，成为直辖市；1983 年 7 月，庆尚南道首府由釜山迁到昌原；1986 年 11 月，光州从全罗南道分离出来成为直辖市；1989 年 1 月，大田脱离忠清南道成为直辖市；1997 年 7 月，蔚山正式脱离庆尚南道成为广域市。通过提升这些非主要城市的政治地位，使这些城市的发展大大加快，有力地缓解了大城市特别是首都的人口压力。1990～2000 年，汉城人口占全国人口的比例，已由 24.44%下降到 21.43%；在首尔与仁川两大都市辐射下的京畿道的人口快速增长，1992～2004 年，其户籍人口占韩国人口的比例已由 14.82%猛增到 21.67%，超过了首尔的人口规模[②]。显然，城市化过程中，韩国人口主要向汉城等大城市聚集，是早期解决韩国城市化全局性人地矛盾的需要，随后进行的多城市平衡性发展，是为了解决汉城等城市的局部人地矛盾问题。

（3）政府主导下的供求调节结合型住房保障体系有效地解决了城市的住房问题。20 世纪 60 年代以来，韩国逐步建立起了政府主导下的城市住房保障体系。这一体系最突出的特点是供给调节与需求调节相结合，其中，供给调节是主体，需求调节是补充，属于供求调节结合型住房保障体系。其供给调节主要由以下部分构成：①建立韩国国家住宅公司即大韩住宅公社（1962 年）、韩国住房银行（1967年）、韩国国家住房基金（1981 年），政府直接介入住房开发建设与住房开发融资；②依据《住宅建筑加速法》（1977 年）对建筑商分类，以此基础上，对指定大建筑商给予土地、税收、融资等政策支持；③颁布《韩国土地开发公司法》（1974 颁发、1978 年修订）与《宅地开发促进法》（1980 年），成立韩国土地开发公司（1978年），以公营方式征收住宅开发用地，后以低于市价水平租或售给承担国家住房供

①　陈颐. 中韩城市化比较研究. 江海学刊，2001（6）：40-44.
②　蒋荣. 韩国近年城市化多元发展趋势的微观分析. 世界地理研究，2005（4）：64-69.

给任务的建筑商。其需求调节主要有：先后对部分新建住房实施限价管制、价格封顶制度、按建筑成本进行价格审批管制，推行以合法登记独立住户为发行对象的住房储蓄计划和国家公营公司新建住房与其他被管制住房限于储蓄账户持有者购买制度，根据城市类型不同实施差异化储蓄账户持有者限购制度①。

韩国政府主导下的住房保障体系的运行有以下特点。①目标明确且具有落实的可操作性。韩国在第一个住房建筑十年规划（1972～1981 年）中明确提出"一户一套住房"的目标，在第二个住房建筑十年计划（1982～1991 年）中又提出"500万套住房建设计划"，均非常具体。②多种支持调节手段综合运用，合力达成目标。立法手段、规划手段、土地征用、税收减免、金融支持、储蓄账户设立、住房价格控制等，相互配合，共同解决城市住房问题。③韩国中央政府始终发挥着住房公共支持主体的巨大作用。1989～1997 年，韩国国家住宅公司、韩国住房银行等中央公营机构的住房供给占到了公营部门住房供给的 87.99%，占到新建住房市场供给的 1/3～1/2，规模巨大，足见韩国中央政府对住房供给支持的力度之大。此外，如前所述，住房供给支持与需求控制相结合，也是韩国政府住房保障体系运行的一个重要特点。通过政府城市住房保障体系的有效运行，1987～1997 年，韩国的住房供给率由 69.2%上升到 92%；1980～2000 年，反映住房使用公平性的城市合住率由 48.91%下降到 15.66%；1991～1997 年，韩国国家住宅公司的住房滞销率由 5.37%上升到 31.96%。韩国城市住房问题得到了解决。

在工业化与城市化过程中，韩国政府从来没有限制过农村人口向城市的迁移，始终实行人口自由流动政策，这也是韩国城市化进程较为顺利的一个原因。

韩国支持城市化进程的不足主要有：农村人口老龄化严重，农业劳动者兼业化固化，农业产业化发展后继无人。产业与人口在国土空间上的分布很不平衡，过分向以首尔为中心的首尔城市圈集中，首尔的面积仅占全国的 11.6%，但它的大企业与人口却分别占全国的 88.0%与 46.5%。与此紧密相关的则是产业与人口过度集中的大城市的交通拥挤、生活压力大等问题，尽管韩国政府也曾扶持一批中小城市与大城市卫星城市发展，并对产业与人口的分散起到一定作用，但并没能从根本上解决问题。

三、日本与韩国政府设计农村劳动力迁移发展支持政策的启示

（1）促进城市产业快速发展与产业升级，是日本与韩国两国政府支持人口城市化共同的成功经验。两国都因为制定了适合国情的劳动力密集型工业品出口导向发展战略，并随着工业化的推进，及时转向了支持技术密集外向型产业

---

① 李恩平，李奇晗. 韩国快速城市化时期的住房政策演变及其启示. 发展研究，2011（7）：37-40.

的发展，才能够在工业化过程中快速完成城市化及城市人口就业结构与收入水平的提升。其他发达国家的城市化进程也同样是工业化带动的结果，可见，这是一条普遍的经验。迄今为止，我国农村劳动力向城市的转移同样是城市非农产业特别是工业拉动的结果，表明了这一经验在我国的适用性。但我国城市产业结构调整相对缓慢，大多数农民工没有机会获得就业职位的上升，收入水平增长慢，因此，借鉴日本与韩国政府通过产业发展拉动城市化的经验，仍是必要的。

（2）优先支持大城市及以大城市为中心的城市群的发展，是日本与韩国能够利用有限国土面积顺利实现城市化的重要原因。城市化过程中，日本城市的新增人口多集中于以东京城市圈为首的三大城市群空间，韩国城市的新增人口多集中于以首尔为中心的首都城市圈。在有限国土上构建出这样高度不均衡的城市发展格局，尽管存在一些消极影响，但总体上，却利大于弊，具有很大的必然性。在东北亚这样的国家权力长期处于经济资源掌控与配置主导地位的地区，以首都城市为代表的大城市，历史上长期占据着地理区位、交通等公共设施、优质劳动力聚集等方面的产业发展优势条件，两国又都是以私有制为基础的市场经济国家，分散决策的私人资本特别是大私人资本必然会尽可能多地配置在首都等大城市中，两国政府城市化早期对大城市发展的支持，其实是顺应市场经济发展要求与企业逐利要求的举措。政府其实很难改变这一趋势。我国从20世纪50年代开始，直到现阶段，一直实行"控制大城市规模，合理发展中等城市，积极发展小城市"的国家城市化总方针，限制农民工向大城市迁移与定居，显然与日本、韩国优先发展大城市特别是首都城市圈的城市化政策不同。"十一五"规划提出，将城市群作为我国城乡区域发展中的主导推动力量，"十二五"规划进一步提出，逐步建设形成辐射作用大的城市群，促进大、中、小城市与小城镇协调发展，并且要"在东部地区逐步打造更具国际竞争力的城市群，在中西部有条件的地区培育壮大若干城市群"[①]。这在一定意义上，是对大城市优先发展的东亚城市化规律的响应与回归，也表明，在我国城市化发展过程中，日本与韩国以大城市为中心的城市群发展经验，仍有借鉴意义。

（3）日本与韩国两国政府都高度重视城市住房供给，使新迁移入者居有其屋。日本城市住房政策最重要的经验是，市场调节与政府作用的有效结合。注重发挥市场机制的基础性作用，从而调动中产阶级与自有房屋者购买与建造住房的积极性，在此基础上，在《住房金融公库法》《公共住房法》《公团住房法》三部法规的规范下，政府承担起建造公房，实施住房建设信贷支持等责任。较日本政府而言，韩国政府在城市住房供给保障中发挥的作用更为明显，最突出的表现就是建

---

① 方创琳. 中国城市群形成发育的政策影响过程与实施效果评价. 地理科学, 2012（3）: 257-264.

立韩国国家住宅公司（1962 年）与韩国住房银行（1967 年）等中央公营机构落实公营部门住房供给，且其住房供给一度占到新建住房市场供给的 1/3～1/2，后来甚至出现了滞销问题。但韩国体系最突出的特点，还是以供给支持为主、需求调节为辅的结合政策。韩国城市住房问题能够解决，主要依赖中央公营机构对公营住房的直接建造与对指定建筑商在土地、金融等方面的支持。与日本、韩国的城市住房属于公共产品或准公共产品的范畴不同，我国城市住房产业被城市政府看作实现城市经济增长的支柱产业；与两国政府主要通过公营机构对住房建设进行补贴不同，我国城市政府发展房地产业主要是为了获得土地收益与商品房税费。2015 年初，个别城市政府出台回购商品房作为城市保障房的举措，也难免托市嫌疑。我国城市虽然也在实施城市保障房屋建设，但从来都处于不能妨碍商品房产业发展的限度内，长期处于供不应求的状态。这使得我国城市的住房问题不是在逐步解决而是积重难返。城市住房必须回归准公共产品性质，城市政府必须作为公共产品供给者出现，是日本与韩国住房政策最根本的经验，也是我国城市政府最应当借鉴的。

（4）两国包括农村人口迁移在内的人口自由迁移制度是其城市化进程顺利推进的制度性前提。日本与韩国都有户籍，但两国的户籍都不是属地化行政特许户籍，而是登记性或备案性户籍，也不是与属地化公共产品供给捆绑的户籍。日本实行"住民票"制度与"户籍随人走"制度，使人口得以自由迁移，而迁移者凭"住民票"就可获得社会保障等待遇，这样，社会保障待遇成了自由迁移的支持性制度而非相反。韩国同样实行城乡居民自由迁移制度，其社会保障体系以"三大保险"和"四大年金"为主[①]，要么针对不同人群实行不同政策，要么如国民年金覆盖全体国民[②]，政府出资补贴的主体都非地方城市政府，而是中央政府，因此都不构成对农村人口向城市迁移的限制，而是支持了这种迁移自由。我国实行城乡二元地方政府行政特许户籍，非政府许可，不能转变户籍系列与户籍属地，社会保障也实行城乡二元的地方政府负责制，城乡间与城市间的社会保险关系转移都几乎不可能，这样的户籍制度与社会保障制度直接妨碍了农村人口向城市的自由迁移与定居，阻滞了我国的城市化与现代化进程，已经到了非改不可的地步。在这方面，日本与韩国保证国民自由迁移的做法，无疑值得借鉴。

（5）日本与韩国在工业化过程中，对农业与农村都采取了强有力的支持政策，从而为农村劳动力向城市的大规模转移与人口城市化创造了条件。我国虽然也采取了政府支持农业的政策措施，但支持政策存在时间滞后、力度较小等不足。存在很大改进空间。因此，日本与韩国在这方面的一些做法，也值得我国借鉴。

---

① 三大保险：健康保险、雇佣保险和产业灾害保险。四大年金：国民年金、公务员年金、私立大学教职工年金、军人年金。

② 周鹏飞. 韩国社会保障制度的现状及其政策选择初探. 西北人口，2007（4）：95-97.

第五节　政府支持农村劳动力迁移发展配套政策的方案选择与可行性分析

一、政府支持农村劳动力迁移发展配套政策的方案选择

在第二节明确了设计有关政策的目标与依据，第三节明确了约束条件，第四节给出了日本与韩国政府支持农村劳动力迁移的经验之后，设计政府支持农村劳动力迁移发展政策，似乎已经水到渠成。事实并不完全如此。为方便设计这一政策体系，我们还应当明确三点。

（1）政府支持农民工迁移发展的具体政策目标是什么？在第二节，已经给出的政府支持农民工迁移发展的政策目标，即超越使农民工成为市民目标，使农民工最终成为公民，获得在产业间、城市间、城乡间、国内外自由发展的权利、能力与条件。明确这一点，对于设计与改革农民工政策是非常重要的，农民工政策的最终目标是使农民工与其他人一样成为公民，是为了他们作为人的发展，是为了使他们体验作为人的实现与发展过程，是为了消灭农民工、消灭农民工政策。过程本身就是目的。然而，也要看到，使农民工最终成为公民，作为政策目标明显存在不够具体的缺陷，因此，在这里进一步提出设计农民工政策的具体目标。本书给出的目标是：到 2049 年，我国完全解决农民工问题。这包含两重含义：①到那时，城镇不再有农民工，所有进入城镇就业的农村劳动力与人口，只要有意愿，全部都成为了现代产业劳动者与市民；②到那时，尚在农业或农村就业的劳动力与人口，也成为身居农村的现代产业劳动者与市民。具体讲，以农业劳均经营耕地 15 亩（1 亩=666.7 米^2）计算，到 2049 年，农业仅需 12171.6 万劳动力，按 2012 年我国农业就业人数计算，尚有 13601.4 万农村劳动力转变为农民工，加上现有农民工数，共计有农民工 36579.4 万，计入负担人口，共有 51211.2 万农村人口需要实现市民化。在 35 年间，年均需要转变为市民的人口为 1463.2 万人。之所以选择到 2049 年完全解决我国的农民工问题，原因有三个。①根据十八大提出的"两个一百年"奋斗目标，到新中国成立 100 年时，即 2049 年时，我国要建设成为社会主义现代化国家。现代化是工业化与城市化的统一，这意味着要实现现代化，农民工就必须完全转变为市民。②2012 年，我国第三产业的就业比例已经达到 36.1%，超过了第一产业的 33.6%，表明我国目前已经进入到以城市化为主，主要依靠第三产业发展带动经济增长的现代化阶段。而我国目前存在的城市化滞后与半城市化问题，已经成为经济社会现代化的巨大障碍，推进十八大提出的现代化目标的实现，要求解决这一问题。③我国农民工人口规模巨大，完全解

决问题需要的就业岗位供给与成本支出巨大，时间太短会难以承受，而时间过长，会给我国现代化进程，特别是农民工及其家庭发展造成巨大伤害。从现在算起，用 35 年时间解决这一问题，是比较合适的。显然，无论设计什么样的政府农民工迁移发展支持政策，都应能保证到 2049 年时解决这一问题。

（2）政府支持农民工迁移发展政策的作用路径是什么？尽管就业制度和社会保障制度是制约农民工转化为市民的核心制度①，但这不意味着仅依靠在这两个路径上的政策改进就能够有效解决农民工问题。完整的政府支持农民工迁移发展政策包含直接政策板块与间接政策板块。直接政策板块由就业政策板块与城市生活政策板块构成，间接政策板块由产业政策板块、城市政策板块、农业农村政策板块、政府改革板块构成，它们或独立发挥作用，或合力发挥作用，共同促进农村劳动力的迁移发展，直至其最终转变为市民。具体作用路径如图 8-1 所示。在这一政策作用体系中，通过直接和间接的人力资本支持政策发挥作用的路径最为重要，社会保障、产业政策、城市政策等也会间接促进农民工人力资本水平的提高，因此，也不可或缺。政府支持农民工迁移发展的方案应当尽可能使所有路径发挥作用。

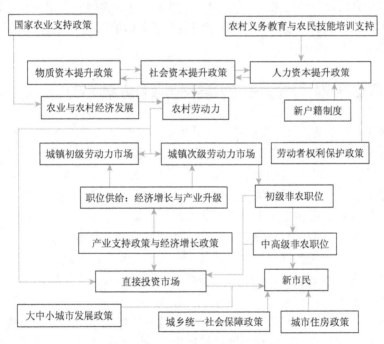

图 8-1　政府支持农民工迁移发展政策的作用路径

（3）弄清划分设计支持政策类型的主要依据是什么？我国实行市场经济体制，

① 高君. 农民工市民化进程中的就业和社会保障问题研究. 社会科学辑刊，2008（3）：44-47.

市场是资源配置的基本机制，农民工只有通过市场自由就业与创业，才能最大限度地建设其人力资本与社会资本，实现最快最好的迁移发展，最大限度地减少对政府支持政策的依赖，也才能最大限度地促进经济增长与国家财力增长，一方面降低政府支付农民工迁移发展的财政负担，另一方面增加国家支持农民工迁移发展至市民化的财力。可见，无论设计什么样的政府支持农民工政策，都应当坚持农民工在市场中自主自由就业，作为农民工迁移发展中核心问题的就业发展如何解决，不能够成为政府支持政策的基本依据。区分政府支持农民工迁移发展政策的基本依据，只能从可覆盖农民工的城镇公共产品供给（在二元城乡体制下，也是城镇户籍）或城乡统一条件下的公共产品供给，是采用市场化供给方式，还是采用计划的福利分配方式，或者采用两者结合的方式来看。由此，可设计出三种类型的政府支持农民工迁移发展的政策方案。一是市场化微调性政府支持农民工迁移发展政策，二是计划化福利性政府支持农民工迁移发展政策，三是微调性市场化与适度计划化双向趋近型政府支持农民工迁移发展政策。每种政策方案都由目标、组织、手段、激励考核办法四个部分构成。

表 8-2 是所设计的方案 1、方案 2、方案 3 三种方案的内容构成与比较，由于三种方案设定的具体目标均为 2049 年完全解决我国的农民工问题，所以，具体目标不在表 8-2 中列出。

二、政府支持农村劳动力迁移发展配套政策方案的可行性分析

表 8-2 提出的方案 1，其实是一些城市实行的农民工"积分制"或"居住证"落户政策的微调，无论是农民工通过"积分制"落户，还是通过"居住证"落户，实质都是所落户城市政府把户籍指标作为商品与农民工交换人才、资金、税收的制度，或者说，是用市民权背后的城市居住权、公共产品和福利与农民工进行交换，对这种政策的微调方案不会改变其性质，方案自然还是市场性的。

作为微调型市场化改革方案，方案 1 的核心内容有两条。①大力度支持农民工迁移前、中、后的教育与培训，使其人力资本水平不断提高。②逐步降低城市入户门槛，逐步提高城市公共产品供给覆盖面，建立农民工在城市间的、城乡间迁移后的接续制度。

这种设计的直接依据在于，在现行政府体制、户籍制度、土地制度（由中央政府给农民工输入地政府进行用地指标转换）、社会保障制度基本不变的情况下，人力资本对农民工迁移发展与市民化的贡献最大，如前所叙述，其重要性占 75% 左右。也就是说，目前农民工的迁移发展主要依靠其个人劳动能力。将支持政策聚集于农民工人力资本建设，具有效果直接的积极作用。同时，根据先行城市如宁波、中山实行"积分制"政策的经验，真正能够通过这一政策落户城市的农民

工很少，按照这一政策来解决农民工的迁移发展问题速度太慢。因此，如果继续实行这一政策，那么降低城市农民工入户门槛势在必行。

这一政策方案的优点是，政策本身是市场化的，城市政府在出台农民工落户门槛时，会有意使其保持适当高度，以保证收益大于成本，特别是，当某些城市优先实施这一政策时，便会在人才竞争与经济增长竞争中处于有利地位，也就是说，城市政府推进这一政策是有积极性的。由于实施这一政策本身没有难度，所以，各级政府都只是设立了农民工工作领导小组、流动人口管理办公室等临时机构，政策实施的行政成本很低。

表 8-2　三种政府支持农民工迁移发展政策方案的内容与比较

	方案1：市场化微调性支持政策体系	方案2：计划化福利性支持政策体系	方案3：微调性市场化与适度性计划化双向趋近型支持政策体系
承担任务组织	城市政府：流动人口管理办公室等专门机构	中央政府：国务院农民工工作领导小组；城市政府：流动人口服务管理办公室	中央政府：中央农民工工作领导小组，国务院农民工事务部（建议设立）；县级及以上城市政府：农民工事务局（建议设立）
方案推进机制	中央政府出台并逐步降低农民工居住证发放上限标准，并规定各地城市政府出台同一标准的时间，使农民工户籍改革，由试点转向推进	中央政府确定年度农民工及其家庭成员城市入户指令性总任务1463.2万人，在此基础上，根据各城市农民工规模与财力大小，将总任务分解为城市政府的年度任务	中央政府确定年度农民工城市入户指导性总任务1463.2万人，并规定地方政府行动的时间表，地方政府出台居住证发放下限标准与落户下限标准并组织实施
就业支持政策	农民工就业前、中、后参加培训的补贴制度，及农民工职称评定制度	同城市已有相应政策	建立就业信息服务网络培训质量标准，农民工技术等级评定制度、企业农民工培训补贴制度、农民工自主进修补贴制度等
社会保险政策	逐步提高城镇居民社会保险覆盖面，建立其在城市间、城乡间转移接续制度	同城市已有相应政策	先建立农民工随迁移可转移接续的社会保险制度，最终建立全国城乡统一的不受居住地限制的社会保障制度
产业发展政策	出台支持中小劳动密集型企业发展政策	同城市已有相应政策	建立中小劳动力密集型企业创业与发展的用地、税收、信贷支持政策等
城市发展政策	积极发展小城市，合理发展中等城市，控制大城市	同左	以特大城市或大城市为中心进一步发展城市群，并兼顾发展中小城市，为农民工入户提供增量城市空间
农业农村政策	完善农村土地流转制度、农业发展支持制度、农村社会保障制度等	同左	逐步实行城乡12年制免费义务教育制度、农村教产结合职业教育支持制度、农民农技与非农技培训补贴制度、产业化农业发展政策、农村非农产业发展支持政策、农民承包地与住宅地权国家回购制度
政府改革政策	无	无	明确并公开各级相关政府部门的阶段性具体任务、权力及奖罚规定，做到程序合法、办事公开、奖罚到位，真正形成服务型政府
考核奖罚制度	无	完成任务奖，未完成任务免职或处罚	出台地方政府农民工事务办理考核制度，奖勤罚懒

　　这一政策方案的缺点非常明显。①它只适用于精英农民工，越是精英农民工，越容易通过这一政策实现迁移发展。适当降低落户门槛不能改变这种状况。②这一政策仍然服务于政府的经济增长与财政增收目标，导致地方政府的农民工政策改革长期处于试点阶段，中央政府只有方针，没有落实措施与任务完成时间表，解决问题缺乏制度保障。③这一方案以不触动现行城乡二元户籍体制、二元社会保障制度、二元城乡土地制度、二元义务教育制度、二元投资制度及既有全能型政府体制为前提，即以不改变城乡国民间巨大的公共产品与福利待遇差距结构为前提，但解决农民工问题的关键正在这里，从而导致以方案 1 完成支持全部农民工市民化的任务，似乎面临一个巨大的难题。

　　现阶段各个地方政府推行的农民工"居住证制度"，其实是"积分制"的变种，它要么与城市待遇无关，要么设立了获得的高门槛。在短期，由于没有统一获得标准，没有时间表，各地城市似乎在逐步推进，政策似乎可行，但作为过渡性措施，与上述关键性制度障碍的去除无关联，注定其无法真正解决农民工问题。因此，从完成最终任务的角度看，这一方案的可行性不高。

　　事实也证明了这种推断。2001 年我国加入世界贸易组织后，作为对发展出口导向型劳动密集产业需要的回应，城市政府加快了户籍改革步伐，但 2000～2009 年的 9 年间，农民工落户城镇的比例仅上升了 1.36 个百分点[①]。国务院发展研究中心 2007 年对劳务输出县 301 个村的调查表明，改革开放以来，因外出就业累计实现迁移定居的农民工，只相当于调查时外出就业农民工的 1.7%[②]。广东省是我国农民工第一输入大省，2010 年 10 月底仅有 10.36 万人积分入户，仅占广东农民工总量的 0.32%，以 40 年中国基本实现现代化作为城市化期限，并以最保守方式假定需要城市化的人口等于现有农民工总量分析，广东每年需入户农民工近 82 万，现在的数量只有 1/8[③]。虽然从理论上讲，历史数据不能证明如果真正采取前述方案 1 的两项措施，就一定不能完全解决农民工的市民化问题。但要看到的是，维护城乡二元体制实质上政府继续垄断城乡土地资源的供给与社会剩余的分配，以服务于现代化目标的实现，即使农民工的人力资本水平提升了，他们具备了在城市稳定生活与就业的能力，即使城市政府不断降低农民工落户门槛，并且，越来越多的农民工达到了这种门槛条件，方案 1 也未必有效。因为假如是这样，农

---

　　① 在城镇就业农民工累计落户城镇比例 = 非农业人口累计增加数×10%/在城镇就业农民工人数，其中：在城镇就业农民工人数 = 城镇从业人数－城镇职工人数。原始数据来源于《中国统计年鉴》《中国农村住户调查年鉴》《中国人口和就业统计年鉴》相关各年；10%是农民工最终实现市民化的数量占每年新增市民的比例，来源于苏、浙、沪社科院 2007 年的一项联合调查。陈广桂，孟令杰．市民化中的农民与政府行为分析．农业经济问题，2008（10）：91-95.

　　② 韩俊．调查中国农村（上册）．北京：中国发展出版社，2009：482.

　　③ 刘小年．农民工市民化与户籍改革：对广东积分入户政策的分析．农业经济问题，2011（3）：46-52.

民工为什么要放弃农村的土地而拥有城市户口呢？刘小年认为，问题在于"城乡联动改革上存在严重缺陷，特别是跨省农民工家乡的土地等如何处理在政策上是个难题"，这意味着，在既有二元体制格局下，农村土地产权不明确，农民工有能力进城落户也不放弃，因此政府支持农民工迁移发展失去了农民工积极性这一根本条件。调查表明，50%左右的农民工不愿意进城落户。反过来，按现行土地制度，地方政府实际上是农村土地的最终产权拥有者，农民工在输入地城市落户后，所放弃土地的最终支配权归输出地政府，其后果是，输入地政府没有动力降低落户门槛，没有动力向越来越多的农民工提供等同市民的公共产品，重庆、成都户籍改革都局限于本行政区域，以实现城市公共产品与农民土地的交换，证明了这一点。可见，在最终完全解决农民工市民化问题上，方案1不可行，并不是因为主要依靠政府支持的农民工人力资本建设未必有效与城市政府缺乏不断降低落户门槛的积极性，而是因为这一方案以维护或坚持城乡二元体制为根本前提，这便无法克服存在的体制困难，也昭示，解决问题的根本出路在于改革我国城乡二元经济社会体制（产权完全明晰、城乡完全市场化配置资源、政府归位）。

　　方案2是在将方案1评价为不可行后提出的，出发点是，在维护现存城乡二元体制与政府体制下，只有适应这一体制运行的特性，方案才会有可行性。方案2的关键举措有两条。①由中央政府根据总任务目标确定全国农民工城市落户指标，然后根据各地农民工规模与政府财力，向省级政府下达任务指标，最后分解为城市任务指标。②出台任务执行奖罚制度，根据任务完成程度，给予城市政府相关负责人升职、表扬、批评、处分、免职等。方案2的特点是力图充分利用我国政府权力集中度高，对经济资源的掌控能力强，能干成大事的优点。

　　这一方案的优点是适合现有集权型层级政府体制，实施力强、操作简单、考核方便，因此，具有理论上的可行性。

　　这一方案的缺点有以下几方面。①推行这一方案，中央政府需要提供大量补贴，按央地政府各负担1/2的补贴计算，相当于中央政府平均每年要直接负责731.6万农民工高达5936.2亿元的社会保险成本，这是一笔巨大的支出，要筹集并长期如此不易。②推行这一方案，意味着增加地方政府的运行成本，而任务指标分配不同，意味着不同地方政府负担的公共成本不同，必然引起中央与地方的博弈，一旦在面上出现任务无法完成，方案2将被迫中断。③农民工作为劳动力在城市非农产业的配置是一种市场行为，配置要求与产业自由配置联动，实行自由配置，也就是说，存在大量农民工随产业在城市间自由迁移的内在要求。而就业与收入稳定增长是农民工市民化的内在基础，在这种情况下，方案2按城市政府的属地划分下达市民化任务指标，难免出现静态任务指标与动态农民工空间流动存在及安居意愿不一致之处，当产业在地区间流动加快时，当地区间、城市间产业升级不平衡处于快速变动时，这种不一致就会变得突出，行政命令要求相对稳定，农民工流动要求动稳适当，信息发现、流动、正确运用都需要时间，必然造成下达农民工市民化任务指标与农民工当下流动所在空间的不一致的问题。④当中央政府的首要目标仍然是经济增长与现代化时，同时下达属于民生问题范畴的农民工市民化指令任务，意味着，城市政府将有限的公共资源既要投入到支持经济增长中，又要投入到支持农民工民生改善上，这显然是一种矛盾。⑤中央政府只是出台推进经济与社会发展包括解决农民工问题的指导性方针政策，然后由各个城市政府根据各自情况去试点去推动，有利于维护中央政府的权威，提高中央政策的有效性，避免中央政府由于信息不足造成的局限性，便于中央政府在政策试点成功时推广，在政策出现偏差时及时纠正，从而保证长期的正确领导，也有利于中央政府在资源有限的情况下，最大限度地调动地方政府的积极性，取得最大限度的政策效果。因此，从改革开放前中央政府直接下达经济社会发展指令性计划任务，到改革开放以来中央政府采取指导性弹性政策，由地方政府具体试点或执行，是中央政府执政行为治理的重大进步与转型。通俗地讲，非特殊时期，如果中央政府再采取下达指令性任务的办法，很可能会被看作倒退，会损害中央政府的形象、权威及执政力。理性的中央政府是不会采取表面看起来可行的方案 2 的，方案 2 同样是不可行的。

方案 3 是方案 1 与方案 2 折中后相结合形成的一种方案。它一方面取前两种方案在调动城市政府积极性与发挥我国政府体制执行力方面之长，另一方面去前两种方案各自公共性不足与适用性不足之短。方案 3 的举措主要有以下方面。①建议成立中央专门机构，包括成立中央农民工政策改革小组（与现有中央农村工作领导小组不同）与国务院农民工事务部（2013 年设立的国务院农民工工作领导小组是议事协调机构，不具有推进问题解决的执行力；公安部门负责城市户籍管理，但问题的实质是城市公共产品供给覆盖农民工，公安部门无此能力）。②出台全国农民工问题解决规划方案，明确到 2049 年完全解决这一问题。③给出全国统一推进农民工政策改革时间表格，最迟 2018 年结束各地流动人口政策试点改革并于 2019 年在全国同时推进改革。④在对农民工能力与城市政府财力调查的基础上，由中央政府出台动态化农民工落户门槛上限标准，并规定城市政府只能在此上限标准下设计地方政策。⑤建立两层次城市公共产品供给体系，即由中央政府先行建立农民工社会保险转移接续制度，并最终建立城乡统一的、不分身份的国民社会保险制度；由地方城市政府提供住房保障服务、义务教育、公共医疗服务及城市基础设施等公共产品。⑥实行以特大城市或大城市为中心的城市群优先发展战略。⑦在建立过渡性农民工创业支持政策、人力资本建设支持政策的基础上，逐步实施生产要素产权制度、统一劳动力市场制度、投资与产业准入制度，并推进政府体制改革。最终建立起包括土地、资金、劳动力的产权明确、产权人转换财产形态自由（如农民可自由将自己在农村拥有的土地产权转化为货币产权）、投资自由、基本不存在民营中小企业产业进入障碍、政府不再直接主管项目审批与创建企业而专职向企业、产业发展和国民发展提供公共产品与服务的新型市场经济体制，最终实现城乡二元投资与生产、生活体制的一元化与统一化。

方案3的特点与优点主要有以下方面。①改变了以往推进农民工问题解决没有具体负责机构的状况，在中央与地方均建立常设机构，注重同时调动中央与地方两个积极性。②顺应了农民工迁移发展的要求与趋势；农民工更愿意流向大城市就业与生活。表现是：方案3改变了以往强调引导农民工流向小城镇的政策方针，提出通过发展城市群顺应农民工的要求。③通过出台农民工落户上限门槛发挥了计划手段的调节作用，同时允许地方政府在上限标准下制定地方门槛，注意了解决农民工市民化问题中市场机制与计划调节的适当结合。④注意治标与治本的结合。方案3力图在现有城乡二元体制下通过农民工落户门槛的下调，择优逐步实现农民工的市民化，在长期中，则力图通过完成从产权制度、投资制度、社会保险制度到政府体制等的一揽子改革，最终在完成国家经济社会政治体制改革的基础上，实现全国所有人自由在城乡间流动、同就业权、同社会福利的目标，使我国不再有农民工。⑤农民工问题的解决需要政府面向农民或农民工建立起全覆盖、中低水平的社会保障体系，最终要建立与城市同等的社会保障水平，因此需要大量的财力支持。方案3在短期和中期仍然支持政府的经济增长目标，但在长期则支持政府的民生改善目标，注重了两个目标在跨时期上的兼顾。

方案3也存在不足，表现在以下方面。①如果中央政府出台的农民工市民化门槛上限标准太高，那么方案3将不能在设定时间内完成任务，如果出台的农民工市民化门槛上限标准太低，那么支持农民工迁移发展政策可能变得无效，中央单独或在与城市政府博弈中确定适当上限门槛标准不易。②如果中央政府出台的城市农民工上限方案适当，这一方案在短期内有可行性，但在长期，该方案要求建立服务型政府体制，要求完成生产要素持有与配置的完全市场化，要求实现公共产品供给的民主化。这种改变的实质，是要推进政府体制的分权化改革，而后者存在很大困难。③在解决农民工问题最终支持农民工市民化或公民化上，方案3还要求中央政府在短期内发挥更大的领导作用，承担更大的责任，付出更多的财政资源，这同样存在相当大的困难。④方案3计划在从现在算起的30~31年时间内完全解决农民工的市民化问题，也就是实现城乡人民的公民化或同权化。我国政府实行任期制，官员任期制度是这一体制有效运行的保障，但任期制不可避免地造成了政府行为的短期化偏好，无论是中央政府还是地方政府，都力图使其任期内的投资收益获得兑付。这种偏好可能直接造成长期内我国农民工问题解决的障碍，也就是说，受政府行为短期化影响，政府总是力图将能够在任期内获得收益的项目提前，将任期内不能获得收益的项目推迟，农民工市民化改革项目就是这样，如此，一届届政府都可能倾向于推迟这一问题的解决，以至于推迟到了2049

年，问题仍然不能解决。在理论上，随着我国人口生育率的下降与老龄化的发展，劳动力市场供求形势将变得对农民工有利，政府特别是城市政府没有理由不改进农民工政策，没有理由不降低农民工市民化门槛。然而，要看到的是，政府在改革农民工政策上仍然发展较慢，农民工的低人权状况没有多少改变，农民工市民化试点仍然是稀疏的星星之火。

上述三个解决农民工问题的方案都存在各自的缺陷，尽管如此，方案 3 还是相对可取与可行的方案。主要原因有以下几方面。①方案 2 的实施需要计划经济体制作为根本基础，我国经济显然不能返回到改革前的时代；方案 1 是现行政策的微调，现行农民工政策表面上是在积极推进问题的解决，但始终缺乏实质性措施，因此实质是一个需要改进或改革的方案。公安部负责人提出的解决农民工问题的目标是，到 2020 年，要基本形成以合法稳定住所和合法稳定职业为户口迁移基本条件、以经常居住地登记户口为基本形式，城乡统一、以人为本、科学高效、规范有序的新型户籍制度[①]。从第五章的研究可知，市民化本身就是农民工人力资本建设和获得稳定职业的条件与土壤，两者是相互促进的关系，而职业又是大多数农民工依靠市场获得稳定居所的条件。公安部的方案显然是一种难以解决问题的方案。这种方案微调后仍会是一个难以解决问题的方案。这意味着方案 3 是不得不选择的一种方案。②方案 3 同样需要很长的执行时间，仅完成现有农民工及其家庭成员的城市化，就需要 25 年左右的时间。据调查，占农民工总数约 40%的老一代农民工初次外出的平均年龄为 35.9 岁，而农民工一般在 55 岁之前就会退出劳动市场，这意味着，在推进农民工市民化过程中，随着新农民工的不断增多，在市民化政策的阳光给予他们温暖之前，这些农民工将不得不回到农村，他们许多人甚至带着伤病返乡，农民家庭的现实是普遍核心家庭化，农村老年人空巢家庭已经普遍化，依靠家庭中子女养老已经越来越缺乏保障。估计这部分农民工人口将会占到农民工总数的 60%以上甚至更多。这些农民工为工业化与城市化贡献了力量，却只能被牺牲，而不能分享到城市化的成果。方案 3 主张政府加快农村社会保险体制改革，尽早使城乡社会保障政策相统一，但很难实现。在这种情况下，越是推迟农民工问题的解决，被迫返回乡村的农民工就会越多，即便是新一代农民工，没有给出政策出路，他们一样要返回乡村，他们老年时没有理由继续生活在城市的城中村里。这种现象的存在，会对国家形象形成伦理拷问，这反过来会促使政府在可接受的状况下（不改变政府体制，不改革政府通过户籍对社会的管理等）推进农民工政策改革，而这正是方案 3 的可行之处。而且，按照方案 3 的设计，农民工城市化门槛是逐步下降的，这就是说，当政府改革的阳光或政府向这部分拟市民化农民提供城市公共产品时，他们的人力资本、就业稳定

---

① HTTP：//business.sohu.com/20131217/n391894369.Shtml.[2016-12-10].

性与住房条件会不断改善，同时，那些在城市丧失劳动能力者将被淘汰出农民工市民化进程。由此，政府推进支持农民工市民化的政策成本会不断下降，获得由推进农民工市民化—城市经济增长—城市财政收入增长的收益将会不断增多，随着方案3的推进，政府推进政策的激励会越来越强，该方案的可行性也会不断增强。

三、政府支持农村劳动力迁移发展配套政策的福利评价

尽管将成本收益比较分析用于政策福利分析有清晰准确的优点，但将它用于政府支持农民工迁移发展政策的福利分析却不全面，也不合理。科学的政策福利分析，首先要弄清政策的福利效应，然后结合进行成本分析，才能得出正确的结论。

政府支持农民工迁移发展政策体系主要有四种政策效应。

（一）人力资本建设效应与人的发展幸福效应

相较改革前不能自由流动的农民，农民工在职业上由农业迁移到了非农产业，这一过程是他们的人力资本的建设过程与社会阶层上升的过程，更有许多农民工掌握了非农技能，成为了技术员、工程师、企业经理或企业家，他们的人力资本水平与社会阶层地位上升得更高。调查表明，西北地区农民工实现职业等级上行流动的比例为 31.72%，其中进入工程师等高级专业技术人员/中层经营管理人员/企业主（包括雇主和自我经营者）层级的比例达到 9.02%，处于无工作、失业或者回乡务农状态者的比例仅 4.13%（表4-2），西北地区外农民工的这三个指标分别为 33.7%、9.8%、0.7%，西北地区外农民工实现职业等级上行流动的比例明显高于西北地区农民工，他们当中未能实现发展者所占比例明显低于西北地区农民工。调查还表明，西北地区农民工的总携眷迁移率为 33.8%，全家携迁者的比例为 3.6%（表5-2），西北地区外农民工的这两个迁移率指标分别为 48.7%、6.8%（表5-3）。农民工职业地位的上升是他们人力资本水平提升在经济上的实现，农民工携眷迁移的发生是他们及其家庭成员作为人获得发展的证明。农民工取得的这些进步，都是在受到城乡二元体制框架约束与歧视条件下取得的。按照方案 3 的设想，到 2049 年，这些约束与歧视都将消失，因此，农民工职业地位的上升过程与他们携眷迁移增多的过程同时是这种约束与歧视减弱的过程。随着农民工政策的不断改善，以及作为公民的市民政策逐步惠及所有劳动者与人口，成为与城镇工一样的劳动者，成为拥有市民权的公民，与市民一样地生活，必然成为越来越多农民工可信的预期目标，身边的成功者越来越多，将激励越来越多的农民工努力提高自己的人力资本水平。城市是一个依靠专门职业生活的空间，专门职业

的核心是专业知识与技能，后者高度依赖于专业教育与培训，当越来越多的农民工携带家庭成员进入城市生活时，这些人口的职业与人生发展轨道将发生根本转变，接受良好教育—寻求职业发展或创业机会—实现人生理想，将促使他们付出一生的努力。可见，人力资本水平的不断提升与理想的不断实现，以及社会地位的不断上升，是农民工及其家庭成员作为人获得的发展幸福福利。

（二）经济增长效应与财富效应

有效支持农民工迁移发展的政策会给国家、城市、农民工带来经济增长效应与财富效应。农民工市民化后，随着人力资本水平与专业化程度提高，其劳动生产率会普遍提高，由此会从供给方面推动经济增长。以广东为例，2009年，广东有农民工3282万人，广东城镇单位就业人员平均工资36469元，同年东部地区农民工年均收入17064元，计算可知，如果这些农民工全部转变为城镇工，广东年可增加区域生产总值6368.7亿元。农民工市民化还会从需求方面拉动经济增长。2013年城镇居民人均可支配收入26955.00元，农村居民家庭人均纯收入8895.9元，该年城镇居民家庭人均消费倾向67.9%，据此计算可知，一名农民转变成市民后，年平均将增加可支配收入18059.10元，年增加消费额12262.13元。按照方案3设想的年平均使1463.2万农民工转变为市民计算，每年可增加可支配收入2642.41亿元，每年可增加1792.19亿元的城市消费。按照支持政策实施期35年的一半计算年累积消费，可知，35年间，由于农民工市民化，他们累计或增加可支配收入46242.13亿元，累计增加城市消费为31398.4亿元[①]。按照2013年窄口径国内生产总值税收负担率[②]22.8%计算，中央与地方政府共计可获得7166.16亿元的财政收入。假如这样的计算是合理的，这意味着，每年由于1463.2万农民工市民化，分别给农民工带来46242.13亿元收入增长，给国家带来31398.4亿元国内生产总值增长与7166.16亿元的财政收入增长，这是巨大的经济增长效应与财富效应。

需要说明的是，由于农民工完成市民化，农民工最看重的、支出数额巨大的家事消费，如婚丧嫁娶方面的消费，将由农村转移入城市并大幅度增长，他们在农村的不动产也可能货币化并通过财富效应对其在城市的消费产生支持，他们中新生代消费参照对象转变为城市居民引致消费行为由保守转向开放，他们在住房消费等方面的支出会产生乘数效应，这些都可能导致农民工市民化后的消费大幅度上升，实际所产生的国内生产总值增长效应可能会大于前述计算所得数额。另

---

① 累计增加城市消费指某年一定规模的农民工市民化后，在其后的若干年，仍会带来城市消费，将其剩余生命中的城市消费加总所得消费额。

② 窄口径国内生产总值税收负担率＝当年国家财政收入/当年国内生产总值。

外，据学者的计算，我国的实际税收负担率在30%以上，这意味着农民工市民化给国家带来的财政收入也要大于前述所得数额。

政府支持农民工市民化需要增加公共成本的支付。2004年我国城市合计（市辖区）非农业人口人均地方财政一般预算内支出为4543.7元，城市市辖区全部人口人均地方财政一般预算内支出为2756.6元，市辖区以外人口（主要是乡村人口，也包括镇人口）人均地方财政一般预算内支出为1150.9元，后两项的差额为人均1605.7元，第一项和第三项差额为人均3392.8元。按前述计算经济增长效应与财富效应的口径计算政府年累计市民化公共成本增加额，可知，农民工市民化后，达到城市市辖区全部人口的公共产品消费水平，政府年累计需要增加财政支出8223.1亿元，达到城市合计（市辖区）非农业人口的公共产品消费水平，政府年累计需要增加财政支出17375.2亿元[①]。计算城镇人均地方财政一般预算内支出，除去区域内的非农业人口不够合理，因此，应当采信政府年累计市民财政支出为8223.1亿元。这一数据大于前述因农民工市民化国家累计增加窄口财政收入7166.16亿元，但小于按30%计算的因农民工市民化国家累计增加财政收入9419.52亿元。因此，可以认为，国家支持农民工市民化，总体上每年会产生约1200亿元的财政红利，但政府维持社会稳定上的巨大支出可以得到部分节省，并且，当农民工政策改革逐步产生社会和谐与稳定效应时，政府为维持社会稳定所支付的巨额财政支出就会不断缩减，2013年我国国家财政公共安全支出高达7788.78亿元，且呈现不断增长趋势，如果能够减少1/2，相当于推进改革获得了巨大财政红利。

（三）社会和谐与稳定效应

在城乡二元经济社会体制框架下，尽管也有少数农民工实现了就业职位的上行流动，农民工的家庭化迁移水平也在逐步提高，但从整体上看，城市的农民工社会尚不够和谐与稳定，表现有两方面。①就居住状态看，农民工普遍生活在城市的边缘社会空间，他们要么生活在城乡结合地带的城郊村与城市中心地带的城中村里，要么生活在单位宿舍与生产经营场所。2013年，独立租赁、与人合租居住的农民工占到36.7%，在单位宿舍与生产经营场所居住者占到46.3%，自购房者仅占0.9%[②]。相较市民，农民工在身份、素质、职业、收入等方面都处于较低的层次，决定了他们大多数的交往对象主要限定于农民工亲戚、老乡与工友，在

---

① 张国胜计算，农民工市民化需要政府支出的财政补贴，2009～2013年间每年支出1250亿元，2014～2023年间每年支出2355亿元。张国胜. 基于社会成本考虑的农民工市民化：一个转轨中发展大国的视角与政策选择. 中国软科学, 2009（4）：56-69. 这一数据没有计算累加，数据得出过程尚不够清晰。

② 2013年全国农民工监测调查报告。

社会交往上与处于城市主流社会的市民基本上相互隔离。或者说，大多数农民工只是在城市里出卖劳动力的打工者，而不是城市的社会生活者，他们处于表面上"在域"而实质上"脱域"或者"离场"的城市社会生存状态。包括农民工在内的城市，实际上是一个处于隔离状态的二元社会。②个别农民工走向了与城市社会对抗的道路。2006～2009 年，濮阳市华龙区法院做有罪判决的案犯 1566 人，其中农民工犯罪人数为 589 人，犯罪农民工占犯罪人数的比例为 37.6%，其中 2006年为 35.7%，2009 年为 38.6%，呈逐年上升趋势。在这些犯罪农民工中，盗窃、抢劫、抢夺、诈骗等侵财性犯罪者占到 69.44%。造成这种状况，尽管有个人好逸恶劳方面的因素，但就主要方面来讲，与文化水平低、缺乏法律知识、职业不稳定、劳动强度高、收入水平低、城乡生活差别大等城乡二元社会制度因素密切相关，他们中一些人一旦失业随即完全丧失收入来源，无法生存，几乎是被迫进入了犯罪边缘状态①。不仅如此，大量农民工居住的城郊村与城中村，既是城市中人员来源最为复杂的地域，又是城市管理最为薄弱的区域，是中国式的"贫民窟"，在一定程度上，这样的居住生活环境增加了农民工犯罪的概率。农民工犯罪的增多并经过媒体的传播放大，反过来又造成了市民对他们更大的歧视与疏离，导致他们进一步加深了在城市的过客心理，最终或多或少引发了逆向激励。这种状况的存在与发展，无疑直接妨碍了城市社会的和谐与稳定。解决这一问题，在主要措施上不可能依靠个别农民工的表率作用，也不可能主要依靠宣传教育甚至高压打击，只能依靠从根本上改革城乡二元社会体制，建立覆盖全体国民的普惠型社会保障体制，对农民工实施长期有效的迁移发展支持政策等，使全体农民工最终都能够作为公民与其他作为公民的市民一样，在城市平等就业、自由生活与发展。

方案 3 就是力图解决这些问题的方案，如果方案 3 能够真正有效地实施，那么前述导致农民工犯罪与在城市边缘地带生活的制度性因素就会被去除。包括绝大多数农民工在内的城市底层社会成员，都将有平等机会通过努力实现职业发展并获得成功，即使失业了或者丧失了劳动能力，在国家与社会的救助下，他们也能够生存。现阶段已经实现上行迁移进入第 3、第 4 职业阶层的精英农民工，就能够成为中产阶级，成为城市社会稳定的维护者，成为城市正向能量的传递者，最终城市社会将变成一个和谐稳定的社会。

（四）国家形象与政府形象改善效应

国家形象是一个国家国民对本国整体的认知与世界体系中其他国家国民对该国整体认知的结合。政府形象是辖区内国民对其政府在运行过程中显示的行为特

---

① http://news.xinhuanet.com/life/2010-11/14/c_12780334.htm.[2015-10-15].

征和精神状况的总体印象与评价。政府形象是国家形象的重要组成部分，是国家软实力的核心内容之一。良好的国家形象有利于改善国家的安全环境，提高全球化时代国家的经济竞争力，提高国民在国际交往中的被接受度与安全度，支持国家在国际事务中发挥更大作用，有利于发挥国家这一组织对人类进步的推动作用。良好的政府形象是政府执政能力的体现，会提高政府的公信力，产生对民众的凝聚力、感召力，降低政令推行阻力与成本，提高政府运行的效能，促进政府目标的实现，为改善国家形象加分。政府形象与国家形象都有着丰富内容，无需列举，但非常清楚的是，政府形象与国家形象的核心，都在于政府与国家在时间维度所展现的历史进步性与在空间维度所展现的公共利民性。因此，权力受到严格约束的政府比权力不受约束的政府，依法办事的政府比完全自由量裁的政府，廉洁自律的政府比存在腐败或腐败严重的政府，充分尊重人民人身财产权利的政府比以公共利益为名随意侵犯人民人身财产权利的政府，透明、诚信、负责、服务、高效的政府比黑箱、无信、失责、自利、低效或无效的政府，前者无疑是良好政府形象的构成要素，是良好国家形象的组成部分。通过改革城乡二元体制，实质就是通过改革政府体制，建立民主、法制、廉洁、透明、诚信、负责、服务、高效的现代政府体制以支持农民工身份的根本转变，解决中国大多数人的人权与发展问题，保障中国的城市化与现代化战略目标的实现。这一过程，就是改善政府形象的过程，就是重塑国家形象的过程，最终，将使中国政府成为广受民众拥护的政府，使中国成为世界各国人民普遍向往的国家。因此，建立政府农民工迁移发展支持政策体系，能够取得国家形象与政府形象改善效应。

第六节　在国家农民工迁移发展支持政策体系下发挥西北地方政府的作用

市场经济的开放性与互通性，决定了解决农民工问题必得全国一盘棋，即必得建立中央政府主导并推动的国家农民工迁移发展支持体系。但同时，必须充分兼顾西北地区这一问题的特殊性，更好地发挥西北地区政府在解决这一问题上的作用。

（1）西北地区政府要充分认识自己的主体职责，努力自强，积极支持本区域农民工的迁移发展，不等靠中央政府和发达地区的支援与帮助。这使得西北地区在改革上始终比东南沿海地区慢一拍，在解决农民工问题上相对滞后。不改变这种状态，要通过促进地方经济发展，解决西北地区农民工的迁移发展问题，显然是不可能的。为解决这一问题，西北地区政府在选用官员上应更多地采取公开竞聘原则，将德才兼备者，能干事、善干事者尽可能多地提拔到领导岗位上，更多地采用与东部进行干部交流的方式，引入领导人才，加强对官员的政绩考核。在这方面，中央政府对西北地区也应投入更多的关注与支持。

（2）西北地区地方政府应当更多地将政策聚焦于提高本区域农民工的迁移发展能力方面。正如第三章、第四章、第五章分析所揭示的，西北地区农民工迁移发展滞后的直接与根本原因，是以人力资本为核心的迁移发展能力相对较弱。授人以鱼不如授人以渔，在促进西北地区农民工迁移发展方面，也是如此。为此，西北地方政府应当通过建立政府农民工咨询培训与服务组织，与大中型企业合作建立农民工职业技术培训机构，实行更宽松的大城市落户政策与农民工子女受教育政策等多种措施，促进这一地区农民工向城镇非农产业中的就业转移与迁移发展。

（3）要向东部发达地区与发达国家借力改善解决问题的条件。西北地区的自然条件相对较差，人财物力均相对不足，在这种情况下，要追上东部发达地区，仅依靠自身努力是不够的。向东部发达地区与发达国家借力，包括引进政府人才、企业经营人才、技术人才等各方面的人才，引进资金与大中小项目等，也包括建立更强有力的农民工人力资本建设体系，输送更多农民工到沿海发达地区就业发展。要做到这一点，不能只依靠倾斜政策，也要依靠推进改革，给外来人才与企业更好的发展平台，中央政府应当改变越是沿海，政策越灵活，越是内地，政策越滞后的状况，在这方面应给西北地区更多政策优待。

（4）西北地区政府要尽可能争取中央政府与发达地区政府的支持。西北地区面积大，资源贫乏，为国家承担了边境安全、民族团结、原料供给等职能，即使更加自强并努力借力，要改变发展滞后的状况仍然很难。在这种情况下，从到2049年实现国家现代化目标的战略安排出发，从避免西北地区拖慢全国推进城市化与现代化的进程考虑，都应建立一个能够有效发挥中央与发达地区政府帮扶作用的西北地区发展扶持政策体系。

（5）西北地区地方政府要通过加大支持本地区农业与农村经济的发展，间接促进其农村转移劳动力的迁移发展。第六章的分析表明，源头因素方面的不足是造成这一地区农村劳动力迁移发展滞后的重要原因，因此，西北地方政府应当在国家农业与农村支持政策框架下，通过财政、信贷、信息、技术等的有效支持，针对性地促进其现代农业的产业化与农村非农业的现代化进程，促进农业劳动生产率的提高与农民收入的不断增长，为本地农民工的迁移发展提供越来越强有力的基础，最终使他们拥有与其他地区农民工一样水平的迁移发展竞争力。

总之，要最终解决西北地区农民工的迁移发展问题，就必须明确在全国范围2049年完成农民工市民化任务的总体目标与年度任务，建立起由中央政府、农民工输入地政府、农民工输出地政府、用工企业、农民工组织等多种主体共同参与的全国农民工迁移发展支持体系。同时从增强西北地区农民工迁移发展能力与建立可惠及所有农民工的城市全覆盖公共产品供给体系特别是前者上，采取有效支持政策措施,并通过推进经济体制、社会体制、政府体制改革保障支持体系的建设与有效运行。为促进西北地区经济社会的发展与农民工的迁移发展,中央政府与发达地区应尽可能给予支持,西北地区政府在积极向外部借力的同时,也应积极承担主体责任。

小　　结

一、研究回顾

要解决西北地区农村劳动力迁移发展的滞后问题，仅着眼于促进农村劳动力转移、农民工就业职位上行流动、农民工携眷迁移中的任何一个，都是不够的。仅寄希望于西北地区地方政府的努力，也是不可靠的。西北地区农村劳动力的迁移发展是镶嵌于全国农村劳动力迁移发展与城市化进程中的系统工程，因此，只有从整体上对西北地区农村劳动力迁移发展进行研究并提出政策主张，才有现实意义。

要解决的中心问题是，应当建立怎样的农村劳动力迁移发展支持政策体系？要解决这一中心问题，第一，必须弄清西北地区农村劳动力迁移发展机制的内涵与系统的构成，以便建立起合理的分析逻辑。第二，必须弄清农村劳动力迁移三个阶段的运行机制是什么，以便设计的政策体系能够有科学的依据。第三，必须弄清相对全国其他地区的农民工，西北地区农民工迁移发展竞争力的水平及其形成原因，以便政策设计能有针对性。第四，必须弄清农村劳动力接收地政府、输出地政府、中央政府设计农民工政策的行为逻辑及参照国成功政策的经验，以便使所设计政策具有可操作性。

因此，本书第二章分析了西北地区农村劳动力迁移发展系统的构成，第三章、第四章、第五章分别分析了西北地区农村劳动力的转移发展、西北地区农民工的职业发展机制、西北地区农民工的市民化机制，即分三个阶段探讨了这一地区农村劳动力的迁移发展机制。由于学界对农村劳动力转移机制的研究已经很多，也由于本书定位于研究探讨这一地区农村劳动力在进入城镇非农产业中就业后的迁移发展，所以，对西北地区农村劳动力迁移发展机制的探讨，主要限于这一地区农民工的职业发展机制与市民化机制。第六章分析了西北地区农民工迁移发展的竞争力。第七章分析了农民工迁移发展中的政府行为。第八章分析了日本与韩国设计农村劳动力迁移发展支持政策的经验，给出了解决西北农村劳动力迁移发展问题的政策方案 3 及对西北地区政府农民工政策的特殊要求。

二、研究结论

本书通过对西北地区农村劳动力迁移发展机制的分析和支持政策体系的设

计，得出以下主要结论。

结论1：农村劳动力转移进入城镇非农产业就业后的迁移发展机制，由其就业职位的上行流动机制与携眷迁移机制共同构成，促进西北地区农村劳动力的迁移发展，需要针对前后两个阶段的不同发展机制采取政策措施，并注意政策对两个阶段迁移发展互动的协同要求。

结论2：在西北地区农民工就业职位的上行流动中，人力资本与社会资本共同发挥着重要作用，但人力资本的作用远远超过了社会资本的作用，其重要性作用水平达到74.5%。人力资本作用机制主要来自于打工培训和工作变换的职业经历积累路径，社会资本作用机制主要在于获得首份工作时使用过的业缘和友缘关系资本产生的影响、在打工地建立起的桥梁型社会资本作用的增强、随家庭化迁移形成的家庭强社会资本聚集效应三方面。

结论3：不能仅依靠西北地区政府解决这一地区农村劳动力迁移发展不足的问题，必须同时发挥中央政府、农村劳动力输入地政府、同时作为农村劳动力输入地和输出地的西北地区地方政府的作用，调动这三方政府积极性，同时从提高农民工迁移发展能力与城市公共产品覆盖面两方面着手，明确目标与日程表，出台包含奖罚措施的体系化支持政策，才能收到实效。

结论4：解决西北地区农村劳动力迁移发展的滞后问题，不能一般地采取支持政策，而必须使支持政策能够针对造成这一地区农村劳动力迁移发展滞后问题的特殊成因或因素，并使政策力度达到可弥补其迁移发展竞争力不足的力度，才可能收到成效。

三、尚需进一步研究的问题

将已经转移到城镇非农业领域的西北地区农村劳动力的迁移发展进程分为两个阶段，从分析逻辑上有合理性，也被学术界广泛采用，但不可否认，有许多农民工的就业职位上行进程与其携眷迁移进程基本是同步的，两种行为也是互相促进的，进而，作用于农民工两个迁移发展阶段的诸多因素也往往不易区分。这就意味着，建立同时包含就业职位上行流动与携眷迁移进程的统一性农民工迁移发展模型，很有必要。因此，在这一模型中，把两个进程的同时均衡作为动态目标的实证分析，就成为今后需要研究的问题。

第八章的分析表明，在促进农民工的迁移发展中，三类两级政府都存在动力不足的问题，或者说，我国的农民工政策改革存在与政府以经济增长为核心的短期执政目标不能相容的难题。如果政府支持农民工迁移发展的动力不足，那么西北地区地方政府要获得解决这一地区农村劳动力迁移发展滞后问题的助力就会十分艰难，西北地区地方政府自身也会缺乏为此付出更多努力的动力。如何解决这一问题，同样是面临的一个挑战。

后　记

　　本书是根据我所主持的国家社会科学基金项目《西北地区农村劳动力迁移的发展机制与政策设计》的最终成果修改而成的。它是课题组主要成员精诚团结、勤奋劳动的见证。作为课题主持人，在此书成稿出版之际，我谨向在本课题项目申报、研究及成果出版中给予帮助的老师、同事、朋友表示诚挚的感谢！

　　西北地区既是一个面积辽阔、人口众多的地区，也是我国发展相对滞后的贫寒区域，要对来源于这样一个地区的农村劳动力的迁移发展状况及其机制做出较为清晰、准确、科学的分析，获得大量一手数据是至关重要的基础性工作。迄今为止，尚无关于西北地区农民工情况的一手公开数据，基于抽样数据对这一地区农民工发展的实证分析少且不能够满足全面分析的需要，我们必须下大力气获得有关这一地区农民工状况的数据。

　　深入乡村、工棚、城中村，披星戴月，持之以恒，具体实施对农民工调研并对所获数据进行初期整理的人，是我们选拔与培训的研究生与本科生。2011年9～11月，2009级研究生郭婕嫔、徐越、彭科党，2010级研究生陈兴明、叶萍，2011级研究生陆显斌、喻成杰、娜依等在西安市吉祥村、龙首村、沙坡村等地进行了对农民工的实地调研，获得问卷360份，通过对此次调研样本数据的分析，项目组发现了试用调查问卷的不足。2013年1～2月，来自2011级、2012级马克思主义基本原理专业的研究生，2011级数学与应用数学专业1-3班、信息与计算科学班、思想政治教育1-2班的本科生，赴全国22个省219个区县（包括西北5省份58个区县），使用修改后的《进入城镇打工农民就业变化与市民化调查问卷》进行了调研，收到有效问卷1810份，本书第四章、第五章、第六章所用数据均来自此次调研。参加调研的有姚菲菲、丁夏炎、贾华荣、李敏、李俊华、王安琳、彭春雪、吕娜娜、董妍婷、魏云月、杨茹霞、余婉君、王婉云、赵旺丽、王鑫等120名同学。没有这些同学的努力付出，我们就不可能获得较为充分的一手资料，也不可能了解西北地区农村劳动力迁移发展机制的真实情况，调研数据使我们受益良多。2014级马克思主义基本原理专业研究生刘爱青为本书后期的格式调整付出了许多努力。

　　感谢陕西师范大学哲学与政府管理学院李春玲老师，本书调查数据处理分析的烦难工作，是她付出大量辛勤劳动完成的，第四章、第五两章是我与她合作的成果。

感谢陕西师范大学发展规划办公室主任孔祥利、西安石油大学经济管理学院院长王君萍、西安财经学院研究生部主任宋世民在本课题申报前期提供的帮助。

感谢科学出版社徐倩编辑为本书出版付出的努力，感谢科学出版社所有为本书出版付出劳动的工作人员。

研究条件与经验所限，本书可能仍存在某些疏漏，真诚欢迎各位专家与读者批评指正。

范建刚

2017 年 6 月 12 日